国家出版基金项目
NATIONAL PUBLICATION FOUNDATION

"十二五"国家重点图书
出版规划项目

《东南亚研究》第二辑

明

罗圣荣 编著

UO JINGJI SHEHUI DILI

国经济社会地理

中国出版集团
世界图书出版公司

图书在版编目（CIP）数据

泰国经济社会地理 / 邹春萌，罗圣荣编著．—广州：世界图书出版广东有限公司，2014.12
ISBN 978-7-5100-9107-0

Ⅰ．①泰…　Ⅱ．①邹…　②罗…　Ⅲ．①经济地理—泰国　Ⅳ．①F133.699

中国版本图书馆CIP数据核字（2014）第283406号

书　　名	泰国经济社会地理
	TAIGUO JINGJI SHEHUI DILI
编 著 者	邹春萌　罗圣荣
项目策划	陈　岩
项目负责	卢家彬　刘正武
责任编辑	程　静　李嘉荟
出版发行	世界图书出版有限公司　世界图书出版广东有限公司
地　　址	广州市新港西路大江冲25号
邮　　编	510300
电　　话	020-84453623　84184026
网　　址	http://www.gdst.com.cn
邮　　箱	wpc_gdst@163.com
经　　销	各地新华书店
印　　刷	广东虎彩云印刷有限公司
开　　本	787mm×1092mm　1/16
印　　张	18.5
字　　数	290千字
版　　次	2017年4月第2版　2023年2月第4次印刷
国际书号	ISBN 978-7-5100-9107-0 / K·0271
定　　价	68.00元

《东南亚研究》第二辑

《东南亚经济社会地理》丛书编辑委员会

总　序

　　东南亚（Southeast Asia）位于亚洲的东南部，分为中南半岛和马来群岛两大部分，包括位于中南半岛的越南、老挝、柬埔寨、泰国、缅甸和位于马来群岛的菲律宾、马来西亚、文莱、新加坡、印度尼西亚、东帝汶共11个国家。东南亚地处亚洲与大洋洲、太平洋与印度洋的"十字路口"。东南亚各国拥有丰富的自然资源和人力资源，为经济发展提供了良好的条件，形成了以季风水田农业和热带种植园为主的农业地域类型，但经济结构比较单一。20世纪60年代以来，东南亚各国大力发展外向型市场经济与国家宏观调控相结合的经济发展模式，一是大力发展制造业，二是扩大农矿产品的生产和出口，三是深化各个层面的区域经济合作，这使得东南亚成为当今世界经济发展最有活力和潜力的地区之一。

　　东南亚是中国的南邻，自古以来就是中国通向世界的必经之地。在历史上，绝大多数东南亚国家就与中国有友好往来，在政治，经济，文化上关系密切，中国人民和东南亚各国人民结下了深厚的友情。在未来的历史进程中，随着中国和东南亚国家经济建设的飞速发展和社会的进步，以中国—东盟自由贸易区为代表的双边和多边的友好合作关系也将进入一个不断发展，更加密切的历史时期。

　　作为一个地理范围广袤、地缘位置重要、人口众多、多样性突出的地区，东南业各国的经济和社会发展也各具特色。在未来新的世界政治、经济格局中，东南亚在政治、经济上的作用和战略地位也将更加重要。而加强对东南亚国别和地区研究，特别是加强对东南亚经济社会的研究与交流，可以帮助中国人民加深对东南亚的理解。为此，云南大学东南亚研究所在相关高校和研究机构同仁的大力支持之下，与世界图书出版广东有限公司成功组织并申报了2014年国家出版基金项目——《东南亚研究》第二辑，本丛书即该项目的最终成果。

　　本丛书试图从经济地理学的角度，结合社会经济因素、自然因素和技术因素三要素，来研究东南亚国家经济活动在一定地区范围内的时空分布、形成和发展规律。具体而言，就是研究东南亚国家及其境内各地区的农业、工业、交通运输业、旅游业、贸易、投资等的布局规律。本丛书认为，在一定生产力条件下，人类总是把争取以最小的劳动消耗，取得最佳的经济效益，作为发展生产的基本目标。为实现这个目标，除了劳动者和劳动手段的有机结合以外，还必须进行经济布局，即把经济活动的场所选择在生产条件最好的地区或地点进行。但是，经济布局不是凭主观意志来确定的，而是社会经济发展的需要与客观条件相结合的产物。东南亚国家的地理环境及其与周围地区或国家的关系，对该国经济的发展起着不可忽视的作用。优越的地理环境，良好的区位优势能为其经济发展提供便利条件，反之则会制约其经济的发展。

参加本丛书编写的作者主要为云南大学东南亚研究所的专家学者，解放军外国语学院、广西大学、广西社会科学院、华南农业大学的专家学者也参与了本丛书的编写工作。本丛书参编人员长期从事东南亚经济和社会研究，精通英语和东南亚语言，有赴东南亚留学、工作或访学的经验，并与东南亚各国相关专家长期保持交流与合作关系，也掌握了大量资料和数据，这为完成本丛书的编写奠定了坚实的基础。我们希望本丛书的出版有助于国人加深对东南亚经济和社会发展的认识，有助于深化中国—东盟自由贸易区、21世纪海上丝绸之路以及南方丝绸之路的建设，从而为夯实"亲诚惠容"周边外交新理念、打造周边命运共同体添砖加瓦。

由于丛书涉及面广，和资料收集、学术水平诸多因素的限制，书中的分析与论述难免存在疏漏与不足，恳请各位专家和广大读者批评指正。

《东南亚经济社会地理》丛书编辑委员会

2014年11月 于昆明

目　录

第一章　自然地理及行政与经济区划

一个国家的地理环境及其与周围地区或国家的关系，对该国经济的发展起着不可忽视的作用。优越的地理环境，良好的区位优势能为其经济发展提供便利条件，反之则会制约其经济的发展。泰国地理位置优越，处于东南亚地区的中心和通往印度支那的门户，同时又是东西方文化的交汇地，在历史上就具有十分重要的战略地位。第二次世界大战后，泰国经济发展较快，是中南半岛经济水平最高的国家，但泰国经济发展的地区差异性较大，已成为经济可持续发展的重要阻碍。

第一节　地理条件

泰国全称泰王国(The Kingdom of Thailand)，古称暹罗，1939年更名为泰国，意喻"自由之国"，1945年恢复旧名，1949年又改为今名。泰国位于亚洲中南半岛中部，地形特点是北高南低，自西北向东南倾斜，北部厚重，南部细长入海，绝大部分地区都属于亚热带季风气候。

一、区位与国土

泰国位于亚洲中南半岛中部，地处北纬5°30′~21°和东经97°30′~105°30′之间，国土面积51.3万平方千米，与法国的面积大致相同，与中国四川省的面积相当，在东南亚地区仅次于印尼和缅甸，居第三位。泰国东部毗连柬埔寨王国，东北部与老挝人民共和国交界，西部和西北部与缅甸联邦为邻，南部与马来西亚接壤，东南部邻泰国湾，西南部濒安达曼海。泰国南北距离为1 620千米，东西最宽775千米，最窄处仅10.6千米。因此，泰国人常形象地把自己的国家比作大象的头，把一直向南延伸到马来西亚半岛的部分比作大象的鼻子。泰国陆地边界线长约3 400千米，海岸线长约2 614.4千米，其中沿泰国湾海岸线1 874.8千米，沿印度洋海岸线739.6千米。

泰国是东南亚地区的中心和通往印度支那半岛的门户，在地理上具有非常重要的战略地位，是东南亚与南亚、东方与西方文化的重要交汇点。

二、地形地貌

泰国地形基本上由山地、高原和平原构成，其中50%以上为平原和低地。泰国全国可以分为北部、东北部、中部、南部、东部和西部六大区域。①西部与北部峡谷耸立，高山风景壮观秀丽；东北部为高原地区，粗犷苍峻；中部为湄南河三角洲，是富庶的鱼米之乡；南部为半岛地区，海涛拍岸，浪卷千里。

（一）北部

泰国北部面积为9.3万平方千米，平均海拔有1 600米，是全国最高的地区，80%的土地是山地和丘陵，它是中国云贵高原怒山山脉的延伸，由北至南纵贯全境。清迈因他暖峰海拔2 576米，是泰国最高峰。热带森林和绵延的山脉遍布该地区，被泰国人称为"母亲河"的湄南河的四大支流宾河、汪河、荣河、难河都发源于北部山地。宾河和荣河流至那空沙旺府后，与汪河交汇，形成湄南河。湄南河是泰国的第一大河，长1 352千米，自北向南流入泰国湾。这些河流流经的地区形成狭窄的冲积盆地，特别适宜种植粮食和棉花，栽培水果或放牧牲畜。清迈是北部最重要的城市，以绢织品、漆器、木雕、银器等特色工艺品著名，盛产龙眼、荔枝等热带水果。

（二）东北部

泰国东北部面积为16.8万平方千米，也称呵叻高原，海拔在200～300米之间。全区分布着起伏的崇山峻岭，大片地区为沙土所覆盖，其西面和南面为山脉，北面和东面有湄公河环绕，整个高原由西向东倾斜，横贯高原的蒙河顺山势流入湄公河，湄公河成为泰国与老挝的天然国界，其上游为中国的澜沧江。呵叻高原有两个盆地，一个是呵叻盆地，另一个是沙功那空盆地。其中呵叻盆地是荣河及其支流由西向东南流时，在荣河河口形成的一个冲积小平原，土质肥沃，是东北部地区水稻的主要产地。呵叻市是整个东北部的交通枢纽和经济中心，孔敬市次之。

（三）中部

泰国中部面积为9.2万平方千米，也称湄南河平原，是泰国最大的冲积平原，大部分土地在海平面以下。该地区河流纵横，水网密布，土地肥沃，是泰国主要

---

① 《走近泰国（2012年版）》，中国驻泰王国大使馆经济商务参赞处，http://th.mofcom.gov.cn/article/ddgk/。

的稻谷产区和水果种植区,有"亚洲粮仓"之美誉。首都曼谷就坐落于此,还有泰国重要的工业基地北榄府和被列入联合国教科文组织世界遗产名录的泰国古都大城府也汇集于此。

（四）东部

泰国东部面积为3.4万平方千米,著名的海滨度假城市芭堤雅(Pattaya)和深水大港廉差邦(Lam Chabang)坐落于此。区内罗勇府是泰国重要的工业基地,因跨国汽车公司聚集而被称为"东方底特律"。

（五）西部

泰国西部面积5.4万平方千米,以山地为主,拥有泰国境内最美的瀑布和著名的桂河大桥,叻丕是该地区的工商业中心。

（六）南部

泰国南部即马来半岛的北部,面积为7.2万平方千米。泰国南部半岛多为丘陵山地,其东邻泰国湾,西濒安达曼海,海岸线很长,东海岸和西海岸是两个差别很大的地区。东海岸平直开阔,海湾较少,沿海为沙土;而西海岸为下沉海岸,大陆架狭窄,海岸线曲折。南部沿海地区热带岛屿众多,有不少风景优美的海滩和岛屿,普吉岛、苏梅岛、甲米等旅游胜地均在该地区。宋卡是南部经济中心、交通中心和主要港口。

三、气候条件

泰国地处热带,绝大部分地区属热带季风气候,终年炎热,全年温差不大,可谓"四季如夏"。除个别山地外,各地气温均较高,年平均气温一般为28℃左右。

由于受热带季风影响,泰国全年可明显分为三季:3月到5月为热季,空气干燥,气温最高,平均温度32℃～38℃;6月至10月为雨季,全年85%的雨量集中在雨季,日晒充足,月平均温度维持在27℃～28℃;11月至次年2月为凉季,受东北季风的影响,这个季节泰国的大部分地区气温下降,平均气温为19℃～26℃,气候凉爽宜人,是泰国旅游的最佳时期。泰国的凉季和热季很少下雨,因此也叫干季或旱季。总体来看,泰国平均最高气温37℃,平均最低气温20℃。气温的年温差很小,即使在凉季,月平均气温也不低于18℃。4月是全年最热的月份,最高气温在33℃～38℃之间;1月是全年气温最低的月份,最低气温为13℃～20℃之间。由于4月气候炎热无雨,泰国的学校多选择在该月放暑假,同时泰国最大的节日宋干节也在此月。

泰国各地因地形不同气候有一定差异。泰国北部山区地处亚热带，大部分地区属亚热带季风气候，平均气温较其他地区低，年平均气温一般为25℃左右，可谓四季如春。热季平均最高气温35℃，平均最低气温21℃；凉季平均最高气温30℃，平均最低气温17℃，有些山区最低气温甚至可达4℃左右，是泰国气温最低的地区。北部雨季为6月至9月，这一季节雨量充沛，气候潮湿多雨；而10月至第二年的5月，气温在18℃～24℃之间。泰国东北部主要是高原，该地区热季和凉季的气候差别很大，热季时天气十分炎热，而凉季时天气偏冷。热季平均最高气温35℃，平均最低气温为23℃；凉季平均最高气温30℃，平均最低气温18℃。泰国南部半岛地区属热带季风气候，终年炎热湿润，无明显旱季，年温差小，全年平均气温在27℃左右，最高气温可达40℃以上，年平均降水量为1 100毫米，湿度在66%～82%之间。以首都曼谷为中心的中部地区全年均较为炎热，平均最高气温达32℃，最热的4月月均气温可达35℃，最舒适的月份为12月，月均温度17℃左右。

泰国的降水量比东南亚其他国家少。[①]年平均降水量大约为1 500～1 600毫米，在季风吹过的地区降雨较多，年平均降水量可达3 000毫米。中部地区的年均降雨量不到1 500毫米；东北部地区除高原边缘年降雨量可达3 000毫米外，其他地区年均降雨量仅为1 000毫米。降雨量最大的两个地区都濒临大海处于迎风坡面，其中东南沿海地区的达叻府年均降雨量为4 767毫米，南部半岛的拉侬府年均降雨量为4 320毫米；降雨最少的地区是中北部的素可泰府、甘烹碧府和西部的达府与北碧府，年降雨量不到1 000毫米。泰国各地的降雨分布时间不一，北部、东北部及半岛西海岸降雨量最多的月份为8月，中部和东南部为9月，半岛东海岸为11月。由于降水不均和保水问题，干旱或洪灾也不时降临泰国。

第二节　自然资源

泰国自然资源丰富，河流湖泊众多，土地肥沃，土壤类型多样，为农业发展提供了重要支撑。其中森林覆盖率达37.2%，拥有大量的珍稀动植物种类。各种

---

① 田禾、周方冶:《列国志：泰国》，北京：社会科学文献出版社，2005年版，第25页。

矿产资源分布广、储量大，为泰国经济发展做出较大贡献。此外，旅游资源也相当丰富，是世界上极负盛名的旅游胜地。

一、水资源及其利用

泰国水资源十分丰富，拥有大量的地下水和众多的河流、湖泊，淡水面积为3 750平方千米，雨量充沛，年总降雨量约为80万亿立方米，其中75%通过蒸发而损失，其余的25%构成了河流的径流。[①]

（一）水资源分布

1. 河流

泰国河流众多，100千米以上的河流有58条，遍布全国各地。

（1）湄南河（Menam River）

湄南河又名昭披耶河（Chao Phraya River），即"河流之母"的意思，她是泰国最长、流域面积最大的河流，号称泰国的母亲河，被誉为"东方威尼斯"。湄南河发源于泰国北部山地，全长1 352千米，流域面积17万平方千米（有的说法是25万平方千米），自北向南纵贯泰国全境，注入泰国湾。

宾河、汪河、荣河、难河是湄南河的上游支流，在那空沙旺府汇成湄南河主流。宾、汪、荣、难等四条河流穿行于群山之中，许多山谷因河流的长期冲积作用发育成肥沃的平原，著名的清迈、南邦、难府等平原因此形成。这种山间盆地，由于地形平缓、气候适宜和灌溉便利，历来是北部山区经济发展的中心，人口稠密，物产丰富。泰国第二大都会——清迈就坐落于清迈盆地内，是泰北最大的稻谷集散地。湄南河下游有支流巴塞河和色梗河流入。湄南河流至猜纳分成两支，其中以东支为干流，仍称湄南河，西支则叫他真河，并分别流入泰国湾。

湄南河流域处于热带湿润气候带，北部受亚洲季风影响，长期处于湿热气候下；南部为海洋气候，全年较温和。流域内降雨较丰沛，北部山区约为1 220毫米，中部约为1 360毫米，南部最高，达1 875~2 000毫米。降雨90%发生在5~10月的季风季节。湄南河主要靠雨水补给，6~9月为汛期，受西南季风影响，年内流量变化较大，旱季与雨季的流量相差达十多倍。旱季时流量仅150立方米每秒，雨季则达2 000立方米每秒，因而雨季河流泛滥，带来一层肥沃的泥沙，并在泰

[①] 亚欧水资源研究和利用中心，http://cn.asemwater.org/sitepage/em44.jsp。

国中部形成富饶的冲积大平原，即著名的湄南河三角洲大平原。这是泰国主要的农业区，素有"泰国谷仓"之称，水稻是这里的主要农作物，稻田面积占全国稻田的一半，产量占全国的4/5。

（2）湄公河（Mekong River）

湄公河全长4 880千米，流域面积81×104平方千米（中国计算数字，湄公河委员会1993年度报告数字为79.5×104平方千米），[①]是东南亚第一大河。它发源于中国唐古拉山脉，随后由北向南流经中国的青海、西藏和云南三省区及下游的缅甸、老挝、泰国、柬埔寨，最后再从越南胡志明市西部注入南中国海。湄公河流经泰国段主要为泰老界河，全长976.3千米，泰国境内流域面积18.4×104平方千米，占全流域总面积的23%，径流量2 560立方米每秒，占全流域总径流量的18%。泰国境内湄公河的主要支流有南蒙河（蒙河）、南栖河（栖河或锡河）、南谷河、梅英河、南霍河、南黎河等。蒙河是泰国东北部呵叻高原上最大河流，也是湄公河的最大支流，在泰、老边境的挽兰注入湄公河，长750千米，栖河长765千米。湄公河其他支流还有会孟河、会銮河、宋坎河和会班河等。

（3）其他河流

宾河（Ping River），是湄南河重要的一条支流，发源于清迈府清佬县境内的丹劳山，河流由北向南流，先后接纳唐河（Taeng River）、恩加特河（Ngat River）、寨姆河（Chaem River）、图恩河（Tun River）以及汪河（Wang River）等，在那空沙旺府巴南坡区汇入湄南河。宾河从源头到那空沙旺府巴南坡区的长度为600千米，流域面积约3.39万平方千米，年径流量66.9亿立方米。

难河（Nan River），是湄南河的另一重要支流，发源于难府播县博格叻区境内的琅勃拉邦山西麓（泰老边境），河流由北向南流经程逸府、彭世洛府、披集府，最后在那空沙旺府浍雅区与宾河、汪河交汇为湄南河，全长约740千米，流域面积3.43万平方千米，年径流量95.8亿立方米。

汪河（Wang River），发源于南邦府汪讷县境内的匹班南山，自北向南流经达府，与宾河在达府的巴旺村交汇，全长约400千米，流域面积1.08万平方千米，年径流量14.3亿立方米。

荣河（Yom River），发源于清莱府崩县境内丹劳山南面的坤元峰，流经帕府、

① 何大明、冯彦：《国际河流跨境水资源合理利用与协调管理》，北京：科学出版社，2006年版，第137页。

素可泰府、彭世洛府和披集府，在那空沙旺府春盛县格差村汇入难河，全长约550千米，流域面积2.36万平方千米，年径流量26.6亿立方米。

巴塞河（Pa Sak River），是湄南河下游最大的一条支流，发源于黎府境内的碧差汶山，由北向南流经碧差汶府、华富里府和沙拉武里府，在大城府汇入湄南河，全长约500千米，流域面积1.45万平方千米，年径流量26.2亿立方米。

此外，泰国还有帕因河（长513千米）、达比河（以前称为銮河，长214千米）、汶河（长170千米）、北大年河（长165千米）、湄隆河（长140千米）等主要河流。

2. 湖泊

泰国的主要湖泊有宋卡湖、波拉碧湖和农汉湖。宋卡湖位于南部半岛，是泰国最大的湖泊，其北面与海湾相连，故其北部湖水略咸。波拉碧湖位于中部那空沙旺府，面积212平方千米。农汉湖位于东北部的沙功那空府，面积170平方千米。此外，泰国还有一些较小的淡水湖，如乌隆府的公博哇丕湖、那空帕侬府的农雅湖。

（二）水资源的利用

泰国水资源的利用主要包括农业灌溉用水、城市用水，以及水电资源开发和航运开发等，其中农业用水的需求量最大。

1. 农业用水

目前泰国水需求量为每年530亿立方米，90%供水量分配给农业，6%为日常消费，其余为工业用水。泰国水务管理部门分为两大机构，京都水务局负责向曼谷及邻府2 100平方千米区域的180万用户提供自来水；地方水务局负责向曼谷以外大部分城市供水。居民用自来水费率为8.5～13.15泰铢/立方米，工业和商业用自来水费率为9.5～14.85泰铢/立方米，费率随使用量递增。

泰国是世界上主要的稻米出口国之一，灌溉用水对其农业的发展至关重要。东北部地区是泰国农业用水问题较为突出的地区。历史上，泰国为了解决东北部灌溉农业区的用水问题，规划和兴建了大量的水利工程，并利用西南季风的影响，在5～10月的雨季期间进行蓄水灌溉。但是，由于对自然的破坏日趋严重，水土流失加剧，水库以及灌渠大量淤积，灌溉效率下降，再加上干旱频繁发生，造成了泰国东北部灌溉用水供需的巨大矛盾。根据泰国水利厅用水形势研究中心2010年3月21日公布的数据，泰国国内大型水库蓄水量只有水库容量的60%，全国水库用水至今为207.2亿立方米，已经使用了82%的额度，只剩下18%的份额，如果雨季来临时降雨较少，泰国也将出现用水危机。[①]

2. 水电开发

20世纪60年代随着泰国国民经济和社会发展计划的实施，推行对外开放政策，吸引外资，泰国经济开始迅速发展，成为东南亚经济发展最快的国家之一，也是大湄公河次区域五国中经济最发达的国家，其经济规模和经济发展水平远高于次区域越老柬缅等四国，但同时泰国也是能源资源相当匮乏的国家。从经济发展与人均水资源来看，泰国虽然作为五国中经济最为发达的国家，2006年人均国民收入达2 665美元，但是人均占有水能资源仅为0.17千瓦。由于电力资源的匮乏，经济发展受到了严重的制约。[②]泰国的水能资源蕴藏量为1 062万千瓦，已开发242万千瓦，其余大部分水能资源由于存在环境、社会问题不易开发。[③] 90年代中期以来，泰国的用电负荷每年增长80万～100万千瓦，近60%的能源消费需从外国进口。据泰国发电局的统计，从1996年到2011年期间，泰国电力每年需新增120万～160万千瓦，到2011年新增装机2 924万千瓦，其中1 546万千瓦需要从邻国输入和私营机构发电。

3. 航运开发

泰国全国共有47个港口，其中海湾港口26个，国际港口21个，曼谷是最重要的港口，承担全国95%的出口和几乎全部进口商品的吞吐。重要码头包括廉差邦港、宋卡深水港、普吉深水港以及湄公河沿岸的清盛港和清孔港等。湄公河和湄南河是泰国两大内陆水运干线。2000年4月，中老缅泰四国交通部长在缅甸共同签署了《澜沧江—湄公河商船通航协定》。2001年，湄公河实现首航。湄公河航运是泰国发展北部、东北地区经济的重要通道，通过湄公河航运，缩短了地区货运距离，降低了成本，加强了与老挝、缅甸以及中国的经贸联系。

二、土地资源及其利用

根据泰国土地分类资料，1980年泰国土地资源中农业用地占45.8%，森林面积占42.0%，草地占10.4%，沼泽占0.5%，城市用地占0.5%，水体占0.9%。[④]农业用地和森林是泰国最主要的土地资源类型。随着泰国经济社会的发展，这两

---

①　吴刚：《亚非国家积极应对水资源危机》，http://world.people.com.cn/GB/57507/11196956.html。
②　王建军：《全球化背景下大湄公河次区域水能资源开发与合作》，云南民族出版社，2007年，第85页。
③　王建军：《全球化背景下大湄公河次区域水能资源开发与合作》，云南民族出版社，2007年，第85页。
④　龚子同：《泰国的土壤和土地利用》，载《土壤》，1990年第5期。

类土地资源都发生较大变化。世界银行公布的数据显示，2011年泰国农业用地占41.2%，其中可耕地占30.8%，人均可耕地面积为0.23公顷；森林面积占37.2%。[①]根据世界银行的数据，从1980年以来泰国农业用地的面积是在不断增加的，从占国土面积的37.1%增至2011年的41.2%，但其中可耕地的面积在减少，从1980年占国土面积的32.3%下降为2011年的30.8%。

泰国的土地管理机构是泰国农业与合作部下属的土地发展局。土地发展局分为行政部、技术部、操作与应用部等。行政部下设秘书处、干部处、财务处、土地发展技术监督管理处、土地发展一处、土地发展三处、土地发展四处、土地发展五处。技术部下设政策规划处、国际信息交流处、土地管理研究与发展处、土地科技发展处、绿色土壤处、土地利用处、皇室土地项目处、土地发展二处、土地发展十处、土地发展十一处、土地发展十二处。操作与应用部下设工程师处、地图测绘技术处、土地勘测利用规划处、土地发展六处、土地发展七处、土地发展八处和土地发展九处。泰国是农业大国，政府十分重视农业用地的规划和发展。土地发展局对全国土地进行分级管理，通过对土地勘测评估，将境内土地按照贫瘠度划分为数十个等级，再根据不同土质进一步细分，而后制定出相应的土地使用规范制度。泰国土地利用、规划和开发有关的法案有1983年的《土地开发法案》和2001年的《土地法典》。在《渔业法案》中有少量涉及为水产养殖而利用土地和水域的政策。泰国自然资源与环境部1992年实施的《提高和保护自然环境质量法案》也涉及土地和水域的使用权问题，规定建立环境保护区和污染控制区，并对这些区域的土地利用做出规定，以保护区域的自然条件或预防自然生态系统受到不利影响。

泰国历来对土地资源的利用和农业的发展给予高度重视。政府根据不同地区的自然条件与气候特点，对土地利用采取因土制宜、分区种植的方式，对经济发展产生较大的促进作用。泰国中央平原地形平坦，有良好的灌溉水源，是水稻的主要产区，尤其是湄南河三角洲几乎只种植水稻；东北高原和中央高地，因降水较少，气候偏干，以种植木薯、玉米等旱作物为主；泰南半岛全年高温多雨，相对湿度大，在排水良好的丘陵地区重点发展橡胶、油棕等经济作物；西部和北部高地则作为木材等森林产品的主要产区。

---

① 世界银行，http://data.worldbank.org/indicator。

泰国土地资源利用中存在森林面积减少、水土流失严重、土壤侵蚀和退化等问题。森林面积的减少一方面与木材产业的发展有关，另一方面就是依靠毁林开荒来扩大耕地面积造成的。泰国的土地利用政策主要围绕农业用地与林地协调关系展开。泰国第八个社会经济发展计划提出要把整个国家40%的土地作为林地加以保护。然而，如何有序地将部分受保护的林地转变成农业用地，提供给无地的农民和满足人口增长的需要是政府政策考虑的重点问题。经济发展的几十年中，泰国一直存在严重的非法侵占林地的问题。从1961年至1993年，因此造成的林地毁坏面积达8 760万莱（泰国面积单位，1公顷等于6.25莱）。[①]

为此1975年泰国制定了农业土地改革法。土地改革包括三个部分：改革土地使用结构、生产结构和支持服务结构。土地使用结构主要处理土地所有权和产权问题。生产结构指的是使土地和其他资源进入生产，资源分配的决策者决定产品的选择和产品配置。支持服务结构主要是指帮助农业商品生产和农户福利的服务，它包括农业推广、农业信贷、农业市场、农业合作等。为了实施土改，泰国政府以现金或发行债券的形式设立农业土改基金，用于从私人所有者手中购买和征用土地；同时还建立土地基金，帮助无地的农民和雇工。从1975年到1997年，泰国土改面积达到3 890万莱，实际分配面积为1 060万莱，60多万农户从中受益。[②]

随着社会的发展，泰国土地改革也出现不少问题。第一，农业优先次序发生了转移，即由原来佃农和无地农民的土地分配问题转移到对公共土地，特别是对林地的侵入问题上来，农民靠扩大毁林开荒面积来提高经济收入；第二，土地改革所带来的矛盾问题；第三，实际分配问题；第四，土地改革实施问题。它包括土地估值及补偿、土地转移、农业发展（生产结构和支持服务结构改革）以及土地持有者问题。前三个问题中心是如何处置在公共土地，特别是林地上非法入侵而定居的农户。如果给非法入侵者分配被侵入的林地，那等于鼓励非法入侵，达不到保护森林的目的，如不分配，一方面很难赶走这些入侵者，另一方面也难以解决这些农户的问题。泰国土地改革的具体实施问题也极大干扰了土地改革的顺利进行，政策既没有连贯性，也不稳定。[③]

---

① 田志康：《泰国可持续发展的土地资源管理》，载《科技进步与对策》，1998年第6期。
② 田志康：《泰国可持续发展的土地资源管理》，载《科技进步与对策》，1998年第6期。
③ 田志康：《泰国可持续发展的土地资源管理》，载《科技进步与对策》，1998年第6期。

三、生物资源及其利用

历史上，泰国曾是森林资源丰富的国家之一。由于经济的发展，对森林的毁坏严重，泰国森林资源锐减。21世纪以来，政府加大对森林的保护，森林资源有所增加。泰国动植物资源丰富，不仅有大量的哺乳动物，还有各种爬行动物、鸟类和鱼类，以及上万种的植物类别，但政府对濒危物种的保护也迫在眉睫。

（一）森林资源

20世纪初，泰国的森林覆盖率高达75%，1961年制定第一个国家经济社会发展计划时降为53%，70年代末期降至27%，到1995年森林覆盖率仅为22.8%。21世纪以来，泰国政府更加重视对森林资源的保护，严格控制林木的商业采伐，森林覆盖率有所回升。据泰国自然资源与环境部林业厅的统计，2010年泰国拥有森林面积171 585平方千米，森林覆盖率增至33.44%。[1]世界银行公布的统计数据要高于泰国林业厅的统计数据，2010年泰国森林面积有189 720平方千米，森林覆盖率为37.1%；2011年，泰国森林面积略有上升，为189 868平方千米，森林覆盖率37.2%。[2]

泰国各地区的森林资源分布差异较大。从泰国林业厅的统计来看，2009年泰国北部森林覆盖率为56.04%，相当于9.5万平方千米，减少了12.5%；东北部仅有16.32%，也就是2.7万平方千米，减少率高达25.67%；东部地区覆盖率为21.1%，约8 033.4平方千米，已经减少了36.97%，中部剩余29.81%，即2万多平方千米，降低了23.1%。可以看出，北部地区拥有最多的森林面积，占地区总面积一半以上，中部、南部和东部的森林覆盖率大于20%，而泰国东北部是全国面积最大的地区，森林覆盖率不足20%。1961年与2009年相比，东部和东北部地区的森林覆盖率下降最为严重，分别下降了63.76%和61.13%。

泰国各省府的森林覆盖率水平可划分为5组：第一组是森林覆盖率超过70%的共有5府，包括清迈、南邦、难、夜丰颂和达府；第二组是森林覆盖率为50%～70%的有8府，包括帕、帕尧、南奔、程逸、乌泰他尼、佛丕、北碧与拉农；第三组是森林覆盖率为25%～50%的19府，包括清莱、碧差汶、素可泰、彭世洛、猜也奔、莫达汉、黎、尖竹汶、达叻、那空那育、巴真武里、巴蜀、叻丕、陶公、

---

① 陈晖、熊韬：《泰国概论》，广州：世界图书出版公司，2012年版，第13页。
② 世界银行，http://data.worldbank.org/topic/environment。

攀牙、普吉岛、也拉、沙敦及素叻；第四组是森林覆盖率为1%～25%的包括那空沙旺、孔敬、甲米、春武里、那空帕农、春蓬、猜纳、沙功那空、华富里、廊开、廊莫那浦等36府；第五组是森林覆盖率少于1%的府省，即曼谷、佛统、暖武里、大城、巴吞他尼、披集、信武里与红统等8个府。

自2004年以来，虽然一些地区的森林覆盖率增加了，但也有一些地区还是在减少，前者包括清迈、碧差汶、彭世洛、孔敬、佛丕、北碧、甲米、春蓬、拉农、宋卡、素叻、北揽、夜功等，主要集中在北部、东北部和南部地区；后者有达、难、那空帕农、达叻、巴蜀等省府的森林面积减少了5%～9%，南部沙敦府的森林覆盖率减少了11.8%。

泰国森林资源可分为常绿林和落叶林两种主要类型。常绿林因环境因素复杂，又可分为高山热带常绿林、浅山常绿林、红树林和淡水沼泽常绿林等四个亚类。[①] 高山热带常绿林在泰国全国各地均可见到，但主要分布在北部海拔1 000米以上的山区，主要由木兰、月桂树、橡树、板栗、榆树、桦木等乔木树种和其他灌木树种组成。浅山常绿林主要分布在水旁、国家公园和野生动物保护区等地，主要由水青冈和豆科树种组成。浅山常绿林过去分布相当普遍，但随着经济和社会的发展，目前仅有零散分布。红树林主要分布在河流、沿海等水域。淡水沼泽林主要分布在沼泽地带。落叶林类型分为混交落叶林和落叶龙脑香林两个亚类。混交落叶林主要为柚木混交落叶林，北部有大面积分布，中部地区向南直至北碧府亦有分布。柚木常单株散生或小片与其他落叶林树混生，在冲积地上，柚木长得高大、通直，可形成纯林。龙脑香落叶林在泰国东北部分布最广，中部、北部多分布在平原和海拔1 000米以下的山地，东部的巴真府也有少量分布。

泰国所有的土地与自然资源都为国家所有，国家拥有森林资源，并控制森林的商业采伐，只有小面积的人工林为私人所有。一般情况下，私有林不是为了生产木材，而是生产橡胶、水果、油料等经济林。由于森林资源的锐减，泰国已从20世纪60年代的木材出口国变为现在的木材进口国，而且木材和其他林产品的进口量正逐渐增大。目前政府把森林区域划分为保护区、经济区和农业区三类来管理。保护区包括国家公园、野生生物保护区、非狩猎区、永久森林和有限制的流域区域；经济区主要作商业产品的生产；农业区主要作农业用途，以分配给穷

---

① 《世界林业——泰国》，中国林业网，http://www.forestry.gov.cn/portal/main/map/sjly/taiguo/thai01.html。

人或无地的农民。泰国的林业政策是要将40%的国土面积作为林地来保护，其中将5/8的受保护林地纳入像国家公园、野生生物避难所、流域区域等受保护的管理范围，余下的林地作为生产目的而管理。①

泰国政府的几个比较有特色的措施如下：

第一，建立森林村。

第二，鼓励那些把木材作为主要生产资料的工业部门购买林地使用权。

第三，建立国家公园和野生动物保护区。

第四，对广大公民进行保护森林的教育。

（二）动植物资源

泰国地处热带，气候温润，非常适宜生物生长，因此泰国是一个动植物资源极为丰富的国家，拥有200多种哺乳动物、600多种鸟类、200多种鱼类和1万多种植物。

1996年，泰国哺乳动物有265种，主要有大象、黑鹿、黑熊、黑豹、猎鹿、马来熊、长臂猿、短尾猴、懒猴、叶猴、猕猴、虎等。2000年泰国有34种濒危哺乳动物，2012年增至57种。② 泰国爬行动物主要有蛇、龟和蜥蜴类，以蛇最为常见。1996年，泰国拥有616种鸟，主要鸟类有八哥、织布鸟、笑鸫、缝叶莺、鹊鸲和鹌等，2000年有37种成为濒危鸟类。泰国有200多种鱼类，咸水鱼中经济价值较高的有鲸鲨、虎鲨、犁头鳐、银鲳等；淡水鱼的种类不多，主要有攀木鱼、蛇头鱼、鲶鱼、鲤鱼等。2012年，泰国濒危鱼类有96种。③

1997年泰国有高植株植物11 625种，其中有386种属濒危植物。④ 2012年濒危高植株植物有116种。⑤ 林木有2 000多种，其中有250种是国家保护品种，还有不少属于珍贵林木，如热带常绿乔木有榕树、露兜树、樟树、金鸡纳树等；季风林木主要有柚木、铁树、沙尔树等。尽管1989年泰国花梨木被列入《濒危野生动植物种国际贸易（CITES）公约》加以保护，但巨大的市场需求和执法不力使花梨木被走私到邻国，并运到世界各地，已导致泰国花梨木资源在2005—2011年间减少了66%。此外，泰国还有上千种观赏花木，如桂树、相思树、龙舌兰、大

---

① 田志康：《泰国可持续发展的土地资源管理》，载《科技进步与对策》，1998年第6期。

② 世界银行，http://data.worldbank.org/indicator。

③ 世界银行，http://data.worldbank.org/indicator。

④ 田禾、周方冶：《列国志·泰国》，北京：社会科学文献出版社，2005年版，第27～28页。

⑤ 世界银行，http://data.worldbank.org/indicator。

海芋、观音竹、番茉莉、桃榔、番木瓜、翅决明、长春花、花叶万年青、千日红、竹芋和蓬莱蕉等。兰花是泰国的主要观赏花木，品种多达900多种，在泰国栽培很广泛，是创汇的主要出口商品。

　　尽管过去几十年来泰国重拳出击也无法改变自然资源逐渐减少的事实，其中森林覆盖率的不断下降，一半以上的红树林生长区丧失，湿地大量消失，外来物种入侵，当地生态系统损害，导致生物多样性的丧失和农产品减少。2004年11月，世界自然保护联盟在世界自然保护大会上披露，泰国现有200多种濒危物种，其中亚洲野生水牛、貘、喜马拉雅斑羚等40种哺乳动物被列入了"红皮书"，还有几种动物多年未见而被认为已灭绝。[1]泰国《世界日报》2010年5月13日报道，为响应2010世界生物多样性年计划，泰国将加大对20类动物和10类植物的保护，并制定相应的恢复保护措施。[2] 20种保护动物包括赤颈鹤、黑胸八色鸫、犀鸟、黑颈鹤、白鹇、斑纹大虎、亚洲象、海牛、泽鹿、伊洛瓦底江河豚、海龟、花纹龟、虎手贝、帝王蟹、皇后蟹、四脚蛇、淡水鲫鱼、四不像和金袋蝴蝶等；10类植物包括鹿角蕨、万代兰、千年玫瑰、高山棕榈树、泰国葱等。

四、矿产资源及其利用

　　泰国矿产资源丰富，主要有钾盐、锡、褐煤、油页岩、钽、钨、重晶石、萤石、石膏、锑、锰、锌、铅、铁、铬、高岭土、宝石和石油、天然气等，已开采的矿产达40多种。具体可以分为金属矿产、非金属矿产和能源矿产。

（一）金属矿产

　　泰国主要的金属矿产有锡矿、钨矿、锑矿、铅矿、锌矿、锰矿、铁矿、铬铁矿、钽矿等，其中钽矿大多是作为开采锡矿的副产品被回收。

　　锡是泰国最重要的矿产，锡矿业一直是其矿业的支柱性产业。锡矿主要分布在泰国南部的攀牙、普吉、拉农、洛坤、打瓜巴，以及中部的巴蜀、北碧、碧武里，还有北部的达府、清迈、程逸等地。截至2008年，泰国锡矿的储量和基础储量分别为17万吨和20万吨。采锡主要集中在半岛南部，其产量约占全国产量的85%，而北部地区分散着一些小型生产矿区。泰国的锡矿90%以上的产量来自

---

① 《自然资源继续退化，泰国二百余物种濒临灭绝》，中国新闻网，http://www.chinanews.com/news/2004/2004-11-18/26/507392.shtml。

② 《泰国加强保护30种动植物》，中国商务部，http://www.mofcom.gov.cn/aarticle/i/jyjl/j/201005/20100506912807.html。

砂锡矿床，最著名的是打瓜巴—普吉砂锡矿区，其储量占全国总储量的三分之一以上。[①]

钨是泰国仅次于锡的重要矿产品。泰国有钨矿床25处，大体沿西部边境分布，从清莱府经夜丰颂府、帕府、北碧府至洛坤府。比较重要的矿床有洛坤府的考松（Khao Soon）黑钨矿矿床，帕府的贡山（Doi Ngoem）矿床和清莱府的莫山（Doi Mok）白钨矿矿床。20世纪40、50年代钨矿在泰国矿业中的地位仅次于锡，到80年代其地位已在锡、锌、铅之后。迄今为止开采最多钨矿的是南部洛坤府的考松黑钨矿矿床，其开采量在20世纪70年代后半期占全国的75%，现因最富的地段已开采完而关闭。1980年，帕府的贡山成为钨的最大来源，产量约占全国一半左右。泰国钨矿主要向美、德等国出口。

锑在泰国的储量十分丰富。截至2008年，锑的储量和基础储量分别为35万吨和37万吨。锑矿主要分布在泰国北部地区的南奔府、南邦府、帕府、清迈府，东部的春武里府以及南部的素吻府。主要矿床有素吻府的班宋（Bang Song）、帕府的堆法坎（Doi Pha Khan）、南邦府的班昆（Ban Kaeng）和春武里府的克朗克拉塞（Klong Kra Sae）等。其中，克朗克拉塞锑矿规模最大，估计矿石储量约10万吨。泰国的锑矿大部分出口到比利时和巴西等国。

铅锌矿主要分布在泰国北部的帕府、达府，东北部的黎府和中部的北碧府。矿床共有11处，主要矿床有达府的夜速（Mae Sod）铅锌矿、清迈府的帕达因（Pa Daeng）锌矿和北碧府的松多（Song Tho）铅矿。其中，夜速矿床是世界上质量最好的锌矿床之一，而铅矿床以北碧府的最重要，泰国90%以上的铅产自北碧府，最大的矿山是松多矿山。泰国的铅锌矿主要用于出口，国内消费的铅矿石产量不足10%，主要用来生产蓄电池。

泰国锰矿种类很多，主要有软锰矿、硬锰矿、菱锰矿，还有水锰矿、隐钾锰矿和褐锰矿。南奔府、陶公府、罗勇府、南邦府、清迈府等地均有分布。矿床规模不大，但大部分矿床矿石品位较高。主要矿床有南奔的王迈周（Ban Maejong）锰矿和清迈的夜塔（Maetaeng）锰矿。

泰国铁矿主要分布在北碧府、北柳府、清迈府、南邦府、碧差汶府、拉农府、甲米府、黎府等地，铜矿主要分布在洛坤府、程逸府、黎府、孔敬府等。此外，

---

① 姜雅、袁志洁、曹瑞欣：《泰国国土资源管理及矿业政策概况》，载《中国金属通报》，2010年第35期。

尖竹汶府和巴真府有钼、钨、钙矿和镍矿等；程逸府有铬铁矿；宋卡府、素叻府和乌泰他尼府有铀矿；巴蜀府、拉农府和普吉府等地有钍矿。

（二）非金属矿产

泰国主要的非金属矿产有钾盐、重晶石、萤石、石膏、宝石、长石、高岭土、石灰岩、大理石等。

泰国钾盐储量4 367万吨，居世界第一位。钾盐层分布面积24 900平方千米，其中沙功那空盆地9 800平方千米、呵叻盆地15 100平方千米。沙功那空盆地有乌隆、廊开等钾矿田，呵叻盆地有那隆、孔敬、暖颂及南丘克钾矿田。位于东北部的呵叻高原钾盐矿床是20世纪70年代中期发现的，是一个以光卤石为主的大型钾盐矿床。

重晶石是泰国比较丰富的矿产之一，储量3 553万吨，储量占世界储量的4.9%，基础储量占世界的3.0%。现有矿床约60处，主要分布在北部的清迈、达府、帕府，东北部的黎府、乌隆府，中部的碧武里府、北碧府，南部的洛坤府、宋卡府。主要矿床有清迈的富迈蒙（Phu Mai Mong），黎府的班可考（Ban Hin Klao），洛坤府的考普莱（Khao Phlao）等矿床，矿床的重晶石含量很高，达80%～90%。块状重晶石主要销往美国、印度尼西亚，粉状重晶石主要销往新加坡、澳大利亚。

泰国是世界萤石的重要产地，储量约1 150万吨，其分布从西北蜿蜒向南延伸1 500千米，主要分布在南奔府、清迈府、夜丰颂府、北碧府、碧武里府、暖武里府、素叻府和甘烹碧府等地。20世纪70年代初，泰国萤石产量一度居世界前列，之后一直不景气，国内优质矿石明显枯竭和运费上涨是生产下滑的主要原因。

泰国石膏预测储量4 000万吨，平均品位90%，主要分布在北部的披集府和北榄坡府，以及南部的洛坤府和素叻府。1957年在披集府发现的石膏矿床规模最大，对其的开发利用使泰国从石膏进口国变成石膏生产出口国，主要销售市场是日本。

泰国盛产宝石，宝石种类很多，最著名的是红宝石和蓝宝石，泰国的北部、西北部、中部都有分布。重要的产地是北碧府和尖竹汶府，达叻府、四色菊府、帕府、素可泰府和乌汶府等地也有开采。除红宝石、蓝宝石外，泰国还有金刚石、水晶、玛瑙、玉髓（隐晶质石英）、玻陨石、普遍蛋白质和绿柱石等宝石。泰国的宝石生产与加工业比较发达。

此外，叻丕府、巴蜀府、南邦府等地有磷酸盐；南邦府、程逸府、拉农府等地有高岭土；尖竹汶府、清迈府、巴蜀府有石墨；洛坤府、碧武里府、北标府等地有石灰岩；素可泰府、北标府、北榄府有大理石；叻丕府、清迈府、夜丰颂府有长石。

（三）能源矿产

泰国的能源矿产有石油、天然气、煤炭和油页岩等。据世界银行估计，泰国石油最大储量为1.64亿吨，天然气最大储量为5 465亿立方米。2009年，泰国天然气剩余探明可采储量3 170.94亿立方米，石油剩余探明储量6 041.7万吨。[①] 目前泰国已发现的油气田有19个，主要分布在泰国湾、安达曼海、南部平原、中部平原、呵叻高原和北部山间盆地等6个含油气区。

泰国湾是泰国已探明石油和天然气资源储藏最丰富的地区，其大部分的油气区都集中于此。目前已开发的油气田中，由美国雪佛龙公司经营的本扎玛油田是泰国最大的海上油田，泰国湾邦库气田是泰国最大的天然气田。其他油气田还有格明油田、巴拉通油田、苏叻油田、爱侣湾油气田、班泼油气田、格蓬油气田、拍林油气田、沙敦油气田、扶南油气田、达叻油气田等。泰国陆地上有3个油气田，甘烹碧府的诗丽吉油田是泰国陆上最大油田，其他2个油气田为农玛康油田（西诗丽吉油田）、孔敬府南蓬气田。此外，在达府、碧差汶府、夜丰颂府、南邦府和甲米府还发现有油页岩，含油量达5%。

泰国是能源进口国，20世纪80年代以后才结束油气资源全部依赖进口的状态，但目前仍有80%的石油和40%的天然气需要进口。泰国石油生产始于20世纪60年代初，主要开采陆上原油，产量很小。20世纪70年代泰国每年要花费二三十亿美元进口石油，到1984年仍需进口20亿美元的石油，占商品进口总值的22%。为了减少对进口石油的依赖，泰国从20世纪70年代开始大力开展石油勘查。20世纪80年代开始开发海上油气，目前海上油气产量占油气总产量的80%以上。泰国油气勘探开发主要集中在泰国湾和安达曼海的Mergwi盆地，1983年开采锡利基特油田（石油和凝析油）。随后又开发了北部甘烹碧府油田。由于政府加速石油勘探开发步伐，泰国石油产量不断增加。石油产量由1981年的10万吨增至1988年的192.5万吨，2002年大幅提高至790万吨。到2005年前，泰国每年石油勘探开发投资约35亿美元。未来油气生产集中在泰国湾和陆上呵叻高原

---

① 陈晖、熊韬：《泰国概论》，广州：世界图书出版公司，2012年版，第14页。

地区。

泰国从1981年下半年开始开采天然气，当时天然气产量为3亿立方米。其后开采量迅速增长，1985年天然气生产能力达4.5亿立方英尺／日，1986年天然气的生产能力超过全国消费需求，1988年天然气产量达54.80亿立方米，2002年天然气产量达到189亿立方米。泰国95%的天然气采自泰国湾大陆架，并通过输气管道供应曼谷地区的几个发电站和中部的各个水泥厂；剩余5%的产量来自陆上兰甲布（Lan Kra Bue）气田。泰国是东南亚第二大煤炭生产国，主要是褐煤和烟煤，预计总储量超过13亿吨。约80%的储量分布在北部的清迈府、南奔府、达府、帕府和程逸府一带，其余分布在南部的素叻府、董里府、甲米府和东北部的加拉信府等地。其中褐煤主要分布在北部的新生代盆地，现有曼蒙、克拉毕和涅等煤田。最大产区是曼蒙，产量约占全国产量的60%，区内建有东南亚最大的褐煤发电基地，年发电约为700多万千瓦。近年来，泰国电力部门褐煤用量增长迅速，但国内产煤量却持续走低。目前，泰国正在考虑制定新法规，鼓励和支持民间勘查和开采褐煤。

五、旅游资源及其利用

泰国的旅游资源不论是人文资源还是自然风光都十分丰富，浩海碧浪、银色沙滩、温泉瀑布、密布河网、连绵群山和众多的野生动物是大自然赋予泰国的宝贵旅游资源。泰国旅游资源分布广、类型全、品位高、特色浓，能满足游客多方面的需要。从地域上划分，泰国全国可划分为六大旅游区，即中部旅游区、西部旅游区、北部旅游区、东北部旅游区、东部旅游区和南部旅游区等。

（一）中部旅游区

泰国中部的旅游景点主要在曼谷市、大城府。

曼谷是世界级的大都市，也是泰国的文化、政治、商业、教育和外交中心，面积为1 500多平方千米，人口为该国总人口的1/10，号称"天使之城"。主要旅游景点有大王宫、玉佛寺、卧佛寺、金佛寺和郑王庙等。大王宫是泰国曼谷王朝一世至八世的皇宫，又称"故宫"，位于曼谷市中心区，由一组布局错落的建筑群组成，汇集了绘画、雕刻和装饰艺术的精华。曼谷王朝开国君主拉玛一世登基后，于1782年把首都从春武里迁至湄南河东岸的曼谷，经历代不断扩建，终于建成了规模宏大的大王宫建筑群。大王宫景色极为壮观，和玉佛寺合为曼谷的标志，是旅游泰国必到之地。

大城距曼谷以北约100千米，曾为泰国第二个首都，有400多年的辉煌历史，佛教文化精髓深植于此，当地的寺庙、皇宫和佛像无不是庄严典雅的雕刻作品，这些古迹记载了大城辉煌的历史和当时繁荣的景象，曾是世界各国向往的人间天堂，吸引着许多国家的人来此定居，如今大城还散布着葡萄牙村、荷兰村、日本村等，1991年大城被联合国教科文组织评定为世界级保护古迹之一。

（二）西部旅游区

泰国西部的旅游景点主要在北碧府和位于巴蜀府的华欣。

北碧府位于曼谷以西约130千米，范围一直往西延伸至缅甸边境。北碧府拥有泰国境内最自然优美的瀑布及国家洞穴奇景、著名的桂河大桥、惊险有趣的竹筏探险。其中经过桂河大桥的铁路有"死亡铁路"之称，第二次世界大战期间，盟军封锁了马六甲海峡，日军为打通南亚和欧洲的陆上通道，逼迫数十万劳工及盟军战俘建造泰国到缅甸的战略铁路，致使数万战俘及劳工死亡，故由此得名。

位于泰国巴蜀府的华欣以碧海、沙滩、椰影的南国风光闻名于世，是泰国皇室贵族最钟爱的避暑胜地，距离曼谷200多千米，是1920年以来泰国达官显贵最常造访的避暑胜地。从曼谷王朝六世王起，陆续修建了泰国南部铁路和泰王室避暑行宫，使华欣从昔日的渔村发展成为泰国最早成形的海滨度假胜地，深受皇室贵族的喜爱。经数代皇室的兴建，华欣有着风格独特、优雅动人的度假氛围，又由于旅游度假人潮不及芭堤雅和普吉岛等地而显得少有的宁静祥和。2009年10月23日至25日，东盟第15届首脑及东盟与对话国系列峰会就在华欣举行。

（三）北部旅游区

泰国北部地区主要由连绵的群山组成，平均海拔1 200米，森林茂密，山川秀丽。泰北崎岖的山径、茂密的丛林、湍急的河流和别具特色的小镇以及多姿多彩的村落使北部洋溢着独特的情调，主要的旅游地有清迈、清莱、夜丰颂和素可泰。

清迈是泰国第二大城市，曾是泰国历史上兰纳王国的首都，保留着许多的文化遗产，现是泰国北部的政治、经济中心和疗养旅游胜地。清迈群山环抱，风光秀丽，气候冬暖夏凉，漫山遍野的玫瑰花使清迈被誉为"北方玫瑰城"。没有曼谷的热闹与喧嚣，坐落在青山翠谷、万亩良田之中的清迈显得悠然自得，阳光清清亮亮不分季节地洒在城市中的每个角落，它的魅力足以令远行的旅人流连。

清莱是泰国最北的府城，其北部和东北部与缅甸、老挝为邻。清莱以"金三角"名闻天下，这个位于泰、缅、老三国交界的山区，曾以其高海拔"罂粟种植区"而闻名于世，这里早期是罂粟花和制造鸦片的大本营，如今经政府指导已改种果树和其他经济农作物。现在的清莱，以动人心魄的景致和山区部落民族的奇异风情而著称，优美的风光和雄伟的庙宇吸引着游客。

夜丰颂是泰国次北的府城，可以说是北方各府中最具有原始情味的地区，在生态上维持原始，未遭破坏，民风也自然纯朴。首府夜丰颂是北方最令人着迷的城镇之一，拥有壮丽的瀑布流泉与湍急的溪流鸣涧的山地度假区，田园诗般的气息，悠然自在的乡村步调，丰富多彩的山川水色，修心养性的寺庙梵宇，传奇神秘的山居部落，充满诱人的魅力。

（四）东北部旅游区

泰国东北部，地形属于广大的碟状高原，居住着泰国最富人情味的纯朴居民，既有丰富的文化历史积淀，也有多姿多彩的民俗节庆。东北部是泰国经济最落后的地区，也较不受旅游者的青睐，主要的旅游地是乌汶、四色菊、素林、武里南和呵叻。

乌汶是一个新兴的商业中心，交通发达，是泰国东北的公路、铁路和航空交通枢纽，因拥有翠绿的山林，且与老挝、柬埔寨交界，故被称为"玉三角"，最有名的是每年7月份举行的蜡烛节。

四色菊位于曼谷到乌汶之间的铁路线上，从过去的一个小镇发展成为一个大城市，以拥有12座保留下来的高棉遗址而受到游客的关注。

素林的历史与大象、泰丝和高棉帝国的遗迹息息相关，每年11月份举办的大象节，可以看到驯兽师以熟练的技巧驯服及训练大象的过程。素林的泰丝以传统的方式编织，十分美观。府内许多高棉遗址成为历史景点。

武里南是高棉古迹之旅的重要中间站，高棉古遗迹是最重要的历史景点，有令人叹为观止的碧迈历史遗迹公园和高棉古寺，还有位于卡东山上的巨佛像。

呵叻是泰国东北部的第一府，其起伏不断的山丘明显将泰国中部平原与东北部的高原相隔离。呵叻也是泰国东北的繁荣门户，其现代化的城府遍布矩形的护城河和大城时期的古城遗址。

（五）东部旅游区

泰国东部地区拥有从湄南河河口延伸至柬埔寨边境长约500千米的曲折海岸，在东部海岸上散布着四季宜人的海滨度假地，主要旅游地有芭堤雅、罗勇和阁昌岛等。

芭堤雅号称泰国的黄金海岸，从1950年始便吸引着无数游客到访，如今仍是泰国最负盛名的海滨旅游胜地之一，也是国际著名的海滨旅游度假地和大游乐区，有着绮丽的风光和迷人的海滨浴场，被誉为"东方的夏威夷"。芭堤雅是一个国际知名的乐园，集大城市与海滨度假胜地于一身，也是水上运动爱好者的乐园。

罗勇府地形是以纵横交错的山脉为主，其中点缀着平原及广阔的森林，沿海的岛屿星罗棋布，其首府罗勇是一个繁荣的渔港，海产丰富，当地出产的鱼酱销售到泰国各地；当地出产各种水果，每年都会举办水果节，还会举行水果花车游行、水果比赛、国际展览和流行的民间娱乐表演等各种庆典活动。

阁昌岛又名象岛，因岛的形状像一头趴着的大象而得名，是泰国的第二大岛，位于达府境内。阁昌岛是全国国家公园中保存最完整的一个迷人小岛，岛上宁静、纯朴无瑕，充满原始蛮荒之美，深具探险的乐趣，是潜水者和水上运动喜爱者的最爱，这里还会定期举办钓鱼比赛。

（六）南部旅游区

泰国南部拥有世界上最好的海滩，洁白的海滩、成群的岛屿点缀在蔚蓝的海面上，罕见的自然美景密布在各地，使泰国南部散发着神秘迷人的魅力。主要旅游地有普吉、甲米、董里、宋卡和攀牙。

普吉岛作为泰国最大的岛屿，是印度洋安达曼海上的一颗明珠，享有"泰南珍珠"的美誉，它的魅力来自于它那美丽的大海、令人神往的海滩，堪称东南亚最具代表性的海岛旅游度假胜地，与清迈、芭堤雅及曼谷一起被誉为泰国的四大旅游中心。其美丽的海滩、奇形怪状的小岛、钟乳石洞、天然洞窟等自然景观，安达曼海的温暖海水清澈湛蓝，海底世界美不胜收，被称为"热带天堂"。其中皮皮岛位于泰国普吉岛东南约20千米处，1983年被定为泰国国家公园。这是一个深受阳光眷宠的地方，柔软洁白的沙滩、宁静碧蓝的海水、鬼斧神工的天然洞穴、未受污染的自然风貌，使得它从普吉岛周围的30余个离岛中脱颖而出，一举成为近年来炙手可热的度假胜地之一。

甲米是一个游人不多、自然风光保存完好的省府，别有一番风景，是欧美游客自助游的首选地之一。最吸引人的景致便是其美如天堂般的热带岛屿群、棕榈树摇曳生姿的广阔沙滩、蛮荒原始的瀑布森林，以及山间岩穴和生态保育良好的国家公园。丰富的观光资源和田园气息的美景让甲米散发着迷人的魅力。

董里是泰南的一大城市，是泰国南部临近印度洋的重要海港，还是位于合艾与甲米之间的重要交通枢纽，拥有许多石灰岩地形的钟乳石洞穴，风景与甲米和攀牙湾相似。

宋卡府地势属于南北丘陵延伸的狭长地带，拥有青翠碧绿的自然景色，以及橡胶园、海滨、湖泊和瀑布等景观。宋卡府最著名的城市是合艾，它是泰南14府的交通枢纽和经济中心，矿产、渔业、工业和橡胶等产业的兴盛使这里洋溢着浓厚商业城市的气息。

攀牙府是由石灰岩山脉组成的一片干燥土地。全府大部分为森林，其中最著名的景点是攀牙湾，攀牙湾的海岛风光是因为石灰岩地形受到冰河海水侵蚀所致，其海景因耸立在海中的数百座石灰岩而显得壮丽无比，有的孤伶伶地挺立在海中，有的则弯弯曲曲，景观非常奇特。

苏梅岛是泰国的第三大岛，隶属于素叻府，是一个由80多个热带岛屿组成的群岛。在过去十多年里，苏梅岛由一个默默无闻的小岛发展成为泰国边境颇具知名度的度假胜地，但仍保存着纯净自然，处处可见闪闪发亮的白沙滩和清澈温暖的大海，俨然一处世外桃源。游人可尽情享受阳光、沙滩及蓝天碧海。椰子生产是苏梅岛重要的经济来源，岛上椰树随处可见，空气中充满芳香的椰味，故此岛又被称为"椰子岛"。

第三节　行政与经济区划

泰国的行政区划分为中央政府、府、县（分县）、区、行政村。泰国共有76个府和1个中央直辖市，此外还有一些自治市镇。泰国各地区的经济发展不同，如果从经济区划的角度来看，曼谷及其周边5府的经济总量就超过了全国的40%，而曼谷就占了全国的30%。

一、行政区划

府（Changwat）是泰国最大的地方行政区划，由中央政府直接管辖，府的办公机构称府公署，其行政长官称为"府尹"，由内务部直接任命，并向内务部负责。中央政府各部在全国各府都派驻官员，这些官员在"府尹"的领导与协调下执行中央各部所赋予的任务。县（Amphur）隶属于府，其办公机构称为县公署，县长由内务部任命，在"府尹"的领导下管理县的事务，县公署是中央政府的派出机构。分县（Ging Amphur）是县与区之间的行政区划，在行政上仍隶属于县管辖，通常设在交通不便的地区。区（Tambon）是隶属于县的农村行政区划，每个区管辖10个左右的行政村，区长是最低一级的行政长官，由村长会议选举产生。村（Muban）是最基层的行政单位，每个行政村由较大的自然村或若干个较小的自然村组成，村长由全村居民直接选举产生，没有固定的任期。目前，泰国共设有76个府（不包括曼谷）、878个县、7 255个区、74 955个行政村。[①] 另外，泰国还设有直辖市和一些自治市镇，给地方一定的自治权力。泰国根据各府所辖居民区规模大小、人口数量和经济发展水平设立大自治市（都市级）、中自治市（城镇级）、小自治市（区级）和自治镇。目前，泰国共设有2 110个市级自治管理机构，其中都市级自治市26个，城镇级自治市244个，区级自治市1 840个；在区一级行政区划内还设有区自治管理机构（即自治镇）5 765个。[②] 除此之外，泰国还特别设立一个中央直辖市曼谷市和一个旅游特区芭堤雅。

（一）行政区划概况

泰国的76府和曼谷直辖市一般被划分为6个地区，即中部、北部、东北部、东部、西部与南部地区，每个府都以其首府（Mueang）作为该府的命名。泰国各府所辖的县、区、村及面积情况如表1-1所示。

中部地区包括21个府和曼谷中央直辖市。该21府为北榄府（Samut Prakan，又名沙没巴干府）、暖武里府（Nontha Buri）、巴吞他尼府（Pathum Thani）、大城府（Phra Nakhon Sri Ayuthaya，又名阿瑜陀耶府）、红统府（Ang Thong）、华富里府（Lop Buri）、信武里府（Sing Buri）、猜那府（Chai Nat）、北标府（Sara Buri，又名沙拉武里府）、那空那育府（Nakhon Nayok）、素攀武里府（Suphan Buri）、佛统府

---

① 2011年3月，泰国设立汶干府（Bueng Kan），成为泰国第76个府。
② 陈晖、熊韬：《泰国概论》，广州：世界图书出版公司，2012年版，第20页。

（Nakhon Pathom，又名那空巴统储）、龙仔厝府（Samut Sakhon，又名沙没沙空府）、夜功府（Samut Songkhram，又名沙没颂堪府）、北榄坡府（Nakhon Sawan，又名那空沙旺府）、乌泰他尼府（Uthai Thani，又名色梗港府）、甘烹碧府（Kan Phaeng Phet）、素可泰府（Sukhothai）、彭世洛府（Phitsanulok）、披集府（Phichit）、碧差汶府（Phetchabun）。其中夜功府是该地区也是泰国面积最小的府。

北部地区有清迈府（Chiang Mai）、南奔府（Lamphun）、南邦府（Lampang）、程逸府（Uttaradit，又名乌达拉迪府）、帕府（Phrae）、难府（Nan）、帕尧府（Phayao）、清莱府（Chiang Rai）、夜丰颂府（Mae Hong Son）等共9个府。其中清迈府是北部最大的府，清莱是泰国最北的府。

东北部地区共有20个府，包括呵叻府（Nakhon Ratchasima，又名那空叻是玛府）、武里南府（Buri Ram）、素林府（Surin）、四色菊府（Sri Saked）、乌汶府（Ubon Ratchathani）、益梭通府（Yasothon）、猜也奔府（Chaiyaphum）、安纳乍能府（Amnat Chareon）、廊磨喃蒲府（Nongbua Lamphu）、孔敬府（Khon Kaen）、乌隆府（Udon Thani）、黎府（Loei）、廊开府（Nong Khai）、玛哈沙拉堪府（Maha Sarakham）、黎逸府（Roi Et）、加拉信府（Kalasin）、色军府（Sakon Nakhon，沙功那空府）、那空帕农府（Nakhon Phanom）、莫达汉府（Mukdahan）、汶干府（Bueng Kan）等。其中呵叻府为东北部最大的府，也是泰国面积最大的府。

东部地区包括春武里府（Chon Buri）、罗勇府（Rayong）、尖竹汶府（Chantha Buri，又名庄他武里府）、达叻府（Trat）、北柳府（Chachoengsao，又名差春骚府）、巴真府（Prachin Buri）、沙缴府（Sa Kaew）等7个府，其中春武里府是东部最大府。

西部地区有叻丕府（Ratcha Buri，又名叻武里府）、北碧府（Kanchana Buri，又名甘乍那武里府）、佛丕府（Phetcha Buri，又名碧武里府）、巴蜀府（Phachuap Khiri Khan）、达府（Tak）等5府。其中北碧府是西部面积最大的府。

南部地区共有14个府，即洛坤府（Nakhon Si Thammarat，又名那空是贪玛叻府）、甲米府（Krabi，又名喀比府）、攀牙府（Phangnga）、普吉府（Phuket）、素叻府（Surat Thani）、拉农府（Ranong）、春蓬府（Chumphon，又名尖喷府）、宋卡府（Songkhla）、沙敦府（Satun）、董里府（Trang）、博达伦府（Phatthalung）、北大年府（Pattani）、也拉府（Yala）、陶公府（Narathiwat，又名那拉提瓦府）等。其中也拉府是泰国最南端的府，而普吉府是泰国唯一的岛府，素叻府是泰南面积最大的府。

表1-1 泰国的行政区划

省（直辖市）		省会	所辖县（个）	所辖乡/区（个）	所辖村（个）	面积（平方千米）
曼谷直辖市		曼谷		50		1 568
中部21	北榄府	北榄	6	50	405	1 004
	暖武里府	暖武里	6	52	440	622
	巴吞他尼府	巴吞他尼	7	60	529	1 526
	大城府	大城	16	209	1 328	2 557
	红统府	红统	7	73	513	968
	华富里府	华富里	11	121	1 122	6 200
	信武里府	信武里	6	43	364	822
	猜那府	猜那	8	53	503	2 470
	北标府	北标	13	111	965	3 576
	那空那育府	那空那育	4	41	403	2 122
	素攀武里府	素攀武里	10	110	977	5 358
	佛统府	佛统	7	106	930	2 168
	龙仔厝府	龙仔厝	3	40	288	872
	夜功府	夜功	3	36	284	417
	北榄坡府	北榄坡	15	130	1 328	9 598
	乌泰他尼府	乌泰他尼	8	68	632	6 730
	甘烹碧府	甘烹碧	11	78	823	8 607
	素可泰府	新素可泰	9	86	843	6 596
	彭世洛府	彭世洛	9	93	1 032	10 816
	披集府	披集	12	89	852	4 531
	碧差汶府	碧差汶	11	117	261	12 668
北部9府	清迈府	清迈	25	204	2 066	20 107
	南奔府	南奔	8	51	520	4 506
	南邦府	南邦	13	100	855	12 534
	程逸府	程逸	9	67	562	7 839
	帕府	帕	8	78	645	6 539
	难府	难	15	99	848	11 472
	帕尧府	帕尧	9	68	790	6 335

续表

省（直辖市）		省会	所辖县（个）	所辖乡/区（个）	所辖村（个）	面积（平方千米）
	清莱府	清莱	18	124	1 751	11 678
	夜丰颂府	夜丰颂	7	45	402	12 681
东北部20府	呵叻府	呵叻	32	289	3 743	20 494
	武里南府	武里南	23	189	2 212	10 323
	素林府	素林	17	158	2 011	8 124
	四色菊府	四色菊	22	206	2 557	8 840
	乌汶府	乌汶	25	219	2 469	16 113
	益梭通府	益梭通	9	78	835	4 162
	猜也奔府	猜也奔	16	124	1 393	12 778
	安纳乍能府	安纳乍能	7	56	653	3 161
	廊磨喃蒲府	廊磨喃蒲	6	59	636	3 859
	孔敬府	孔敬	26	199	2 139	10 886
	乌隆府	乌隆	20	155	1 682	11 730
	黎府	黎	14	89	839	11 425
	廊开府	廊开	9	62	705	3 027
	玛哈沙拉堪府	玛哈沙拉堪	13	133	1 804	5 292
	黎逸府	黎逸	20	193	2 412	8 299
	加拉信府	加拉信	18	135	1 584	6 947
	色军府	色军	18	125	1 323	11 425
	那空帕农府	那空帕农	12	97	1 123	5 513
	莫达汉府	莫达汉	7	53	493	4 340
	汶干府	汶干	8	53	599	4 305
东部7府	春武里府	春武里	11	92	687	4 363
	罗勇府	罗勇	8	58	388	3 552
	尖竹汶府	尖竹汶	10	76	690	6 338
	达叻府	达叻	7	38	261	2 819
	北柳府	北柳	11	93	859	5 351
	巴真府	巴真	7	65	658	4 762
	沙缴府	沙缴	9	58	731	7 195

续表

省（直辖市）		省会	所辖县（个）	所辖乡/区（个）	所辖村（个）	面积（平方千米）
西部5府	叻丕府	叻丕	10	104	935	5 196
	北碧府	北碧	13	98	943	19 483
	佛丕府	佛丕	8	93	698	6 225
	巴蜀府	巴蜀	8	48	388	6 368
	达府	达	9	63	493	16 407
南部14府	洛坤府	洛坤	23	165	1 428	9 943
	甲米府	甲米	8	53	374	4 708
	攀牙府	攀牙	8	48	314	4 170
	普吉府	普吉	3	17	103	543
	素叻府	素叻	19	131	1 028	12 891
	拉农府	拉农	5	30	167	3 298
	春蓬府	春蓬	8	70	674	6 011
	宋卡府	宋卡	16	127	987	7 394
	沙敦府	沙敦	7	36	257	2 479
	董里府	董里	10	87	723	4 918
	博达伦府	博达伦	11	65	626	3 424
	北大年府	北大年	12	115	642	1 940
	也拉府	也拉	8	56	341	4 521
	陶公府	陶公	13	77	551	4 475
合计		—	878	7 287	70 419	—

资料来源：根据陈晖、熊韬《泰国概论》第20～35页编制。

（二）主要城市

1. 曼谷

曼谷地处泰国中部平原，位于湄南河下游，北面与暖武里府和巴吞他尼府相连，东侧临北柳府，南面临北榄府和泰国湾，西面与龙仔厝府和佛统府相邻，距泰国湾40千米，面积1 568.7平方千米，下设50个区。2010年，具有曼谷户籍的人口有687.7万人，超过泰国总人口的1/10，是世界上最大的城市之一。[1]

---

[1]　泰国经济与社会发展委员会（NESDB），http://eng.nesdb.go.th/Default.aspx?tabid=96。

曼谷始建于17世纪，1782年泰国国王拉玛一世迁都于此，并仿古都大城修建，曼谷自此得以迅速发展，从一个小渔村一跃成为泰国最大的城市及世界著名的国际大都市，在泰国的政治、经济、文化、贸易、社会、科技、教育等各方面都居于中心地位，拥有"天使之城"的美誉，由于市内繁忙的水上交通系统，又被誉为"东方威尼斯"。

曼谷作为泰国的经济中心和贸易中心，也是贵金属和宝石的交易中心，经济占泰国经济总量的44%，人均GDP达到13 000美元，是东南亚的重要经济支柱，仅次于新加坡，排名第二。[①] 曼谷也是东南亚的金融中心，世界多家国际银行和金融机构，如世界银行、美国银行、三菱东京UFJ银行、中国银行等都在曼谷设有区域总部。曼谷水、陆、空交通系统发达，是泰国及东南亚的交通枢纽。素万那普国际机场是东南亚地区最大的航空运转中心，曼谷港是泰国最大的港口和世界二十大集装箱港口之一，每天来自全国各地的货物都要通过曼谷的空港和海港运往全世界。

经过近30年的发展，曼谷已成为举世闻名的旅游城市，市内建有大量高级酒店，各种旅游设施一应俱全，每年吸引大量东、西方游客，以马来西亚、日本、中国（包含香港、澳门）等国家的游客最多。佛教寺庙是曼谷的重要旅游特色。曼谷佛教历史悠久，市内寺庙林立，有400多座佛教寺庙，以大王宫、玉佛寺、卧佛寺、郑王庙等最为著名。同时，曼谷亦是购物的好地方，物美价廉且购物设施充足，购物亦是曼谷旅游的重点活动内容之一。

2. 清迈

清迈居曼谷以北700千米，位于海拔高约310米的中部盆地上，是清迈府的首府，面积40平方千米，常住人口164万（2010年）。[②] 清迈是泰国著名的历史文化古城，始建于1296年，曾为兰纳王朝（Lanna）的首都。清迈古城呈四方形，四边均由城墙和护城河包围，每边长约1.5千米，至今保存完好。为防止古城景观受到破坏，清迈市政府于1990年禁止市区建筑高楼，并为护城河加建滤水设施。

目前清迈是泰国第二大城市，也是泰北政治、经济、文化教育中心，还是泰北的交通枢纽和商品集散地。作为泰国四大国际机场之一的清迈机场，是泰国铁

---

① 《曼谷简介（2011年版）》，中国驻泰王国大使馆经济商务参赞处，http://th.mofcom.gov.cn/article/ddgk/zwcity/201111/20111107835441.shtml，2011-11-17。

② 人口数据来自：《走近泰国（2012年版）》，中国驻泰王国大使馆经济商务参赞处，http://th.mofcom.gov.cn/article/ddgk/，2013-02-20。

路北线的终点站，前往泰北地区的陆路交通基本都以清迈为中转站。旅游业是其支柱产业，工业有农产品加工、木材加工、手工艺品加工以及纺织行业等，农业以种植水稻、玉米、黄豆和烟叶为主。

清迈气候宜人，冬暖夏凉，是泰国著名的避暑胜地和泰北旅游胜地，是每年泼水节的主要观光地。城内有许多年代久远的佛教寺庙，如柴迪隆寺（Wat Chedi Luang），泰语意为"大塔寺"，位于清迈古城中央，建于1441年；松达寺（Wat Suan Duk），泰语意为"花园寺"，位于清迈古城外西边，建于1373年，每年4月清迈泼水节的主要仪式都会在该寺举行；帕邢寺（Wat Phra Singh），位于清迈古城内，建于1345年，被视为清迈历史最悠久的佛寺之一。

清迈夜市非常有名，是清迈最热闹的地方，每晚从日落开放到晚间 11 点。原来仅是昌康路（Chang Klan Road）的一群摊贩，因附近旅馆林立，现已成为固定的摊贩云集的夜市，贩售各式各样的廉价品，木雕、漆器、银器、古董、香肠、各式服饰、水果和点心等大部分当地特产应有尽有。

3. 素可泰

素可泰是素可泰府的首府，距离曼谷以北427千米，清迈以南350千米。素可泰是一座历史悠久的古城，泰族人建立的素可泰王朝就建都于此，因此它是泰族文化的摇篮，泰国的文字、艺术、文化和法规即创始于素可泰时代。由于素可泰时期上座部佛教盛行，所以古城内迄今仍保留有许多古寺佛塔和佛像。为维护及研究此地的丰富文化和历史遗迹，联合国教科文组织提供专款用于专业人员的保护工作，重现了历史君王的宫殿和许多古刹，这些文物古迹是当今素可泰旅游资源的主要特色。素可泰是泰国水灯节的发源地，是历年庆祝水灯节活动最热闹的地方，每年的水灯节庆祝活动就在古城内进行。现距古城8千米处已建立了素可泰新城，新城是素可泰府的工商业中心，有制粮、酿酒、木材加工等企业。

4. 罗勇

罗勇是泰国东部罗勇府的首府，距离曼谷180多千米，是泰国著名的渔港。罗勇是泰国重要的工业基地，主要产业有汽车、化工、钢铁、炼油、天然气、电力等，通用、福特、丰田、本田、三菱、日产等世界知名汽车生产商都在罗勇府设有分厂，泰国国家级工业开发区马达普工业开发区以及泰国罗勇工业园也设在罗勇府内。此外，日本、韩国、美国及欧洲一些国家的跨国公司也在罗勇府投资化工、冶金、石油冶炼等行业。罗勇是一个鱼米之乡，水产业十分发达，水果加工业在全国名列前茅，另外还有木薯、橡胶等加工行业。

二、经济区划

所谓经济区划是根据社会劳动地域分工的规律、区域经济发展的水平和特征的相似性、经济联系的密切程度，或者依据国家经济社会的发展目标与任务分工，对国土进行的战略性划分。泰国的经济区划与行政区划略有不同，泰国经济与社会委员会将其按7个区域来划分，即曼谷市及周边地区5府、中部6府、北部17府、东北部20府、东部8府、西部6府、南部14府。①

由于地理环境和资源禀赋的不同，泰国各地区的发展差异较大。加上泰国政府根据地区不同的区域特征而采取的区域发展战略，使有些地区得到优先发展。在地理环境上，泰国中部地区以肥沃的冲积平原为主，由北至南的湄南河及其支流横贯整个地区，使该地区成为泰国最主要的水稻产区，素有"泰国粮仓"之称，是全国的经济、贸易中心，也是人口最稠密的地区。良好的自然条件使该地区无论在传统农业时代还是在战后的工业化时代都是泰国经济的发展中心。泰国的北部地区主要为山脉和丘陵，交通不太便利，但拥有丰富的木材和矿产，以发展林业和矿业为主。泰国东北部是一个巨大的盘状盆地，绝大多数地势为起伏不平的草原和丛林，土地贫瘠，异常缺水，是泰国自然条件比较差的地区，但也拥有较为丰富的矿产和木材，发展林业、牧业和矿业的条件较好。泰国南部是一个狭长的半岛，并为一条狭长的山脉包围，该地区雨量丰富，土壤肥沃，富有锡矿，适宜发展橡胶产业和热带水果种植业。

然而，在泰国经济发展的历史中，地区发展的不平衡日趋严重。其经济发展长期集中在以曼谷为中心的几个府，而北部、东北部和南部的大部分地区却没有充分享受到国民经济快速增长所带来的繁荣，许多边远地区成为经济发展中的边缘地带，并与中心地区的发展差距日益扩大。曼谷及其周边地区因交通便利、物产丰富、人口稠密等先天优势，在泰国各项经济社会统计指标中远远优于

---

① 这里的地区划分与上一节的行政区划略有不同，曼谷及周边地区是指曼谷直辖市，及其周边的北榄府、暖武里府、巴吞他尼府、佛统府和龙仔厝府5府，这5个府在行政区划中属于中部地区；北部地区是指除行政区划中的9府外，还包括中部地区的北榄坡府、甘烹碧府、乌泰他尼府、素可泰府、披集府、彭世洛府、碧差汶府7府及西部地区的达府，共17府；东部地区是指除行政区划的7府外还包括中部地区的那空那育府；西部地区仅包括叻丕府、北碧府、佛丕府、巴蜀府4府，及中部地区的素攀武里府和夜功府2府；而中部地区仅有大城府、红统府、华富里府、信武里府、猜那府、北标府6府。

其他几个地区。泰国的工业化发展主要在曼谷及其周边地区展开，使该地区成为泰国制造业的中心，制造业产值占全国的一半，尽管该地区面积仅占全国总面积还不足3%，而其他地区则以发展农业、林业或畜牧业为主。地区差距始终伴随着泰国整个工业化进程。1969—1987年间，泰国中部地区（是指以前的大中部地区，包括现在的部分中部地区和东部、西部及曼谷直辖市）的国民生产总值占全国生产总值的比重从57.1%提高到66.3%，而同期东北部、北部和南部地区的国民生产总值则分别从15.9%、14.6%和12.5%下降至12.6%、11.2%和9.9%。到2001年，泰国曼谷及其附近府的GDP占全国GDP总额的48.26%，其他中部地区占4.48%，东部地区占13.78%，西部地区占4.36%，北部地区占8.87%，东北部地区占11.33%，南部地区占8.91%。[1] 可以看出，除东北部、北部和南部，大中部地区的GDP已占全国GDP总值的70.88%，泰国地区间的发展差距进一步扩大。泰国地区间差距表现在收入水平上则是大部分高收入的府主要集中在曼谷及其周边的府。2002年泰国平均月收入最高的10个府从低到高依次是北碧府、庄他武里府（尖竹汶府）、碧武里府（佛丕府）、沙没沙空府（龙仔厝府）、春武里府、佛统府、北榄府、巴吞他尼府、暖武里府和曼谷。[2] 据泰国经济与社会发展委员会公布的数据，2011年，泰国人均GDP最高的10个府发生一定变化，从低到高依次是巴吞他尼府、北柳府、普吉府、大城府、巴真府、北榄府、曼谷、春武里府、龙仔厝府、罗勇府。[3] 从各地区的经济发展来看，2011年曼谷及周边5府GDP总量为48 859.15亿泰铢，占全国GDP的43.9%，人均GDP为42.21万泰铢；东部8府GDP总量为20 166.94亿泰铢，占全国GDP的18.1%，人均GDP为43.65万泰铢，居全国首位；中部6府GDP总量为6 229.66亿泰铢，占全国GDP的5.6%，人均GDP为20.42万泰铢，居全国第三位；北部17府GDP总量为8 899.14亿泰铢，占全国的8.0%，人均GDP为7.29万泰铢；东北部20府GDP总量为11 149.45亿泰铢，占全国的10.0%，人均GDP为4.85万泰铢；西部6府GDP总量为4 026.64亿泰铢，占全国的3.6%，人均GDP为10.87万泰铢；南部14府GDP总量为11 874.20亿泰铢，占全国的10.7%，人均GDP为12.53万泰铢，详见表1-2。

---

[1]　刘文：《泰国经济现代化进程中的地区差距与政府对策》，云南师范大学2005年硕士研究生学位论文，第13页。
[2]　刘文：《泰国经济现代化进程中的地区差距与政府对策》，云南师范大学2005年硕士研究生学位论文，第16页。
[3]　泰国经济与社会发展委员会（NESDB），http://eng.nesdb.go.th/Default.aspx?tabid=96。

表1-2　泰国的经济区划及2011年各府的经济发展

省（直辖市）		GDP（单位：百万泰铢）	人均GDP（单位：铢）
曼谷及周边5府	曼谷直辖市	3 331 225	485 672
	北榄府	603 423	454 079
	巴吞他尼府	285 450	340 479
	龙仔厝府	315 381	541 155
	佛统府	184 579	187 724
	暖武里府	165 858	168 928
	合计	4 885 916	2 178 037
中部6府	北标府	181 973	295 928
	信武里府	24 504	103 655
	猜那府	26 382	71 934
	红统府	20 346	73 800
	华富里府	75 384	96 302
	大城府	294 377	379 973
	合计	622 966	1 021 592
北部17府	清迈府	162 030	100 942
	南奔府	61 160	140 575
	南邦府	59 127	72 169
	程逸府	29 310	59 746
	帕府	21 502	41 593
	难府	22 156	44 955
	帕尧府	27 184	50 814
	清莱府	71 628	59 018
	夜丰颂府	8 843	37 546
	北榄坡府	88 470	76 509
	彭世洛府	63 984	75 157
	甘烹碧府	88 786	122 781
	乌泰他尼府	23 891	74 387
	素可泰府	33 440	53 058
	达府	34 550	64 610
	披集府	35 999	59 967

续表

省（直辖市）		GDP（单位：百万泰铢）	人均GDP（单位：铢）
	碧差汶府	57 856	55 562
	合计	889 916	1 189 389
东北部20府	呵叻府	202 014	71 405
	武里南府	65 976	39 761
	素林府	54 511	37 525
	四色菊府	52 638	34 042
	乌汶府	84 137	44 800
	益梭通府	21 160	34 181
	猜也奔府	46 899	39 049
	安纳乍能府	12 099	30 231
	廊磨喃蒲府	17 929	33 314
	孔敬府	155 272	81 884
	乌隆府	87 804	53 677
	黎府	35 240	53 279
	廊开府	36 437	66 959
	玛哈沙拉堪府	41 000	39 776
	黎逸府	55 116	40 371
	加拉信府	43 293	42 775
	色军府	40 710	35 094
	那空帕农府	29 611	39 224
	莫达汉府	18 732	54 170
	汶干府	14 369	33 027
	合计	1 114 945	904 544
东部8府	春武里府	635 605	522 511
	罗勇府	751 066	1 235 695
	尖竹汶府	105 098	193 051
	达叻府	39 102	157 494
	北柳府	246 591	340 916
	那空那育府	19 630	74 003
	巴真府	190 513	414 521

省（直辖市）		GDP（单位：百万泰铢）	人均GDP（单位：铢）
	沙缴府	29 089	52 388
	合计	2 016 694	2990 579
西部6府	叻丕府	130 444	154 749
	北碧府	76 269	95 744
	佛丕府	50 856	109 664
	巴蜀府	59 255	121 705
	素攀武里府	68 922	76 549
	夜功府	16 918	79 465
	合计	402 664	637 876
南部14府	洛坤府	154 049	88 091
	甲米府	70 871	176 057
	攀牙府	45 689	168 664
	普吉府	104 616	345 269
	素叻府	179 178	175 784
	拉农府	21 486	111 883
	春蓬府	66 884	130 027
	宋卡府	214 799	145 270
	沙敦府	33 951	114 657
	董里府	88 573	127 296
	博达伦府	39 097	68 427
	北大年府	47 423	67 492
	也拉府	59 554	120 552
	陶公府	61 250	77 591
	合计	1 187 420	1 917 060
全国		11 120 521	10 839 077

资料来源：泰国经济与社会发展委员会（NESDB），http://eng.nesdb.go.th/Default.aspx?tabid=96。

　　泰国经济快速增长过程中出现的地区不平衡发展，已经成为泰国经济实现可持续发展的重大障碍，地区经济发展失衡一直伴随着泰国经济现代化进程，并带来很多社会问题，泰国政府逐步采取措施加以应对。

早在工业化的初期阶段，泰国政府就注意到区域发展的失衡，并采取工业发展的地区分散政策予以补救，但收效甚微。在第三个经济社会发展五年计划时期（1972—1976年），泰国政府开始提出工业发展的地区分散政策，并于1972年设立工业区管理局，采取了相应的措施，但没有产生较大影响。到第四个五年计划时期（1977—1981年），泰国政府明确提出将工业扩散到外府，"要加速将工业扩散到首都以外地区，鼓励投资法中将不再扩大对首都地区开设工厂的优惠，并将对发展外府工业给予特别的重视"。① 在第五个五年计划时期（1982—1986年），泰国政府着手在东海岸地区建设两个大型工业基地，即面向出口加工工业的廉差邦半岛深水码头和以重化工工业为主的马达普深水码头。但20世纪80年代初世界石油危机的爆发使泰国经济遭受重创，深水码头的建设因资金不足而被迫终止。与此同时，泰国鼓励投资委员会（BOI）不断调整对落后地区的投资政策。1978年泰国BOI将鼓励投资区进行了调整，确定北部地区的清迈汕甘烹县、达府夜速区和南奔府南奔县为第一鼓励投资区，东北部的呵叻府呵叻县、巴通猜县和与呵叻府相连的北标府北标县、肯魁县为第二鼓励投资区，东北部的孔敬府孔敬县、班浪县为第三鼓励投资区，南部地区的宋卡县、合艾县为第四鼓励投资区。为把投资吸引到中部以外的地区，改变投资过于集中的状况，1987年泰国BOI再次调整对外府地区的投资政策，规定设在曼谷市、北榄府、龙仔厝府、巴吞他尼府、暖武里府、佛统府及第一鼓励投资区的工厂，若其出口数量占产品总数的80%或者产品是向汽车、机械、电子、电器等行业提供零部件，则可免征进口机器税，并可免征3年的个人所得税；对于设在夜功府、叻丕府、北碧府、素攀武里府、那空那育府、北柳府、春武里府、红统府及第二鼓励投资区的企业，若涉及农产品加工业、建材产品生产业及关系国计民生的产业免征机械进口税、50%的原材料进口税和90%的营业税及5年的个人所得税。

尽管政府采取了诸多政策以改善地区发展不平衡的现象，但效果依旧不够显著。1988—1990年间，获得投资鼓励的项目仍有51.9%集中在曼谷一带，34.1%集中在中部地区，北部、东北部和南部地区仅占14%。② 一方面是由于边远地区因基础设施不足，远离中心市场，运输成本较大等弱点对企业的吸引力不够；另一方面BOI鼓励投资项目的条件有的并不适合边远地区工业发展的实际情况，

① 陈宏瑛：《泰国对边远地区工业开发的政策》，载《东南亚》，1994年第3期。
② 陈宏瑛：《泰国对边远地区工业开发的政策》，载《东南亚》，1994年第3期。

BOI要求的资金和技术条件偏高，而投资者在这些地区设立的还多为规模小、资金少、技术相对简单的中小企业，这些投资项目往往难以获得批准。

从1992—1996年第七个五年计划起，泰国政府在制订改善各地区经济发展失衡政策时，开始更加关注边远地区不同的自然条件和发展特点，边远地区得到较快发展。然而，地区发展不平衡的现象并没有从根本上得到解决。作为发展中国家，泰国所采取的区域发展战略，对于自然条件好且有产业优势的地区实施优先发展，以期带动其他地区的发展，这是发展中国家在经济现代化进程中普遍采取的方式，这无疑会造成地区发展的巨大差异。而在扭转这一发展趋势的早期阶段，泰国政府又着力不够，政策措施不到位，仍旧过于强调经济的增长而非可持续性发展，导致地区发展的差距继续扩大。当前，地区发展失衡仍是泰国经济发展的重大问题，泰国政府要改变这一经济发展中的痼疾仍旧任重而道远。

第二章 人口地理

第二次世界大战以前，泰国人口较少，据统计，1911年泰国进行第一次官方人口普查，当时全国人口为800万。第二次世界大战后，泰国人口经历了很大的发展变化。2011年，泰国人口已达6 700多万，在东南亚地区位于印尼、菲律宾和越南之后，居第四位。此外，经过几十年的经济发展，泰国的人口结构、劳动力资源、就业及人口的分布与迁移也发生了一系列演变。

第一节 人口发展

第二次世界大战后，在政府政策的影响下，泰国人口经历了较大变化。50年代至70年代泰国人口增长较快，80年代以后泰国人口增长逐步放缓，新世纪以来泰国人口增长速度已不足1%，人口出现低速增长的情况，与此同时，泰国人口的出生率和死亡率也处于较低水平，并低于世界平均水平。

一、人口变化

第二次世界大战后，泰国人口经历较大增长。1947年，泰国总人口为1 744万人，到1981达到4 750万人，1988年则为5 470万，在1947—1988年的41年间，泰国人口增加了2.14倍。[①] 这与政府鼓励生育政策有较大关系。第二次世界大战期间，披汶政府认为人口越多，国力越强，从而提出要把泰国人口增加到一亿的奋斗目标。战后一直到60后代，政府继续推行鼓励生育政策，提出"孩子越多越好"、"繁荣民族"的主张。为此，50年代泰国政府在卫生部下设婚姻促进委员会，鼓励早婚早育，并于1956年颁布"多子女者福利条件"，对多子女家庭给予补助。在政府的鼓励支持下，50—70年代，泰国人口平均增长率保持在3%左右。

然而，人口过快增长对泰国经济发展产生了负面影响。尽管60年代初至70

---

① 王文良：《泰国人口与经济问题研究》，载《东南亚》，1990年第4期。

年代末，泰国经济增长不低于7%，但人口平均3%的增长率增加了失业和贫困问题，人均资源减少，经济发展负担加重。面对人口迅速增长带来的一系列问题，泰国政府制定了新的人口政策。1970年，政府发表公报，宣布支持家庭生育计划。1972年，以家庭生育计划为中心的人口政策被列入泰国国家经济社会发展五年计划。家庭生育计划的核心是计划生育，其口号是"多生孩子会使你贫穷"，推行"两个孩子的家庭"计划，并免费为育龄夫妇作绝育手术，免费发放避孕药具。经过十多年的努力，这项计划取得很大成功。1983年，泰国人口增长率从1970年的3%下降为1.9%。[①]

　　20世纪90年代后，由于人口控制措施有力，泰国人口始终保持低速增长，且增长率持续下降。据亚洲开发银行公布的数据显示，1990年泰国人口为5 580万人，2000年增至6 220万人，2010年增至6 730万人。90年代泰国人口增长率为1.0%～1.2%，21世纪以来泰国人口增长更为放缓，人口增长率不足1%，2010年仅为0.6%，如图2-1与图2-2所示。2011年，泰国人口为6 760万人，人口增长率为0.4%，在亚洲处于较低水平。[②]

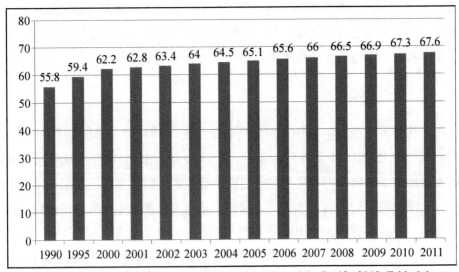

资料来源：亚洲开发银行：Key Indicatiors for Asia and the Pacific 2012, Table 1.1.

图2-1　1990年以来泰国人口发展（单位：百万人）

---

① 王文良：《泰国人口与经济问题研究》，载《东南亚》，1990年第4期。

② 由于统计口径不一样，世界银行公布的数据与亚洲开发银行公布的数据略有不同，据世界银行的数据，1990年泰国人口为5 658万人，2000年为6 234万人，2010年为6 640万人，2012年最新人口数据为6 679万人。

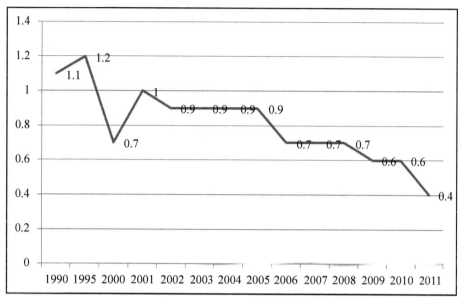

资料来源：亚洲开发银行：Key Indicatiors for Asia and the Pacific 2012, Table 1.2。

图2-2　1990年以来泰国人口的增长率（%）

二、人口出生率和死亡率

20世纪70年代泰国政府实施的人口生育计划政策，成功地控制了人口出生率。1990年以来，泰国人口出生率一直呈下降趋势。1990年泰国人口出生率为1.91%，2000年降为1.47%，2010年人口出生率继续降为1.21%，而同期世界平均水平分别为2.58%、2.15%和1.98%。[①]泰国人口生育计划政策取得成功的首要因素应归功于泰国人民的素质及其文化特点。在泰国，男女地位比较平等。泰国的夫妻有权力共同决策孩子、家庭生活及节育问题。其次，佛教在泰国的广泛传播也为计划生育政策提供了有力支持。佛经传道：孩子越多，生活越窘困。此外，实施计划生育领导者和工作者进行了卓有成效的节育宣传。政府运用了各种宣传工具，包括报纸、广播、电视、电影、幻灯和展览活动宣传车等，对育龄夫妇进行广泛宣传。每年"五一"劳动节和12月5日的泰国国王诞辰，全国各城市都要进行一定规模的计划生育宣传。卫生部在全国3 000个村庄培训了30万名计划生育工作通讯员和义务卫生员，在城市贫民区设有专职和业余的计划生育宣传员。

① 亚洲开发银行：Key Indicatiors for Asia and the Pacific 2012, P.150。

泰国各种节育宣传教育活动富有创造性、能引起公众广泛注意，宣传效果好。例如，组织宣传员在电影院或是交通拥堵地段等人群密集区域发放节育用品；在圣诞前夜，组织交警把安全套当做圣诞礼物分发给路人。泰国政府亦大力支持向公众推广各种新式节育技术。泰国是第一个允许注射DMPA长效避孕针的国家，并且是使用这一技术人数最多的国家，泰国的内科医生也发明了为女性消毒的简便方法。这些政策措施的实施使泰国妇女的平均生育率持续下降。亚洲开发银行公布的数据表明，1990年泰国一位妇女平均生育孩子个数是2.1个，2000年降到1.7个，2010年为1.6个，而同期世界平均生育水平均高于泰国，分别为3.3个、2.7个和2.5个。[①] 泰国人越来越青睐小家庭。

由于经济的发展，生活水平和医疗水平的提高，泰国人口的死亡率保持在较低水平。亚洲开发银行报告显示，2010年泰国人口的死亡率为0.74%，而同期世界平均人口的死亡率为0.82%。与此同时，随着教育和现代医学的发展，泰国人均寿命已突破70岁大关，并保持继续增长之势。1990年，泰国人均寿命为72.5岁，2010年为73.9岁，其中女性的平均寿命明显高于男性。1990年，泰国女性平均寿命为75.8岁，而男性平均寿命为69.3岁；2010年，泰国女性平均寿命达到77.4岁，而男性平均寿命也突破了70岁，达到70.6岁。[②]

第二节　人口结构

20世纪90年代以来，泰国人口结构不断发生演变。在人口逐步增长的过程中，泰国人口的老龄化和性别失衡的问题越来越突出，老年人的赡养和医疗，女性的婚姻与生育成为两大社会问题。尽管泰国人均识字水平较高，但这仅表明大多数人接受过初等教育，而实际上泰国人受过高中及以上教育的比例并不高，全国高层次的工程人员和技术人员缺乏。由于历史、现实等原因，泰国民族众多，国内呈现多种民族、不同宗教信仰共存并行的局面。

一、年龄结构

20世纪90年代以来，泰国人口的年龄结构不断发生变化。0～14岁年龄段的

---

① 亚洲开发银行：Key Indicatiors for Asia and the Pacific 2012, P.150。
② 亚洲开发银行：Key Indicatiors for Asia and the Pacific 2012, P.150。

人口比例趋于下降，而15～64岁年龄段人口及65岁以上年龄段人口（包括65岁）的比例趋于上升，其中15～64岁年龄段的人口处于主体地位。亚洲开发银行公布的数据显示，1990年，泰国0～14岁之间、15～64岁之间、65岁及以上的三个不同年龄段人口占总人口的比例分别为29.9%、64.8%和5.4%；2000年，泰国这三个年龄段的人口比例分别为23.7%、68.4%和7.9%；到2011年，该三个年龄段的人口比例分别达到20.2%、70.7%和9.1%，如表2-1所示。

表2-1　1990年以来泰国人口的年龄构成（%）

	1990	1995	2000	2005	2006	2007	2008	2009	2010	2011
0～14岁	29.9	27.2	23.7	22.1	21.7	21.4	21.0	20.6	20.2	20.2
15～64岁	64.8	67.1	68.4	68.7	68.8	68.9	69.1	69.3	69.4	70.7
65岁及以上	5.4	5.7	7.9	9.3	9.5	9.7	9.9	10.1	10.4	9.1

资料来源：亚洲开发银行：Key Indicatiors for Asia and the Pacific 2012, Table 1.4-1.6。

可以看出，90年代以后，泰国人口出现了老龄化趋势。据统计，1980年泰国60岁以上人口为240万人，1990年为410万人，到2008年60岁以上人口达700万人，占全国人口的11%，而1988年泰国60岁以上人口只占总人口的5%。泰国人口老龄化增强的趋势，主要原因在于其成功的生育控制，国民健康的提高，以及医疗科技的发展，从而使得人口出生率和死亡率持续下降，人均寿命延长。2009年的统计数据表明，泰国的人口出生率不到1%，而60岁以上老人的比例每年增加4.5%。60岁以上人口的比例在未来几十年内还将继续增加。联合国人口基金会2011年的一份调查报告指出，根据目前人口发展趋势，到2025年，泰国60岁以上人口将达到1 320万，预计占总人口的17%；到2050年，泰国60岁以上人口将达到2 230万，占总人口比例将上升到27%。

关于老龄人口的增长速度和规模，泰国人口统计机构的调查数据与联合国的数据略有不同，但联合国和泰国人口学专家都认同的是，泰国社会已步入老龄化阶段，而这将给国家、社会和家庭带来沉重负担。人口老龄化，不仅意味着老年人口在总人口中的比例上升，也意味着必须增加劳动力，以支撑赡养劳动力低下甚至没有劳动能力的老龄人口所需要的成本。泰国国家统计署于2006年公布的数据显示，泰国总人口约为6 462万，其中65岁以上人口为518万左右，约占8%；劳动力总数为3 550万。就是说，平均每6.8个劳动力就要赡养一位65岁以上的老人。

人口老龄化导致老年人的赡养成为大问题。如今，泰国人的生活方式和观念以及家庭的基本结构，正随着时代进步和经济发展逐渐变化。过去几代同堂的大家庭渐渐由两代人组成的"核心家庭"所取代，同时又被只有夫妻、没有孩子的"丁克家庭"分化。越来越多的年轻人在成家后离开父母，单独居住。随着工作压力和经济负担日趋沉重，"子女赡养父母"开始变得不那么理所当然。泰国政府向来主张，赡养老人的责任应由家庭、社区和社会承担，而不应仅仅依赖政府机构。然而家庭和社会结构的改变，使这种观念受到挑战。与此同时，当前泰国政府养老福利措施的缺失也日益突显。由于秉持传统观念，泰国政府在养老保障方面并没有作好准备。政府直至1992年才出台《国家养老长期行动计划（1992年—2011年）》，拟定了一些保障老年人福利的政策措施，包括培养老年人"自立谋生"的意识和技能、向老年人传播预防疾病和营养保健方面的知识，同时也鼓励社会福利机构为老年人，尤其是低收入或无人赡养的老人提供服务。尽管有相关政策出台，但在具体落实方面却进展缓慢。泰国社会保障署直至1998年才出台法定退休金制度，退休职工每月可领取1 500泰铢（约合42.9美元）至2 000泰铢（约合57.1美元）的养老金，但这在城市里是难以糊口的，而那些没有被纳入政府福利体系的人员，如农民或没有固定工作的城市老人，连这份福利也无法享受。事实上，仅有一小部分贫困老人能够领取这份微不足道的补贴。由于种种原因，那些至今未能取得泰国国籍、也没有本国身份证的早期移民，仍然无法享受政府针对国民的各类福利政策；一些居住在偏远地区的老人，由于对政府政策不了解，也无从领取补贴。泰国政府鼓励散布全国各地的佛教寺庙、清真寺、基督教堂等宗教慈善机构积极地介入养老福利事业。这些机构目前已是泰国社会福利保障体系的顶梁柱。

伴随人口老龄化，"老人病"越来越多，老年人的医疗也成为大问题。最常见的"老人病"包括心脏病、中风、恶性肿瘤以及事故性创伤等。老年痴呆症也成为越来越常见的"老人杀手"。2006年，泰国人口和医疗专家运用一项泰文版国际标准测试，对4万名69岁以上老年志愿者的记忆力和智力进行测验，这是泰国第一次针对老年痴呆症做如此大规模的测试。结果显示，泰国人口中痴呆症的发病率为10%左右，近似于西方发达国家的水平，后者通常在5%～10%之间。泰国玛希敦大学社会和人口研究院医疗服务部主任差他利·班春说，在泰国600万超过60岁的老人中，有一成已出现不同程度的脑力退化或痴呆症迹象，其中有10%将发展为阿尔茨海默氏症，另外17%将患有血管痴呆症，其他人则因为酒精中毒、脑部受损和脑部肿瘤等因素出现痴呆症迹象。治疗老年痴呆症的费用，每人每年大概为30万泰铢（约合8 571美元）。除了需要高额医疗费，这一疾病还使患者及其看护者生活质量下降，使社会生产力遭受损失，使国家承受巨大成本。泰国学者和专家普遍认为，根据泰国社会传统和老年人现实需要，大多数情况下，赡养老人的主要责任仍应由家庭成员来负担，因为来自于亲人的关爱照看有益于老年人身心健康；与此同时，也应扩大政府或私人福利机构的建设和覆盖范围，为那些无人赡养的老人提供庇护；政府也应通过立法，加强对老年人权益的保障。①

他信政府于2001年起实施针对低收入阶层的"30铢医疗计划"——凡泰国公民，在相关部门登记注册后，即可拥有一张类似医疗保障卡的证件，凭此证可在政府指定的医疗机构接受医疗服务，每人每次治疗费一律仅为30泰铢（约合0.9美元）。一些贫困家庭确实因此受益。但是医疗界却抱怨这项政策影响他们的收入，国家财政也必须支出一笔庞大补贴来支持这项福利政策。他信政府下台后，新总理素拉育领导的政府宣布废除"30铢医疗计划"，认为向每个病人收取30铢，对提高医护人员收入、减轻国家财政负担意义都不大，从而提出实施免费医疗——即连30铢都不必交，全程免费。为了获得更有效率、更高水平的治疗，大部分人还是选择到大的私立医院接受治疗，虽然诊疗费较高，但服务较好。收入不高的孤寡老人，则常常选择社区医院或小型私立诊所。政府福利保障制度的缺失，却给一些企业带来商机。2007年3月，一家由泰国与马来西亚投资商合作创立的克罗努斯移动看护公司宣布成立，首次在泰国推出专为老年人设计的家庭保健疗养业务。

不过，泰国政府对养老福利事业的投入仍是有限的。2006年泰国政府出资兴建的福利院全国共有20家左右，仅能容纳几千名老人。大型养老院仅有5家，其中两家为政府赞助，另外3家为私营机构。这些养老院的费用，每人每月在8 000泰铢（约合229美元）至9 000泰铢（约合257美元）之间，所提供的服务仅限于食

---

① 《老龄化困扰泰国》，新华网，http://news.xinhuanet.com/world/2007-04/07/content_5943529_3.htm。

宿、水电等基本生活设施。一些小型养老院的服务设施更差，老人在那里并不能得到完善的照顾。因此，一般人家，只要子孙能尽到赡养责任，不到不得已不会把老人送往养老院。^①2006年，泰国玛希敦大学人口和社会研究院曾公布一份研究报告建议，为应对人口老龄化危机，泰国政府应未雨绸缪，提前设立相应的社会福利保障机制。报告指出，政府应该借鉴日本和欧洲国家应对老龄化的经验和措施，确保这方面的资金投入。政府除针对老年人建设社会福利保障机制外，还应加强宣传，提高国民对这个问题的认识，引导国民对自己的老年生活及早作出安排。1963年至1983年间出生的泰国人现在就应为自己退休后的生活保障作出安排。私人企业也应协助政府为退休人员建立养老金保障体系。

二、性别结构

泰国人口的性别构成中女性的比例越来越大。据世界银行统计，1980年，泰国人口中女性还略少于男性，占比为49.9%；1982年泰国两性比例持平；到1984年泰国女性人口超过男性，占比为50.1%；进入21世纪，泰国女性人口占总人口的比例一直保持51%的水平。^②以此计算，当前泰国女性人口比男性多了一百多万。2008年，泰国玛希敦大学人口与社会研究学院副院长格立达雅博士曾在社会人口研究成果发表会上表示，泰国国内人口女性比例高于男性，长期下去会对泰国社会未来的人口结构带来危机。^③泰国男性所占比例本来就偏小，还存在较大规模的人妖和男同志，这样泰国现实中的男女失衡问题可能更为严重。目前泰国国内女性单身趋势越来越大，人口出生率不断下降，人口结构问题日益突出。

三、民族结构

泰国是一个多民族的国家，全国有30多个民族，泰族和老族为主要民族，其中泰族约占总人口的40%，老族约占总人口的35%，其他为华族、马来族、高棉族，此外还有苗、瑶、桂、汶、克伦、掸等山地民族。

（一）主体民族

泰国的主体民族主要由泰族和老族构成，统称为泰人，旧称"暹罗人"，属

---

① 《老龄化困扰泰国》，新华网，http://news.xinhuanet.com/world/2007-04/06/content_5943529_1.htm。

② 世界银行，http://data.worldbank.org/indicator/SP.POP.TOTL.FE.ZS/countries。

③ 《泰国男女人口比例失衡，女性人口比男性多一百万》，中国新闻网，http://news.163.com/08/0621/16/4EVNNBUJ000120GU.html。

汉藏语系泰语族民族，与中国的傣族、壮族族源相近，与古代的百越人有密切的渊源关系。西方一些学者认为泰人源自中国南部的傣族，在南迁过程中，他们散居在从缅甸到越南的中南半岛大部分区域。中国傣族、缅甸掸族、泰国泰族、老挝老族、越南泰族、印度阿洪姆人是国际泰学界所说的"泰语民族"的主要组成部分。这些民族群体有时又被称为"傣泰民族"、"傣掸民族"或"泰老民族"。一般认为，这些民族及其部分支系是同源异流的跨境民族群体。

作为泰国现在的主体民族和统治民族，泰人在泰国70多个府广为分布。按居住地区和方言的差异，泰国泰人可分为中部泰人、东北泰人、北方泰人、南部泰人。虽然中部泰人在政治、社会和文化方面拥有较大影响力，但人口数量并不占优势。据统计，20世纪60年代中期，中部泰人和东北部泰人分别占人口总数的32%和30%，到90年代中期，中部泰人的人口比例下降到28%，而东北部泰人依然保持在30%左右。学术界一般认为泰国泰人约占泰国总人口的75%，2011年4月9日泰国《世界日报》报道，泰国总人口为6 540万，据此推算，泰国泰人的人口当在4 905万左右。

（二）非主体民族

除泰族和老族等主体民族外，华族、马来族、高棉族等虽在泰国总人口当中占有一定比例，但均被视为泰国的少数民族，是泰国的非主体民族，此外，孟族、其他山地民族等也归于泰国的非主体民族。泰国华人多数居住在首都和外府城市，马来族主要分布在泰国南部半岛，高棉族主要分布在与老挝和柬埔寨接壤的泰国东北部和东南数府，克伦族主要分布在西北部的泰缅边境山区，苗族分布在北部和东北部泰老、泰缅边境山区地带。

1. 华族

在泰华族约有900万，占全国人口的14%，是除泰人之外最大的族群。华人大批移居泰国主要集中在19世纪下半叶到20世纪30年代。历史上，华人的主要职业是充当中介，他们的足迹遍布泰国各个乡镇，如今华人华裔在泰国工商、金融、旅游业、传媒业中有着重要位置和影响。泰国华人的同化程度非常高，由于20世纪之前移居泰国的华人和华泰混血大多已经完全融入当地社会，因此并不被计算在华人人口之中。关于泰国华人的数量，国内学者通常都用估计的方法，因此会存在一定误差。据我国学者研究估计，2003年泰国总人口为6 246万，其中主体民族泰族约占75%，非主体民族约占25%，至于华人在泰国总人口中所占的比例，在15%左右。若以15%的比例推算，泰国华人当在950万左右。在泰国的华人中，还有一个特殊的群体——被称为"霍"（Haw）或"津霍"（Chin Haw）的云南人（其中有部分穆斯林），他们主要居住在清莱、清迈、夜丰颂等府，1995年其人口为19 733人，1998年为21 158人。

2. 马来族

在泰国的马来人约有200万，约占全国人口的3.5%，其中100万聚居在泰国最南端的四府，即北大年、也拉、陶公和沙敦，约占当地人口的70%。泰国的马来人信奉伊斯兰教，日常生活都遵循伊斯兰教规和习惯法行事。特别是在北大年、也拉、陶公三府的马来人，大多不会讲泰语，保持着传统的马来文化。

3. 高棉族

泰国境内的高棉人可分为两类，即古老居民和新近移民，主要分布在与老挝和柬埔寨接壤的泰国东北部和东南部几个府。15世纪时，高棉王国西部的大部分地区臣属于阿瑜陀耶王朝，当此地并入泰国版图后，许多高棉人依然居住在那里，属于古老居民。这部分高棉人在泰国的同化程度也非常高，主要讲泰语，或将泰语作为第一语言，宗教信仰几乎与泰人相同。20世纪70年代，由于柬埔寨爆发旷日持久的内战，几十万高棉人越过泰柬边界进入泰国，这属于新近移民，他们仍保留着自己的语言和文化。据统计，泰国境内的高棉人约占总人口的2%。

4. 孟族

孟人是东南亚地区最早皈依小乘佛教的民族，现在泰国约有10万人。孟人在泰人文化发展史上留有深刻的烙印。3—5世纪、6—7世纪及12世纪，孟人在今天的泰国境内陆续建立了一些小国。16—18世纪，缅甸境内的孟人大批移入泰国。现聚居在泰国北部和中部平原的孟人大多以农养生，且精通陶艺，他们的社会组织与泰人相近。总体而言，在泰国所有非主体民族中，孟人的融合程度最高。

5. 山地民族

山地民族指居住在泰国北部和西北部山区的各少数民族。山地民族的人口增长较快。据泰国内务部统计，其人口总数已从1948年的10万发展到1989年的70万。[1] 泰国政府长期推行民族同化政策，甚至不承认其国内存在少数民族，将居住在北部和东北部山区的少数民族通称为"山民"（Chao khao），1974年后改称"泰

---

[1]《泰国民族宗教概况》，中国民族宗教网，http://www.mzb.com.cn/html/Home/report/316402-1.htm。

国山民"。[1]据施利辛格(Schliesinger)统计，泰国的非泰语民族多达38个。[2]而布鲁卡斯里(Wanat Bhruksasri)则认为泰国有23个少数民族。[3]两种说法存在差异，一是因为克钦、巴洞等民族迁入泰国时期不长；二是因为一些民族还没被当局或者学者发现；三是因为施利辛格将一些民族支系列为不同民族，如科伦人的三个支系斯戈人、波人和巴奥人就被他列为三个民族。但根据2003年的资料，只有苗人、瑶人、傈僳人、拉祜人、阿卡人、克伦人、克钦人、克木人、拉伍人、黄叶人被官方认可为泰国山民并列入各种统计。[4]

泰国的苗人和瑶人主要分布在北部的清莱、清迈、达、难、帕尧、南邦、黎逸、彭世洛、夜丰颂、帕、碧差汶等府，与瑶人相比，苗人的分布范围稍广一些，人口也是瑶人的一倍以上。1995年泰国苗人有111 677人，瑶人有41 697人，1998年泰国的苗人和瑶人人口分别为125 097人和44 973人。泰国的克木人一部分居住在泰国东北地区，一部分居住在泰国北部。其中，泰国北部的克木人大多居住在难府，其余居住在清莱、南邦、程逸等府，1995年有10 198人，1998年有13 173人。泰国的布朗族主要居住于清莱府的湄赛、湄沾等县，据施利辛格统计，1995年有1 300人，其中居住在美斯乐的山岛人约100人。泰国通常称佤族为拉伍人，主要居住在清迈、清莱、夜丰颂、南奔、南邦、程逸等府，1995年有17 346人。泰国的傈僳人主要分布在清莱府，其余分散居住于清迈、夜丰颂、南邦、帕尧等府，1995年有31 463人，1998年有32 744人。泰国的崩龙人主要居住在清迈府的房县和清老县的四个村落，1995年共约1 937人。[5]

（三）民族政策

泰国政府十分重视民族地区的建设，包括修建公路交通网、建造医院和保健所、改良橡胶品种、制订农村电气化和大规模排灌计划等。

在泰国第五次经济开发中，南部边境地区被列为特别开发区，实施了许多特殊计划。这一地区的经济发展步伐因此加快，生活环境得到了逐步改善。20世纪

① 赵永胜：《缅甸与泰国跨国民族的种类、分布和人口》，载《世界民族》，2011第2期。
② Schliesinger, *Ehnic Groups of Thailand*, Bangkok White Lotus 2000, Contents.
③ Wanat Bhruksasri, "Government Policy High and Ehnic Minorities", in Joan Mick innon and Bemand Vienne (eds). *Hill Tribes Today*, Bangkok, White Lotus, 1989, P.6.
④ Chanintnon Sawanaphakdi, *The ThaiNaturalization of Lahu People in Chiang RaiProvince*, Thailand Mahidol University, 2003, P.3.
⑤ 《云南与东南亚国家的跨境民族及其在境外的分布和人口》，云南少数民族网，http://www.yn21st.com/show.php?contentid=7258。

80年代末，泰国政府开始有计划地开发南部，希望通过经济发展促进民族融合、巩固边防、稳定治安。1989年，泰国政府指示"维护国内安全指挥部南部分部"负责实施南部"新发展计划"。1996年，该计划更名为"南部发展计划"，包括六个方面的工作：(1)帮助当地民众修建基础设施和公共设施，提供卫生保健和各种服务；(2)加强思想工作，消除当地民众对政府的不信任感；保护当地的文化习俗；加强团结，鼓励民众参与解决当地问题；(3)发动民众打击毒品，加强宣传和戒毒工作；(4)提高人民生活水平，改善人民居住条件，进行职业培训，帮助居民从事其他副业，增加收入；(5)开展宣传工作，让当地民众了解政府的方针政策；宣传政府的政绩和各种发展计划的进展情况；(6)加强分析和情报工作，对各种危害社会的问题进行研究，以调整工作计划，同时密切关注危害人民生命财产安全和发展计划进程的反政府组织的动态。

针对北部山民，泰国政府一直奉行"同化"政策，欲将这些少数民族"变为真正的泰人"。泰国政府认为，强迫山民改变长期形成的生产生活方式，只能激发山民的武装反抗，因此采取了软硬两手的灵活战略。1955年，泰国政府成立边境警察队伍，也称"边境服务队"，其作用是对付山民游击队和收集边境情报。1959年，内务部指示所属民众福利司成立"山民部"，任务是帮助山民发展经济。1964年，"山民研究中心"在清迈府成立，作为北部少数民族问题的常设咨询机构。该中心的任务是研究山民的经济、政治、文化状况，为少数民族的发展和加强行政管理提供咨询。它要解决的问题包括：山林资源破坏问题；种植罂粟和吸食鸦片问题；边境地区稳定问题及开发山区、发展农业问题等。另外，山民发展委员会负责制定经济发展战略，从社会、经济、文化等方面进行综合性治理。例如新建试验村，鼓励山民定居；开垦示范种植田，引导山民以种植经济作物（咖啡、茶叶、药材、烟草、水果等）代替罂粟；修路、架桥、发展交通运输业；解决山区的日用品和产品的购销问题；建立学校和临时教学点，发展山民的文化事业；改善山民的医疗卫生状况等。政府除开办学校和临时教学点，推广使用泰语外，还定期向北部山区派遣和尚传播佛教，同时也传播新的文化和知识，试图以此改变山民的传统生活方式，促使他们养成泰人式的生活习惯。①

---

① 《泰国民族宗教概况》，中国民族宗教网，http://www.mzb.com.cn/html/Home/report/316402-1.htm。

四、文化程度构成

泰国实行9年制义务教育。中小学教育为12年制，即小学6年、初中3年、高中3年。中等专科职业学校为3年制，大学一般为4年制，医科大学为5年制。

据亚洲开发银行公布的数据显示，2005年，泰国成人平均识字率为93.5%（15岁及15岁以上人口的识字水平），其中男性为95.6%，女性为91.5%，男性成人的识字水平普遍高于女性。[①]虽然泰国人口的识字率在93.5%水平，但这一数字所衡量的只是初等教育而非高等教育，大多数泰国青年甚至没有上过高中。这样的教育体制导致了泰国工程技术人员、中层管理人员以及技术工人的缺乏。

泰国教育经费利用效率低，多数人或占60%的人只有小学毕业水平。从资料分析中表明，泰国的教育经费安排，按国家国民生产总值比例计算，比马来西亚、中国台湾要少，但多于韩国、日本和中国。马来西亚投入比例为8%，中国台湾为4.5%，而泰国在4.2%的水平，仍高于韩国和日本的3.6%，和中国的3.1%。但是，从连续受教育和国际知识竞赛的角度分析，泰国的教育经费利用效率水平却比他们都要低。[②]泰国教育部在安排和分配教育经费方面需要进一步改革，争取发挥出更高的效率。

在世界性竞争愈演愈烈的环境下，仅仅单纯依靠廉价的劳动力来刺激经济发展的做法，显得越来越不合时宜，"只有将技术和人口素质的提高作为今后经济发展的动力，泰国才可能继续在全球竞争中寻找到新的优势"。[③]目前泰国的技术教育系统远远落后于经济发展的需要，平均每10万人中只有约17名科学技术人员和工程师的教育水平严重地束缚了泰国经济的深入发展。造成这种局面有多方面原因，除由于高等教育发展不充分以外，还同泰国人民观念上的偏颇有关，长期以来文科被认为是受人尊敬的学科，这一偏颇观念导致了泰国应届大学毕业生中只有约15%的学生学习理工科。泰国技术教育体系严重滞后的原因还在于政府对教育投资的严重不足。由于缺乏长远发展的眼光，大量资金被投入到盈利的行业和直接显示经济增长速度的地方，忽视了教育对于经济稳健增长以及结构性调整的基础性和决定性作用。

---

① 亚洲开发银行：Key Indicatiors for Asia and the Pacific 2012, P.152。

② 《泰国60%人口小学文化水平 教育经费利用效率低》，中国网，http://www.china.com.cn/chinese/renkou/1209391.htm。

③ 刘渝梅：《东南亚金融危机的政治性分析》，载《世界经济与政治》，1998年第1期。

经过金融危机的冲击，泰国政府也逐渐认识到了教育滞后对泰国经济发展的重要影响，并提出了加速进行人口现代化和人力资源开发的口号。泰国政府曾发布"第八个经济社会发展计划（1997—2001年）"，其目的在于重新选择经济增长方式，它主要由人才和社会开发计划组成，具体措施主要有：第一，把全国现行义务教育年限从6年延长到9年。第二，把非农业部门和农业部门之间的差距缩小到13倍以内。第三，每年按15%的比例增加理工科学生人数，到2001年毕业学生中理学部学生达9 000人，工学部达263 000人。每年按12%的比例增加工程师人数并最终使工程师人数在2001年达到22万人。[①] 由于金融危机的忽然爆发，打乱了第八个经济社会计划的正常执行节奏，但"亡羊补牢犹未晚"，泰国政府领导人吸取教训重新高度重视教育事业，这就为泰国教育事业存在问题得以逐步解决提供了坚实的基础和保证。

五、宗教信仰构成

泰国有九成以上的民众信仰佛教，马来族信奉伊斯兰教，还有少数民众信仰基督教、天主教、印度教和锡克教等。

（一）佛教

泰国素有"黄袍佛国"、"千佛之国"之美称，是世界闻名的佛教国家，虽是一个政教分离的国家，但佛教在泰国享有十分崇高的地位，对泰国的政治、经济、社会生活和文化艺术等领域具有重大影响。

在泰国，94%的泰国人信奉佛教（主要是南传佛教，即小乘教），日常生活亦深受影响。泰国每天都可能有人皈依佛门，同时又有人还俗尘世。泰国信仰佛教的家庭通常设有佛坛，各家主妇早晚必燃蜡烛、烧香和献花，以祈祷吉祥隆福。泰国人深信，如有佛在身，可永保平安，纳福避邪，所以每个人都喜欢在颈项上挂一尊或多尊佛像。此种项链佛像因人而异。富人带黄金或碧玉雕刻的佛像，一般人则带黄铜、瓷质或木雕佛像。这些佛像是向金店定制或专营佛像的商店里买来的，但为对佛祖表示敬畏，人们不说"买"而惯用"租"字。

泰国人出家当和尚是一件大喜事。出家的年岁和时间不限，可一周、数月或一年。当一人决定为僧时，他的亲朋好友互相传告，齐来表示喜庆祝贺。大家争

---

① 转引自［日］三井物产贸易经济研究所：《泰国经济评论》，东京大学出版社，1996年版。

捐净资，购置香花及珍贵物品敬佛献僧。送行之日，男女老幼结队相随，人人身着盛装，手执香花和旗伞，有鼓乐吹打，人们边走边唱，送至庙中。举行出家仪式时向众僧奉献礼物，载兴而归，出家者留在庙中念经拜佛。通常剃度会在每年避雨节期间举行。为期三个月的避雨节中，每个僧侣都避免外游，留在寺庙中静修。除了作为佛教活动中心，泰国寺庙通常是小镇的消息集散地、劳工雇佣中心、新闻发布处、药物分发站和社区中心，有时更用作学校和医疗所。总之，泰国社会的寺庙具有多元化用途。①

　　从1932年泰国建立君主立宪制以来的宗教与政治的发展史来看，泰国政治舞台上不是统治阶级利用宗教达到某一政治目的，就是少数僧侣参加各种政治活动，所以泰国只是名义上的"政教分离"的国家而已。佛教是泰国道德礼教的"准则"，维系社会和谐及推动艺术的原动力，与欧洲中世纪时代的天主教相似。宪法虽未规定佛教是国教，但佛教实际上享有国教的地位与尊荣，对当地政治、经济、社会生活和文化艺术等领域有重大影响。比如广泛采用佛历的纪年方式，比公元纪年要早543年；不少法定假日是遵循佛教传统而设；国王必须是佛教的最高赞助人，必须是虔诚的佛教徒；泰国三色国旗中的白色即代表佛教。泰国宪法明文规定："国王必须是佛教徒和宗教的赞助人"，"任何人不得利用宪法中的权利和自由反民族、宗教、国王和宪法"。把国王用宪法形式规定为佛教徒，意味着把佛教信仰当作泰国的主要信仰，确立佛教在国内宗教中的权威地位。泰国宪法写到："任何人都有信仰宗教、宗教宗派、宗教学说的自由，有举行自己所信仰的仪式的自由，但不得违背公民的义务，不违反公众的安全和道德。"政府重要活动以及民间婚丧嫁娶等一般都举行宗教仪式，由僧侣主持诵经祈福。男性佛教徒一生中至少都要剃度出家一次。泰国建立现代教学系统之前，佛教寺院是传统文化和佛学教育的重要场所。全国有佛寺3.6万座，僧侣约27万人，泰国僧侣委员会为泰国僧团的最高管理机构。虽然佛教在泰国占据主导地位，但宪法保护信仰自由和多种宗教并存，泰国国王是所有宗教的最高守护者。同时，在泰国的政教关系中，佛教始终是隶属于政治、服从于政治的，否则就会受到政权的干预和镇压。

　　事实上，泰国政府对佛教也有一定程度的控制，主要是通过对僧伽组织的控

---

① 《泰国的主要宗教是佛教》，海峡宗教网，http://www.hxfjw.com/Buddhism/impress/2012020721313.html。

制来体现。泰国自素可泰时期就有了僧伽组织，到曼谷王朝五世王时期有了全国性的僧伽组织。1932年君主立宪以来对僧伽组织进行过两次重大的改革，进一步加强对僧伽组织的控制。第一次是1941年颁布《僧伽法》，僧伽组织仿议会政府三权分立。僧王下设有僧侣议会、僧侣内阁、僧侣法院。但僧侣组织和活动都被纳入到国家教育部的监督和管理中去，主要僧伽组织的领导人由教育部长批准任命。第二次即是1962年颁布的《僧伽法》。为了维护当时国内军人独裁的需要，僧伽组织取消了三权分立，把权力集中到僧王和僧长委员会手中。僧王必须由教育部宗教厅和僧长委员会提名，国王批准。僧伽组织的财政补贴由政府教育部负责。从上面两次的改革中可以看出，政府介入僧伽组织的内部管理增多，僧伽组织的自主权削弱。但同时僧伽组织也逐渐朝着世俗化和专业化的方向发展。专业化表现在佛学院增多，僧侣等级增多。世俗化表现在各种佛教组织和团体的增多，这使僧伽组织通过社会世俗机构更多的直接和间接参与社会各方面的活动。

（二）伊斯兰教

伊斯兰教是泰国第二大宗教，教徒主要是马来人和外国穆斯林后裔，以及马来血统泰人和泰北来自中国云南的回族等少数民族。泰国的伊斯兰教是由马来半岛传入的。13世纪时，信奉伊斯兰教的阿拉伯商人来到马来半岛经商，把伊斯兰教带入这一地区。与佛教一样，泰国的伊斯兰教也融入了当地宗教文化的许多元素。一些学者发现，信奉万物有神论的马来人的宗教仪式与当地伊斯兰教的仪式非常相似，几乎无法对两者加以区分。

泰国有近300万人的穆斯林，约占全国人口的5%，其中大部分是居住在南部边境北大年、也拉、陶公、沙敦四府的马来穆斯林，其人口占四府总人口的70%。泰国的穆斯林大多是马来人，还有少量泰人、华人及从柬埔寨、西亚和南亚迁移而来的少数民族。99%的穆斯林属逊尼派，1%属什叶派。20世纪80年代中期，泰国有2 000多个清真寺，其中陶公府有434个，曼谷有100多个。这一地区历史上曾建立过马来人的北大年王国，15世纪还是东南亚的伊斯兰教中心。1909年通过《英暹条约》泰国正式将这一地区并入泰国版图，形成今天的泰国南部边境四府。

从60年代起，泰国开始大规模的现代化运动，这一运动给南部穆斯林地区带来极大的变化，也使这一地区产生了政治分离以及抵触泰国主流文化等问题，这些问题至今困扰着泰国政府。随着近几年来国际恐怖活动的日趋活跃，泰南的分离运动及恐怖活动也有进一步激化的趋势，严重的影响到泰国的稳定与安全。问题产生的原因首先是种族与文化的差异。泰国是一个以佛教文化为主的国家，而南部穆斯林的伊斯兰文化与泰国的主体文化存在较大的差异，它沿袭了马来人的语言、宗教和文化，属于马来文化世界。所以他们尽管在版图上属于泰国政府，且泰国政府长期实行民族同化政策，但很难使他们与泰国的主体民族形成民族认同，这也是泰国南部问题长期不能得以解决的根源之所在。其次，泰国政府的民族同化政策以及对穆斯林文化的不够重视和尊重，更加速了穆斯林民族的分离倾向。此外，泰国经济的发展不平衡造成南部经济的贫困，以及国际穆斯林的复兴运动在一定程度上对泰国的穆斯林分离运动起到催化作用。

（三）其他宗教

基督教于16—17世纪由葡萄牙和西班牙道明会及其他教派的传教士带入暹罗。1518年，葡萄牙使者到达阿瑜陀耶城，与阿瑜陀耶王朝签订条约，获得在泰国自由传教的权利。西方传教士在泰国开办医院，甚至建立了一些私立小学和中学。1688年，阿瑜陀耶王朝统治者对天主教采取限制，抑制了基督教的传播。泰国的基督教徒有一半以上居住在中部地区，其他居住在北部和东北部，信教者以华人居多。其中，50%以上的教徒信奉罗马天主教。20世纪30年代，一些新教组织联合组成了"泰国基督教会"，全国300多个新教团体中有一半以上隶属于该教会。

印度教于8世纪时传入泰国，信仰者多为印度侨民，主要集中在首都曼谷。印度教的教会中心是设在曼谷毗湿奴神庙的"印度达摩大会"。此外，还有一个印度教改革派"印度教平等"组织，成员有数百人，教会机构为"印度教徒平等协会"，主张取消种姓歧视，反对偶像崇拜。印度教的主要活动是兴办印度教子弟学校、图书馆等。印度的罗摩克里希纳教会在泰国设有几个活动中心。[①]

第三节　劳动人口

从总量上看，泰国劳动力资源是不断增加的，但真正能参与劳动的比例在减少，加上老龄化和人口出生率下降，泰国劳动力短缺问题日益突出。经过几十年的经济发展，泰国劳动力的就业及其就业结构发生较大变化，总劳动力的就业水

---

① 《泰国民族宗教概况》，中国民族宗教网，http://www.mzb.com.cn/html/Home/report/316402-1.htm。

平有所下降，农业仍是就业的主要部门，但服务业已发展为吸纳劳动力的最大部门，男性在农业和工业中的就业人数多于女性，而女性在服务业中的就业人数多于男性。

一、劳动力资源

世界银行对劳动力的界定为："劳动力是指所有年满15周岁，符合国际劳工组织对从事经济活动人口所作定义的群体，包括所有在特定阶段为货物和服务的生产提供劳动的人员。既包括就业者，也包括失业者。虽然各国在对待武装部队、季节工或兼职工的做法有所不同，但一般而言劳动力包括武装部队、失业者、首次求职者，但是不包括料理家务者和非正规部门的其他无偿看护人员和工人。"[1] 根据该定义，世界银行公布的泰国劳动力人口呈现不断扩大之势，1990年为3 217.8万人，2000年为3 441.4万人，2010年为3 878.1万人，2012年为3 942.3万人，如表2-2所示。该表反映出，泰国劳动力人口占总人口的比例有不断增加之势，2000年劳动力人口占总人口的比重超过了55%，到2012年劳动力人口的比重达59.0%。相对于人口总数来说，近年来泰国劳动力资源稳步增长，且增长得更快。

表2-2　1990年以来泰国劳动力人口及占总人口的比例

	1990	1995	2000	2005	2010	2011	2012
总人口（万人）	5 686.3	5 898.4	6 234.3	6 555.9	6 640.2	6 657.6	6 678.5
劳动力人口（万人）	3 217.8	3 172.1	3 441.4	3 737.1	3 878.1	3 911.0	3 942.3
占比（%）	56.6	53.8	55.2	57.0	58.4	58.7	59.0

资料来源：世界银行，http://data.worldbank.org/indicator。

然而，从20世纪90年代到21世纪泰国劳动力人口实际参与劳动的比率却在下降。1990年该比率为82%，当年实际参与货物和服务生产等经济活动的劳动力人口占劳动力总人口的比率达到了82%，而2000年该比率降为73%，2010年降到72%。[2] 男性的劳动参与率明显高于女性。1990年男性实际参与劳动的比率为87%，女性为76%；2000年男性实际参与劳动的比率降为81%，女性的比率降到

① 世界银行，http://data.worldbank.org/indicator/SL.TLF.0714.ZS/countries。

② 世界银行，http://data.worldbank.org/indicator。

65%；之后，男性与女性的实际参与劳动的比率趋于稳定，下降幅度很小，2010年男性和女性实际参与劳动的比率分别为81%和64%。

近年来，由于人口老龄化和出生率低，泰国劳动力短缺的问题日益突出，在劳务市场上，具有高中以上学历的劳动力越来越贫乏，经验丰富的高技术工程师、科技人员和管理人才更是供不应求。许多跨国公司雇佣国外专业人员，这是因为即使在高薪待遇下，公司也很难雇到当地合格的工作人员。2013年泰国工业部门已缺乏380 000名劳动力，其中纺织与服装工业缺乏43 520名，汽车与零部件工业缺乏36 606名，食品工业缺乏30 825名，电气和电子工业缺乏25 600名。目前许多企业正在寻找短期解决问题的方法，如加快改善机械与技术，以进口机械来取代人工劳动力，通过私人企业聘用空闲的农民等。[①]

二、劳动力结构

据2007年统计，泰国总人口6 600万，劳动人口3 695.48万，劳动人口占总人口的55.4%。按年龄结构划分，60岁以下人口为4 402万，占该国总人口的66.3%，45岁以下人口为3 218万，占总人口的48.2%。按生活地域划分，农村人口为1 995万人，占总人口的30.2%，城市人口4 605万人，占总人口的69.8%。总的来说，泰国劳动力尤其是低成本的普通劳动力资源丰富。[②] 根据泰国发展研究所（TDRI）最新研究报告，泰国的劳动力结构近年来发生了明显变化，劳动力老龄化程度提高，新增加劳动力不断减少，劳动力市场短缺现象严重。该报告数据显示，2010年泰国所有劳动人口总数为3 800万，其中工业劳动力为780万；1991年青壮年劳力占总劳动力人数比例为55%，2010年下降为21%；2004年泰国劳动力平均年龄为27岁，而2010年上升为32岁。另外，泰国每年从劳动力市场退出的人数为40万人，而新增的劳动力仅为10万人，劳动力匮乏的现象突出，已经对泰国工业生产率的提高产生负面影响。此外，造成劳动力短缺和老龄化的主要原因是泰国出生率不断下降以及年轻人受教育时间较从前更长。泰国具有高中以下学历的劳动力占比在1991年为86%，到2010年减少为68%；而同期拥有高

[①]《2013年泰国遭遇劳动力缺乏困境》，中国驻泰王国大使馆经参处，http://th.mofcom.gov.cn/article/jmxw/201306/20130600173455.shtml。

[②]《泰国劳动就业情况简介》，中国国际劳务信息网，http://www.ciwork.net/news/view.asp?id=2166。

等学历的劳动力占比从5%上升至14%。[1]

目前泰国的劳动力和年轻群体占人口总量的比率显著下降，而对劳动力群体的依赖却日益增加。2008年是6个劳动力抚养1位老人，到2010年是5.7名劳动力赡养1名老人，预计到2020年则是4个劳动力抚养1位老人，2030年演变成为2个劳动力抚养位1老人。而全国老龄人最多的地区是东北部和北部。[2]

三、劳动力就业

上世纪80年代以来，泰国劳动力的就业情况发生较大变化。泰国全国的就业水平呈下降之势，农业是传统的吸收就业的主要部门，但服务业吸纳的劳动力增长迅速，已超过了农业。泰国总体的失业水平不算高，亚洲金融危机期间失业率曾达到较高水平，之后失业率不断下降。

（一）就业

从就业的总体水平来看，1990年泰国就业率是78%（1991年数据），1995年降至75%以下，近两年来泰国15岁及15岁以上劳动力的就业率保持在72%水平。从就业的行业分布来看，农业一直是泰国劳动力就业的主要部门，随着泰国工业化和城市化进程的推进，农业部门的劳动力逐步向工业和服务业转移，农业吸纳的劳动力不断减少，而工业和服务业吸收的劳动力不断增加。20世纪80年代，70%以上的劳动力就业于农业，90年代农业吸纳的劳动力不断减少，但仍有50%以上的劳动力从事农业劳动，2000年以来，农业部门吸纳的劳动力继续下降，但下降幅度有所减弱，如今泰国农业部门的就业水平在40%左右。尽管泰国的工业发展迅猛，但在经济与劳动力问题上很大程度仍保持着传统性，工业的就业比重最小且增长缓慢。服务业的迅速发展带动较大的就业，近年来服务业的就业率已经超过了农业成为泰国吸纳劳动力最多的部门。从就业的性别构成来看，泰国女性和男性在不同部门的就业水平差异明显。2000年以前，女性在农业部门的就业比率高于男性，而后由于泰国农业机械化和现代化的发展，农业部门中男性就业的比重逐步超过了女性，在工业部门，男性的就业率始终高于女性，而在服务业中则女性的就业比率要高于男性，详见表2-3。

① 《泰国劳动力市场变化大》，中国商务部，http://www.mofcom.gov.cn/aarticle/i/jyjl/j/201205/20120508135806.html。
② 《泰国老龄化趋严重，专家促推福利政策》，中国商务部，http://www.mofcom.gov.cn/article/i/jyjl/j/201307/2013070020 1386.shtml。

表2-3 1980年以来泰国就业情况（%）

		1980	1990	1995	2000	2005	2010	2011	2012
就业率		—	78	73	71	73	72	72	72
农业就业率		71	64	52	49	43	38	39	40
工业就业率		—	10	15	15	16	14	14	—
服务业就业率		—	27	38	41	45	48	47	—
农业	女性	74	65	53	48	41	36	37	38
	男性	68	63	51	50	44	40	41	41
工业	女性	8	12	17	17	19	18	18	18
	男性	13	16	22	20	22	23	23	23
服务业	女性	18	23	29	35	41	46	45	44
	男性	20	21	27	30	34	37	37	36

注：就业率是指15岁及15岁以上劳动力的就业比率；由于数据不全，工业就业率和服务业就业率数据来自亚洲开发银行：Key Indicatiors for Asia and the Pacific 2012，Table 1.12-1.13，而农业就业率来源于世界银行，导致就业率的总和不等于100%。

资料来源：世界银行，http://data.worldbank.org/indicator。

泰国家统计办事处公布2012年12月份泰国劳动力统计报告，报告显示2012年12月全国15岁以上处于劳动年龄的人数为5 474万人，其中适合工作的人数为3 982万人；就业人数3 955万人，失业人数19.1万人，失业率为0.5%，等待劳动季节的人数8.2万人；劳工体系外或不具备工作能力的如家庭主妇、学生、老年人士等共有1 492万人。在3 955万就业人口中，农业就业人数1 631万，非农业就业人数2 324万；与2011年同期相比，农业就业人数减少49万人，非农业就业人数增加55万人。非农业部门中就业人数增加的行业包括承建业增加43万人，制造业增加38万人；国防及公共行政领域就业人数增加17万人；运输及仓储业、金融及保险业，以及房地产业从业人数均增加4万人。部分行业就业人数降低，其中包括酒店及餐饮业减少33万人；教育业从业人员减少18万；批发及零售、汽车及摩托车维修业各降低10万人；健康服务业、洗衣熨烫行业、宠物照顾业等其他服务业减少7万人。[1]

---

① 《2012年世界部分国家和地区失业和失业率情况汇总——亚洲篇（下）》，中国就业网，http://www.chinajob.gov.cn/NewsCenter/content/2013-05/17/content_813495.htm。

（二）失业

总体而言，泰国的失业水平并不高。20世纪90年代至今，泰国的失业率没有超过4%，亚洲金融危机期间是泰国失业率最高的时期，2000年失业率曾高达3.6%，之后，泰国失业率逐步下降，2001年下降到2.4%，2008—2009年全球金融危机期间，泰国失业率有小幅上扬，2011年泰国失业率已降至1%以下，如图2-3所示。

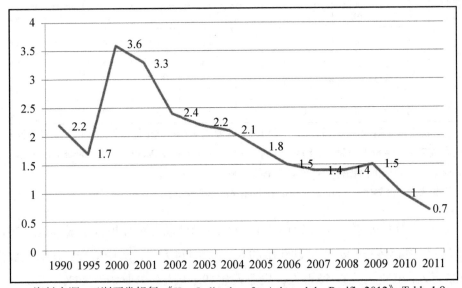

资料来源：亚洲开发银行：《Key Indicatiors for Asia and the Pacific 2012》, Table 1.9.

图2-3   1990—2011年泰国的失业水平（%）

亚洲金融危机之后泰国经济不断复苏，就业水平提高，失业率稳步下降。据统计，2003年泰国失业率为2.2%，各部门失业水平不一。农业部门失业人数大约为19万人，占所有失业人口总数的24.7%。尽管农业部门有较高的就业增长，但该部门的劳动人数不仅会受到气候条件变化的影响，也会受到出口市场不确定因素的影响。而且，这个部门的劳动力对经济影响反应敏感，以致于壮劳动力离开农田转向其他的制造部门，或者到国外就业。制造业部门的失业人口数达到10万人，大约占同期整个失业人口总数的13%。这与生产技术更新换代有关。与此同时，工业制造出口受到主要出口目的地国家经济低迷的影响，残余的商品买卖也极力削价。正是如此，企业家们开始通过减少人力，临时解雇工人，削减成本保持竞争力，从而影响到劳动力就业市场。尽管政府通过调低利息抵押贷款来鼓励家庭购买房屋以刺激建筑业市场，但由于现代建筑设备和技术的不断应用限制了就业机会，并且建筑业仍然使用大量的国外工人，加剧了建筑行业的就业压力，因此仍然有7万建筑工人约占总失业人口的9.4%面临失业。零售和运输业有6万人失业，约占失业总数的8.0%。主要的影响因素在于中小企业的批发零售业继续受到国外多个大型商行的排斥和挤压。这些大型公司的不断扩张逼迫大量中小企业停业，以致其雇工失业。幸存的中小企业通过采用更为先进的技术和设备进行竞争，所需员工减少。旅馆和餐饮业的失业总人数为3万人，约占全国总失业人数的4.0%。由于受美国—伊拉克战争的影响，以及"非典"和禽流感的影响，国际旅客人数下降，因此，一些旅馆和参观景点不得不缩小营业规模。泰国劳务市场上出现更多临时或"外包"的雇佣也就是"居家就业"解雇就业人员，更多"低水平"就业（工作要求低于教育程度），更多雇佣学生，同时存在着大量"隐性就业"（指名义上处于失业状态，没有收入来源，而实际上却有工作岗位，有工资所得的情况）。①

2008—2009年全球金融危机期间，泰国经济广受影响，出口下滑，就业减少，失业增加。据泰国官方统计，2008年11月份该国失业人数增至52万人，高于10月份的45万人，及前一年度同期的42万人，失业率达1.4%。2009年上半年，就业形势持续恶化，5、6月份的登记失业率分别为1.7%和1.5%。由于经济形势的恶化，泰国海外就业形势看跌，据统计，2009年3月份，泰国全国批准外劳仅为9 592人，创14年来的最低水平，虽说接下来几个月形势趋向好转，但2009年前8个月赴外泰劳汇回外汇收入下降14.7%，泰华农业银行预计2009年全年泰国外派劳工总数为15.5万至15.9万之间，萎缩1.3%~5.9%，外汇收入全年下降8.3%~15.8%，减少50亿~100亿泰铢。②

近两年，泰国失业率保持较低水平。据最新统计，2012年12月的失业人数共计19.1万人，相当于总体劳动人口的0.5%，与2011年同期的17.2万人相比，失业人数增加1.9万人，与11月份的15.7万相比，增加3.4万人；根据工作经验划分，在失业人口中，没有工作经验的社会新鲜人有6.6万人，有工作经验的失业人数为12.5万人，与2011年同期的12.3万相比，增加2 000人，主要来自制造业7.1万

① 《泰国劳务市场简况》，出国劳务网，http://chinalabor.mofcom.gov.cn/labor/LaborDetail.html?sp=S53d886b50caecaf5010c aecc2d3400fe。
② 《关于泰国劳动就业有关情况的调研》，中国商品网，http://ccn.mofcom.gov.cn/spbg/show.php?id=10819。

人，服务及贸易业3.3万人，及农业2.1万人；以失业人员的学历区分，大学毕业生的失业人数最高，达到6.6万人，失业率为1%，年比增加1.5万人；其次是高中学历，为5.1万人，失业率0.9%，年比增加1.9万人；初中学历有4万人，失业率0.6%，年比降低1.4万人；小学学历为2.7万人，失业率0.3%，年比增加6 000人；无学历或低于小学的7 000人，失业率0.1%，年比减少7 000人；以区域划分失业人员，东北部地区失业率最高，为0.6%，其次为南部0.5%，曼谷及中部地区0.4%，北部地区为0.2%，与2011年12月相比，整体及东北部的失业率有所上升，但北部及曼谷地区的失业率同比有所降低，南部及中部地区与2011年同期持平。[①]

第四节　人口的分布、迁移和流动

泰国各府和各地区的人口分布不均，地区差异明显。曼谷及其周边各府的人口较为密集，其中曼谷是全国人口最稠密的地方，聚集了全国10%以上的人口。历史上，泰国人就可在国内各地自由迁徙，工业发展和城市化是泰国农民向城市迁移的主要原因。由于经济优势，周边的老挝、缅甸和柬埔寨等国家的劳工不断流入泰国，泰国劳工也向海外输出。泰国的工业化促进了城市化，但城市化的发展也产生了环境恶化、城乡贫富差距等一系列问题。

一、人口分布特点和地区差异

2010年年底完成的全国人口普查结果显示，截至2010年9月1日，泰国总计有家庭2 030万户，平均每户人口3.2人；从区域上来看，南部家庭人口平均数3.54人、东北部3.53人、北部3.1人、中部3人，最低的数值为2.9人；泰国人口密度平均每平方千米127.5人，人口最密集的地方是曼谷市。曼谷及周边和拥有大型工业区的府治，人口分布较为密集，交通便利、医疗条件好、繁荣、高等学府多的地区，人口分布也非常密集，人口密度最高的10个地区排名分别为曼谷、暖武里、北榄、夜功、普吉、巴吞他尼、龙仔厝、佛统、春武里和大城府。[②]

泰国77个府（市）的人口分布差异很大。从泰国经济与社会发展委员会公布的数据来看，曼谷直辖市人口居全国首位，2005年人口为678.2万人，2010年人

---

① 《泰国去年12月失业率0.5%》，中国驻清迈总领馆经济商务室，http://chiangmai.mofcom.gov.cn/article/jmxw/201302/20130200030500.shtml。

② 《泰国人口6 540万女多男少》，通商东盟，http://www.tasenit.com/zi/National_Page.asp?National=Thailand&Id=14034。

口增至687.7万人，占全国总人口的比重超过了10%；东北部的呵叻府人口居全国第二位，2005年人口有273.5万人，2010年人口有281.9万人；人口数量居第三位的是东北部的孔敬府，2005年人口为184.4万人，2010年人口为189.1万人；泰国人口最少的府是南部的拉农府，2010年人口只有19万人，详见表2-4。

表2-4 泰国各府人口（单位：万人）

省（直辖市）		2005	2010	2011
曼谷及 周边5府	曼谷直辖市	678.2	687.7	685.9
	北榄府	122.8	132.0	132.9
	巴真他尼府	78.3	83.3	83.8
	龙仔厝府	54.1	57.9	58.3
	佛统府	92.6	97.6	98.3
	暖武里府	93.0	97.8	98.2
中部6府	北标府	59.7	61.3	61.5
	信武里府	23.6	23.6	23.6
	猜那府	36.5	36.7	36.7
	红统府	27.3	27.5	27.6
	华富里府	76.7	78.1	78.3
	大城府	75.4	77.3	77.5
北部 17府	清迈府	156.9	160.2	160.5
	南奔府	43.0	43.5	43.5
	南邦府	81.1	81.9	81.9
	程逸府	48.3	49.0	49.1
	帕府	51.2	51.7	51.7
	难府	48.1	49.1	49.3
	帕尧府	52.6	53.4	53.5
	清莱府	118.4	121.0	121.4
	夜丰颂府	22.6	23.4	23.6
	北榄坡府	113.4	115.4	115.6
	彭世洛府	83.0	84.9	85.1
	甘烹碧府	70.5	72.0	72.3
	乌泰他尼府	31.5	32.1	32.1

续表

省（直辖市）		2005	2010	2011
	素可泰府	61.9	62.9	63.0
	达府	51.5	53.1	53.5
	披集府	59.2	60.0	60.0
	碧差汶府	101.3	103.8	104.1
东北部 20府	呵叻府	273.5	281.9	282.9
	武里南府	160.1	165.2	165.9
	素林府	141.0	144.6	145.3
	四色菊府	149.9	154.0	154.6
	乌汶府	181.2	187.0	187.8
	益梭通府	60.2	61.7	61.9
	猜也奔府	116.8	119.8	120.1
	安纳乍能府	38.7	39.9	40.0
	廊磨喃蒲府	51.9	53.6	53.8
	孔敬府	184.4	189.1	189.6
	乌隆府	157.7	162.9	163.6
	黎府	64.6	66.0	66.1
	廊开府	94.6	97.5	54.4
	玛哈沙拉堪府	100.5	102.8	103.1
	黎逸府	133.2	136.1	136.5
	加拉信府	98.3	100.9	101.2
	色军府	111.7	115.5	116.0
	那空帕农府	73.1	75.1	75.5
	莫达汉府	33.5	34.4	34.6
	汶干府	—	—	43.5
东部8府	春武里府	113.8	120.8	121.6
	罗勇府	56.9	60.3	60.8
	尖竹汶府	51.5	54.1	54.4
	达叻府	23.5	24.6	24.8
	北柳府	68.2	71.8	72.3
	那空那育府	25.4	26.4	26.5

续表

省（直辖市）		2005	2010	2011
	巴真府	43.5	45.6	46.0
	沙缴府	52.2	55.0	55.5
西部6府	叻丕府	81.9	83.9	84.3
	北碧府	76.6	79.1	79.7
	佛丕府	45.1	46.2	46.4
	巴蜀府	46.9	48.4	48.7
	素攀武里府	88.0	89.7	90.0
	夜功府	20.9	21.2	21.3
南部14府	洛坤府	163.1	173.1	174.9
	甲米府	36.9	39.8	40.3
	攀牙府	25.3	26.8	27.1
	普吉府	27.9	30.1	30.3
	素叻府	94.6	101.0	101.9
	拉农府	17.7	19.0	19.2
	春蓬府	48.2	51.0	51.4
	宋卡府	136.8	146.4	147.9
	沙敦府	27.2	29.2	29.6
	董里府	64.5	68.9	69.6
	博达伦府	53.5	56.6	57.1
	北大年府	64.7	69.3	70.3
	也拉府	45.3	48.7	49.4
	陶公府	72.3	77.8	78.9

资料来源：泰国经济与社会发展委员会（NESDB），http://eng.nesdb.go.th/Default. aspx?tabid=96。

泰国各地区的人口分布不均衡。据泰国经济与社会发展委员会公布的数据显示，2011年曼谷及周边5府的人口为1 157.4万人，占总人口的17.1%；东北部20府人口为2 296.5万人，占总人口的34%；北部17府人口为1 220.3万人，占总人口的18.1%；南部14府人口为947.9万人，占总人口的14.0%；东部8府人口为462.0万人，占总人口的6.8%；西部6府人口为370.3万人，占总人口的5.5%；中部6府人口为305.1万人，4.5%。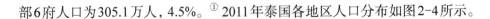 2011年泰国各地区人口分布如图2-4所示。

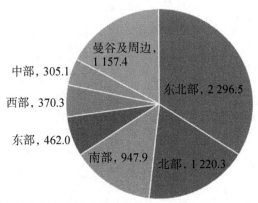

曼谷及周边，1 157.4

中部，305.1

西部，370.3

东部，462.0

南部，947.9

北部，1 220.3

东北部，2 296.5

资料来源：泰国经济与社会发展委员会（NESDB），http://eng.nesdb.go.th/Default.aspx?tabid=96。

图2-4　2011年泰国各地区人口构成（单位：万人）

二、人口的迁移和流动

泰国宪法规定公民有迁徙自由的权利。过去几十年，由于工业发展、城市扩张和交通用地需要，泰国可耕种的土地持续减少，农村出生的年轻一代人，由于受教育程度越来越高，多数不愿从事农业劳动，而选择从农村移居城市。同时，泰国作为中南半岛经济较为发达的国家，也是周边的老挝、缅甸和柬埔寨等落后国家的劳工所向往的国度。在政府的鼓励下，泰国也不断向海外输出劳工。

（一）国内迁移

自1932年确立君主立宪制至今，泰国已有18个版本的宪法，现行宪法为2007年的版本。但无论宪法如何更迭，从第一部宪法开始，公民的迁徙自由权利从未动摇过。迁徙自由，在泰国意味着公民可以选择境内的任何城市或者乡村居住、工作，可以选择迁移户口，也可以选择保留户口在原户籍地，全凭个人意愿。随着经济的发展和产业结构的演进，泰国农业部门劳动力的外流量持续增加，田间劳动人口在不断减少。这种情况特别发生在农业生产率较低的东北地区，结果

---

① 这里的地区划分与第一章的行政区划略有不同，曼谷及周边地区是指曼谷直辖市，及其周边的北榄府、暖武里府、巴吞他尼府、佛统府和龙仔厝府5府，这5个府在行政区划中属于中部地区；北部地区是指除行政区划中的9府外，还包括中部地区的北榄府、甘烹碧府、乌泰他尼府、素可泰府、披集府、彭世洛府、碧差汶府7府及西部地区的达府，共17府；东部地区是指除行政区划的7府外还包括中部地区的那空那育府；西部地区仅包括叻丕府、北碧府、佛丕府、巴蜀府4府，及中部地区的素攀武里府和夜功府2府；而中部地区仅有大城府、红统府、华富里府、信武里府、猜那府、北标府6府。

造成了普通农村非技术人力，无论是季节性的还是永久性的，都涌入曼谷或工业化程度较高的地区寻找工作。这些流动性工人为泰国的工业，特别是轻工业和建筑工业的发展发挥了较大作用。作为泰国的首都城市曼谷，凭借其强大的集聚力不断吸引着大量人口的迁入。泰国历年人口与住房普查（Population and Housing Census）显示，经济发展水平相对落后的东北部一直是泰国最大的人口迁出地区，而曼谷地区则是最主要的人口迁入区，主要原因是各种产业多集中在曼谷。人们为了寻求更好的就业和教育机会，享受更好的文化和医疗设施等，选择从农村移民城市。从迁移动因来看，1980年的人口普查中"与家庭成员同行"是促使人口迁移的最大动因，占33.8%，其次是"求职"和"其他与工作相关的原因"，这两项共占32.3%。在1990年和2000年的人口普查中，"求职"和"其他与工作相关的原因"已经成为了促使人口迁移的最大动因，这两项共占32.6%（2000年为34.1%），"与家庭成员同行"则下降到31.1%（2000年为23.4%）。泰国官方数据显示，2009年国内移民为200万，这其中不仅包括进城找工作、上学、购房以及与家庭团聚的人，而且还包括从城里返乡的人。无论是进城找工作，还是返回乡下生活，这都是泰国公民的自由。

尽管政府采取了一系列强有力的措施，例如生产更多的出口产品、建立自由贸易区等，但是曼谷地区工业所能提供的就业机会还是赶不上城市人口的增长速度，大量的流动人口被迫沦为贫民。随着城市体系问题的凸显，泰国的政策制定者越来越意识到均衡发展的必要性，并提出分散繁荣的政策，即通过制定各种优惠政策，大力推进东海岸的建设和促进国外资本到内地投资，积极开发全国的次区域中心。2000年的泰国人口与住房普查显示，迁往中部的人口迅速增加，主要是20世纪90年代中部沿海工业地带新型工业化发展的结果。

泰国有户籍制度，但对泰国人而言，户籍只不过是一纸身份凭证而已。无论户籍在哪里，泰国公民都能在政治、社会、文化等方面享有基本的平等权利。从现国王拉玛九世登基开始泰国全面实行户籍制度。1972年泰国开始有纸质的户口本，如今已绝大部分实现了数字化和电脑联网。外省人要迁移户口到曼谷，有两种途径：一是只要能负担得起曼谷的房价，在曼谷购房，即可迁移户口；二是拥有曼谷户籍的人，愿意接收你，也可以把户籍迁移到接收人名下。对于办理户口迁移的手续，在没有实现数字化的2007年之前，泰国人还需要有人在原户籍地帮忙办理；但现在联网办公，只用凭身份证、户口本到当地户籍管理部门，一个小时之内就能完成。

泰国也有身份证，并基本实现了数字化。泰国的身份证，除卡片表面上的个人基本信息外，还有条码和金属芯片。你从哪里来、户籍在哪里、历次换身份证的照片等信息，都可以通过读卡器显示。另外，最新版的身份证还增加了纳税记录的功能。只要有身份证，泰国公民在哪里都可以办理结婚登记等手续。泰国身份证6年换一次，到期同样不用回老家办理，在当地即可实现。

虽然在泰国更换户籍是如此容易，但并没有出现大批外地人蜂拥换取曼谷户籍的事情，一个简单的原因是，拥有曼谷户籍，并不意味着可以享有比其他地方的人更多更好的待遇。在泰国，户籍制度主要是用来统计人口，知道了人口的分布，政府在提供教育、医疗等资源时，才好分配财政预算。户籍制度在泰国的主要功能是，帮助政府向全体国民提供更好的服务。泰国外省公民在曼谷工作、生活，即使没有曼谷户籍的，无论是政治权利、子女受教育权利，还是医疗、社会保障等权利，都不会受到影响。

对泰国人而言，与户籍关联最密切的是选举权。赶上大选年，非曼谷户籍的泰国公民，可以回户籍地参加投票，要在曼谷参加选举投票的话，只需提前到当地选举委员会登记，说明原因，然后就可在投票日前一到两周内，参加专为包括世界各地不在户籍地居住的泰国公民安排的提前投票。当然，异地的投票，仍计算在户籍所在地的选区。对于新迁入户籍的居民，则必须在投票日3个月前完成迁移手续。

对于子女上学，除极个别的顶尖名校，绝大多数学校都没有户籍限制，面向全国各地户籍的学生。小学生一般选择就近入学，或者选择家长工作单位附近的学校，初高中生则可能会产生择校问题。家长们考虑更多的，不是距离远近，而是学校的教育质量如何。教育质量较好的学校，通常的做法是设置一定的配额，比如50%的名额留给本校学生，不用考试直接升学；10%的名额留给拥有学区户口的学生，但必须参加当地基础教育委员会组织的抽签，抽中者可直接就读；剩下40%名额留给没有户籍或户籍不在本学区以及抽签不中的学生，通过考试择优录取。各个学校的配额如何设置、比例多少，不一而足。对于名气非常大的学校，由于名额有限，即便是曼谷本地人也很难进，这种学校往往不考量户籍，而是通过统一考试择优录取。泰国各大学则完全不限户籍，面向全国考生。大学一般有两种录取方式，一是学校提前组织的自主招生，选拔最优秀的学生；二是全国统一考试，录取成绩由高中3年平均分数（GPA）加上统一考试成绩组成。

对于医疗保险等，泰国分政府、雇主和个人三方缴纳，公民个人选择住地附近的医保医院，如果确实超过了医院的承载能力，公民可选择另外一家较近的医院。在医保上，涉及户籍的群体，是政府救助的失业、贫困人口，必须在户籍所在地，到指定医院就医，可享受基本医疗服务。在涉及失业、贫困等需要政府救济的人群时，政府也会使用户籍加以调控。但对于更广范围内的城乡差距问题，政府更多的努力是增加农民收入。泰国的户籍制度则为这种自由、良性的流动提供了良好的服务和保障。[①]

（二）国际流动

泰国人口的国际流动与其经济发展密不可分。20世纪50年代以来，泰国的劳动力流动经历了一个发展变化的过程。50—70年代，泰国的劳动力大部分在农业部门就业，制造业刚刚起步，就业需求不大，劳动力过剩现象比较严重。为解决国内劳动力过剩的问题，泰国政府还制定了一项主要针对中东地区的海外劳工计划，帮助国人赴海外务工。70—80年代，泰国仍属于劳工输出国，国内劳工主要输往新加坡、中东、东亚等国家和地区。从80年代中期开始，随着工业化进程的加快，泰国经济迅速发展的同时对劳工的需求猛增，泰国逐渐从劳工输出国转变为劳工输入国，来自邻国的劳工大规模涌入泰国。截至2007年底，泰国吸纳缅甸、老挝、柬埔寨等邻国的劳工人数接近200万人。受政府鼓励，泰国每年仍有大量人员赴海外工作，主要劳务输出市场为新加坡、马来西亚、以色列、西亚各国、韩国、中国台湾等国家和地区。据泰国泰华农业银行统计，截至2008年底泰国海外就业人数达51.7万人。

泰国来自邻国的劳工具有一些特点。第一，从外来劳工移民总数看，缅甸的劳工人数远远多于柬埔寨、老挝的劳工人数。1996—2006年，来自这三个国家的劳工登记人数表明，泰国80%以上的低技术劳工来源于缅甸。第二，从总体上看，泰国来自邻国的劳工移民中男性略多于女性，但女性劳工的人数有不断增加的趋势。女性劳工大多在海产品加工、家政服务、制造业等行业工作。第三，泰国来自邻国的劳工移民大多没有接受过中等教育，有的甚至没有任何教育背景。由于劳工移民受教育水平低，所以通常只能从事"3D"工作，即肮脏的（dirty）、危险

---

① 焦东雨：《泰国如何保证迁徙自由》，共识网，http://www.21ccom.net/articles/qqsw/qyyj/article_2013011875298.html。

的(dangerous)以及不体面的(degrading)工作，这些工作是本国劳动力所不愿意从事的。第四，受泰国经济结构的影响，来自邻国的劳工移民主要分布在以下几个地区：边境各府，渔业及旅游业发达的沿海各府，大规模农业生产发达的南部各府和工业集中的曼谷及其周边地区。[①]

需要指出的是，来自缅甸、老挝、柬埔寨的劳工中存在大量的非法劳工，人数估计可达上百万。大量非法劳工的存在对泰国国家安全和社会稳定带来诸多消极影响，容易产生走私、贩毒和贩卖人口等跨国犯罪问题，对地区的安全与稳定也造成严重损害。2008年底，泰国劳工部曾批准开放接收登记80万外籍劳工(主要是缅甸、老挝的外劳)，包括渔业、工业和农业等工种，以期解决非法劳工和几个行业的劳工短缺问题。[②]

其实，由于经济的发展和人口老龄化问题，泰国存在较为严重的劳工短缺问题，特别是低技术劳工十分缺乏，许多泰国人已不愿意从事收入低的和不体面的工作。针对劳工短缺问题，泰国政府有计划地从周边国家引进劳工。目前，泰国已与缅甸、老挝、柬埔寨等邻国签订了劳务合作谅解备忘录，根据协议，每年可从三国引进一定数量的劳务人员。当然，在泰国同邻国签署的谅解备忘录中亦指出了非法劳工带来的问题，呼吁劳工移民的输出国和输入国共同努力解决这一问题。

(三)劳务输出输入管理

对于劳务输出的管理，泰国政府一直采取积极的行政政策和财政手段支持其劳务输出的发展，以扩大本国人就业规模，增加外汇收入，促进经济发展。主要措施有：(1)设立海外机构鼓励外派劳务。(2)直接提供财政支持，包括设立海外劳工福利基金，用于泰国劳工在海外遇到突发事件时的应急救助，包括向劳工提供贷款支持。外派劳务人员在申请外派时如有资金困难可向海外就业局申请贷款。泰国劳工部就业厅海外就业管理局是泰国外派劳务管理的具体执行部门，其职能是：批准私人中介机构进行劳务外派活动，并授权其进行海外就业的宣传和招聘等行为；批准本地雇主派遣雇员赴海外就业或培训；免费受理各种外派劳务的申请，包括自行寻找和二次出国等；免费为希望到海外工作的劳工提供信息咨询；规定海外就业标准和实践准则。泰国劳务输出方面的规范法律主要是《职业

---

① 许红艳：《泰国来自邻国的劳工移民问题》，载《世界民族》，2011年第4期。
② 《泰国劳动就业情况简介》，中国国际劳务信息网，http://www.ciwork.net/news/view.asp?id=2166。

介绍和求职者保护法（The Recruitment and Job-Seeker Protection Act）》（第三版）。该法于1985年颁布，2001年修订，其对泰国劳务输出的管理机构、管理内容、职责及权利义务等做了比较详细的规定。根据泰国有关法律法规，共有5种合法渠道可以进行劳务输出：第一，通过获得合法执照的私人劳务中介机构派出；第二，通过劳工部就业厅派出；第三，通过泰国本地雇主派出；第四，通过培训渠道派出；第五，海外自主择业，但劳工必须在派出10天前将其海外劳务情况向劳工部就业厅进行备案。

　　对于劳务输入的管理，泰国政府对外国人在泰投资、经商、从教等申请工作许可基本持积极态度，鼓励在泰外国人通过合法程序申请工作许可证，一般审批时间视工种而定，约需1～5天。为方便外国工作许可申请者，劳工部会同投资促进委员会、移民局在首都设立境外投资者"一站式服务"窗口。取得当地投资促进优惠政策的企业，其外籍人在申请材料完备的前提下，可在3小时内办妥工作许可证。泰国劳工部（Ministry of Labor）就业厅是外籍人在泰工作许可的归口管理部门。该厅下属外籍人工作许可证管理局，直接负责外籍人在泰工作许可申请的受理与审批。此外，劳工部外籍劳工监察局与泰国警察总署下属移民局、旅游警察局共同协调处理非法外籍劳工问题。劳工部劳动稽查管理局负责受理公众对外籍人非法打工的申诉和举报，并进行调查取证和最终的处理。《外籍人工作法（Working of Aliens Act）》是泰国政府管理外籍人在泰工作的基本法，该法于1978年制订，2008年修订。根据该法，泰国成立了遣返劳工移民的专项基金，基金的来源包括雇主义务缴纳与劳工移民的工资扣除。该法也加大了对非法劳工移民和其雇主的惩罚，引进了奖励制度，奖励报告和逮捕非法劳工移民的行为。此外，劳工部就业厅于1979年颁布的《外籍人工作从业限制工种规定》和2004年颁布的《外籍人工作申请批准规定》是泰国官方受理、审批外籍人在泰工作申请的主要依据。第一，泰国雇主欲雇佣外籍人士在泰境内工作，均须向泰国劳工管理部门申请工作许可。第二，工作许可有效期限为一年，到期前须及时提出续延申请。第三，劳工证持有者须随身携带劳工证。第四，在劳工管理部门官员（挂有身份证件）到业主住地履行公务时，向被检查者查验证件时，雇主要予以适当协助。第五，许可证不能异地使用，在申请工作场所时要将总公司、分公司场所分别加以注明。分公司以总公司名义申请时，要在分公司所在地申请。①

---

① 《关于泰国劳动就业有关情况的调研》，中国商品网，http://ccn.mofcom.gov.cn/spbg/show.php?id=10819。

三、人口的城市化

城市化是指以农业为基础的传统落后的农村经济和农村人口向以工商业为主的现代化城市经济和城市人口转变的自然历史进程。工业化是城市化的前提。泰国城市化起步晚、起点低。自20世纪60年代泰国实施工业化经济发展战略以后，泰国开始迈向城市化的发展之路。70年代后，泰国城市化速度有所加快。1960—1965年和1965—1970年，泰国城市化年均增长速度分别为0.55%和0.66%，而1970—1975年和1975—1980年，泰国城市化年均增长率分别为2.68%和2.61%。但60、70年代，泰国城市化发展十分集中，城市人口主要集中在曼谷及其周边城市。1975年，泰国约有42.8%的城市人口居住在曼谷及其周边城市。进入80年代，特别是80年代中后期，随着泰国工业化进程的加快，城市化发展更为迅速。城市化年均增长速度达到3.86%，大城市在规模上和数量上都得到新的发展。1980年，泰国除曼谷外，只有第二大城市清迈的人口超过10万人；1985年，10万人以上的大城市增加到7个，新增呵叻、孔敬、合艾、新城和北榄坡；到1988年，又新增暖武里、北革和乌汶等3个城市。[①] 90年代，泰国城市化进程进一步加快，城市化年均增长速度超过4%，泰国城市人口占总人口的比重达到18%。新世纪以来，尤其是2000—2005年的5年间泰国城市人口增长迅速，城市人口的比重从2000年的19%增至2005年的32.5%。之后，泰国城市化发展趋于平稳，城市人口比重的增长趋于平缓，到2011年，泰国城市人口的比重为36.1%。[②] 由此可见，泰国已有超过1/3的人口居住在城市，以市区人口计算，除曼谷市外，位于东北部的乌隆和呵叻是第二和第三大城市，南部的合艾为第四大城市，位于中部的春武里为第五大城市，清迈为第六大城市。

经过几十年的工业化历程，泰国经济获得快速增长，泰国已经从一个落后的农业国向新兴工业国家发展，从而推动泰国农村及城市人口的现代化进程。在城市，随着泰国经济结构的改变，从事第三产业的就业人员明显增加，出现新的高层次的服务领域。在农村地区，随着大量劳动力向城市转移以及农村本地工商业的发展，泰国农民的行为领域和智能开发领域明显扩大。更多的新型农民以及自然村和小乡镇企业主的农民活跃在泰国社会经济的各个领域。农村中大量有知识

---

① 孔建勋：《泰国城市化进程》，载《东南亚》，1996年第3期。

② 亚洲开发银行：Key Indicatiors for Asia and the Pacific 2012, P.136。

的年轻人试图寻找能获得较高薪水的工作，他们作为季节工人流向城市或者往返于城乡两地。

泰国城市化和城市外延的集聚扩张，导致城市增长超过城市自然和生活环境的承载力，引起城市基础设施的过载、环境质量的下降和自然支持系统的退化，这一切都隐含着城市发展的不可持续性。[①] 例如曼谷拥堵的交通、严重污染的空气和水体。此外，城市化也带来泰国地区发展不平衡、城乡差距扩大和贫富分化。从亚洲开发银行公布的数据显示，1996年，泰国20%的最富裕者收入是20%最贫困者收入的8.1倍，2009年降为7.1倍；而衡量贫富差距的基尼系数1996年超过了0.40，为0.429，2009年虽有所下降但仍为0.40，说明泰国贫富差距仍然较大。[②]

目前，除了补贴农民鼓励种植经济作物增加农民收入外，泰国政府拉低地区差异采取的主要措施还包括加快城市化进程，增加就业岗位，吸引农民进城工作；分散产业布局，发展地区经济中心，减少城乡间和地区间差异；提高各个府（省）的薪资水平，人们在家乡就业，薪水可能比在曼谷还要好。2009年泰国国民收入平均标准显示，城市中产阶层收入仅为农村地区正常收入水平的2倍。[③] 地区差异的缩小，可以缓解大城市危机，虽然对于年轻人来说，大城市仍然更有魅力，但农村生活也极有竞争力。一方面，农村地区的收入与城市差距并不那么大，另一方面，农民有自家房屋、粮食、蔬菜，且空气、交通优于城市。所以，泰国当前没有出现大批农村人蜂拥进入大城市的情形。在保证权利不受限制、城乡差异降低的前提下，泰国保障了人口既自由又良性的流动。

---

① 李培：《泰国城市化过程及其启示》，载《城市问题》，2007年第06期。
② 亚洲开发银行：Key Indicatiors for Asia and the Pacific 2012,P.147。
③ 《泰国如何保证迁徙自由》，城市中国网，http://www.town.gov.cn/csyj/201306/26/t20130626_946188.shtml。

第三章　农业的发展和布局

　　泰国是一个传统的农业国，有着丰富的农业资源，农业在其国民经济中一直占据举足轻重的地位。泰国的土壤条件优越，其主要的土壤类型是自然肥力较高、排水良好、土层深厚、不易受侵蚀的冲积土和强风化粘盘土，这种土壤经过施肥、灌溉和水分的合理控制，很适合农作物的生长。这对于泰国农业生产潜力的发挥，有着十分重要的意义。泰国气候条件对发展农业非常有利，大部分属热带季风气候，几乎全年都适合农作物栽培。优越的自然条件使泰国在很早时就成为东亚著名的粮仓。随着经济的发展，泰国农业的规模不断扩大，结构不断完善。

第一节　农业发展概述

　　农业是泰国传统的经济部门，也是当前泰国经济的重要组成部分。战后以来，泰国农业不仅担负了为国家工业化发展积累资本、提供食品和原材料以及输送廉价劳动力的三大任务，同时还实现了4%～5%的年均增长率，超过人口年均2%～3%的高增长水平。农业部门的稳定增长为战后泰国经济的现代化提供了有力的保障。泰国经济从70年代以来的迅速发展很大程度上应归功于农业部门的支持。即使今天的泰国正向新兴工业国迈进，农业仍然是其最重要的产业部门之一，农业在泰国国民经济中的地位和发展现状仍备受瞩目。

一、农业发展历程

　　泰国农业的发展历程大致可分为第二次世界大战前和第二次世界大战后两个时期。

（一）第二次世界大战前

　　从孟人国（6—13世纪）开始，泰国境内就普遍种植水稻。到15世纪中期的阿瑜陀耶王朝时期，正式确立了封建的萨迪纳土地制度。[①] 各级封建主的等级身份

---

① 马小军：《论近代泰国土地制度的变革》，载《东南亚》，1991年第1期，第15页。

和封土均出自国王。农奴与奴隶的份地直接授自国王，在此基础上形成了以一家一户为基本单位，农业与手工业紧密结合的自给自足的小农经济，纺织品主要还是由家庭手工业来满足。每个家庭除了生产主要粮食大米外，还在力所能及的范围内尽量生产所需要的各种农产品，蔬菜、甘蔗、黑胡椒、烟草、棉花、饭豆等这些作物都被广泛种植。[①]

到曼谷王朝建立初期，国家统一，社会相对安定，湄南河三角洲平原获得新的开发，水稻种植面积扩大。从19世纪中叶开始，泰国经济增长最引人注目的变化是商品稻米生产的发展。随着以大米为主食的亚洲人口的剧增，特别是香港、新加坡等一批工商业城市的兴起，以及欧美工业国家对粮食和工业原料迅速增长的需求，泰国稻米出口有了广阔的市场。这些外部因素极大地刺激了泰国的水稻生产。1850年前后，水稻种植面积约达580万莱，稻谷年产量2 320万担[②]，约合大米97万吨，除去国内消费，此前的最大年出口量约为4万吨。[③]同时泰国也种植国际市场需要的一些经济作物，如甘蔗、胡椒、烟草、棉花等。农业的发展带动了手工业，出现了制糖、榨油、酿酒等手工作坊。[④]

1855年是泰国历史上极为重要的一年，不平等的《鲍林条约》的签订，使泰国的大门完全向世界敞开。加速泰国农奴制解体，推动了自给自足的社会经济向着以商品经济为主要特征的资本主义方向演化。原先严禁向西方出口的大米完全变成自由出口商品，而且出口税固定在每担0.16铢的低水平。这在客观上极大地刺激了泰国的商品化稻米的生产。

朱拉隆功在位时期，对泰国进行了重大改革，从根本上废除了泰国的奴隶制和包税制，改革了财政制度，促进了农村生产力的解放，鼓励扩大大米生产和出口。经过这次改革，泰国沿袭了几百年的萨迪纳制度寿终正寝，土地私有制得以确认，农奴摆脱了封建束缚，成为自由的自耕农。土地由王有变成了私有，并于19世纪末、20世纪初开始在市场上大量买卖。在这些因素的作用下，泰国的农业经济迅速发展，稻米生产的商品化达到了较高的程度，大米出口增长很快，广大农民商品生产的意识普遍增强，这些都为20世纪50年代以来出口农业的发展奠

---

① 胡国英：《论农业在泰国现代化中的地位》，华东师范大学2004年硕士论文，第3页。
② 莱是泰国土地面积单位，1莱等于2.4亩；担是泰国重量单位，1担等于60千克。
③ Lames C. Ineram, *Economic Change in Thailand, 1850—1970*, Stanford University Press, 1971, P.20.
④ 胡国英：《论农业在泰国现代化中的地位》，华东师范大学2004年硕士论文，第3页。

定了基础。[①]

到20世纪上半叶，泰国的稻米生产和输出有了突飞猛进的发展，种植面积由1850年的580万莱增加到1909年的920万莱，1939年的2 120万莱。大米出口量也从1850年的81.2万担增加到1909年的1 476万担，1939年的2 537万担。[②] 大米出口值在全国出口商品总值中的份额也急剧上升，基本上保持在60%以上。19世纪70年代以后，泰国的柚木业也兴盛起来。由1873年出口0.56万立方米增加到1909年的12.2万立方米，出口值由25万铢增加到1 190万铢。[③] 在橡胶生产方面，20世纪20年代前，泰国的橡胶产量还很小，1920年橡胶种植面积为15万莱，但到了1934年，便增长为91.5万莱，15年中增长了6.1倍。[④] 从1890年到1939年，大米、橡胶、柚木三项农产品的出口值所占总出口值的比例为71.3%～84%，其中大米一项所占的比例为53.5%～77%。[⑤]

随着农产品的产量和种类的增多，一方面，出现了农业生产的地区专业化趋势。到19世纪90年代中期，泰国整个中央地区从曼谷到阿犹地亚都成为生产商品稻谷的区域，从暹罗出口的胡椒有2/3都产自庄他武里府。泰国商品畜牧业中心是大城府阿犹地亚广大富饶的牧场，在犹地亚市出现了贩卖牲畜的市场。另一方面，农业部门结构单一，比例失调的现象也随之出现和加深。泰国农业形成了以稻米种植为中心，稻米、橡胶、柚木片面发展，渔业、畜牧业水平较低的局面。1950年全部作物的播种面积为3 932万莱，其中稻米种植达到3 460万莱，占总面积的88%。此外橡胶占了5%，为196.6万莱，油类作物占了3%，为117.96万莱，其他作物的种植则数量甚微。1953年，大米出口值占总出口值的65%，橡胶占13%，柚木占2%，三项出口占了总出口额的80%。[⑥] 由于当时泰国经济对少数几种农产品的生产依赖十分严重，因而有人把当时的泰国称为"纯粹的稻作国家"。

（二）第二次世界大战后

1. 发展概况

第二次世界大战后，泰国耕地面积迅速扩大。1950—1952年，全国耕地面

---

① 胡国英：《论农业在泰国现代化中的地位》，华东师范大学2004年硕士论文，第3页。

② Chatthio Nartsunha, *The Thai Village Economy in the Past*, Silkworm Books press, Thailand, 1999, P.52

③ James C. Ingrain, *Economic Change in Thailand 1850—1970*, Stanford University Press, 1971. P.47, P.96.

④ Chatthip Nartsupha, *The Thai Village Economy in the Past*, Silkworm Books press, Thailand, 1999, P.52.

⑤ Chatthip Nartsupha, *The Thai Village Economy in the Past*, Silkworm Books press, Thailand, 1999, P.52.

⑥ David K. Wyatt, *Thailand: A Short History*. Yale University Press, 1984, P.192.

积约4 140万莱，占全国土地面积的12.8%；1982年耕地面积扩大到9 324.5万莱，占国土面积的29%；2011年，耕地面积为8 831.25万莱，占国土面积的45.8%，其中水稻种植面积约占全部耕地面积的52%。[①]实际上，长期以来，泰国农业生产的发展主要就是通过扩大耕地来实现的。

第二次世界大战以来，农业依然是泰国拥有劳动力最多的部门。2010年，泰国总人口约达6 727.55万，其中农业人口为1 454.69万，占总人口的21.62%。在全国4个农业经济区中，农村人口在总人口中所占比例有较大差别。在中部，2010年农村人口约占中部人口的14.78%，2010年南部占26.9%，2010年北部占26.37%，2010年东北部比例最高，约占东北部人口的28.1%。2010年，泰国全国经济活动人口为3 864.35万，农业部门占37.64%，达1 454.69万人。[②]事实上，仅就从业人口而言，农业仍是第一大部门。

泰国农业生产方式仍以小农经营为主，大量占有小块土地的自耕农在自己的土地上进行自主经营。自耕农中半数以上拥有土地所有权和使用权，租佃现象在各地区不同程度地存在。统计表明，2011年，全国农户平均占地面积约为6.07莱，但各地区情况不一致，北部山区和东北部少于中部平原。[③]

农业占全国GDP的比重不断下降。1950年占50.1%，1960年占38.9%，1970年占28.6%，1980年占25.4%，1990年占14%，2009年仅占11.63%，基本呈逐年下降的趋势。[④]但泰国丰富的农副产品还在出口创汇、稳定物价等方面起着积极作用，并为工业发展提供了资金和原材料，有力地保证了"农业工业化"战略的实施。2009年泰国的农业产值达到306.51亿美元。[⑤]其主要农作物有稻米、玉米、木薯、橡胶、甘蔗、绿豆、黄麻、烟草、咖啡豆、棉花、棕油、椰子等。泰国是世界最大稻米出口国，也是世界主要的橡胶、木薯、甘蔗、水产品的生产和出口大国。2009年泰国生产稻米3 191万吨、出口值约50亿美元；生产橡胶309万吨、出口值约43亿美元；生产木薯及制品2 787万吨、出口值约15亿美元。但近些年在对外贸易中，农产品所占地位在下降。2012年泰国十大出口产品中，农产品就

① 资料来源：泰国央行和政府有关部门。

② 资料来源：泰国国家统计局（the National Statistical Office of Thailand），http://web.nso.go.th。

③ 资料来源：泰国国家统计局（the National Statistical Office of Thailand），http://web.nso.go.th/。

④ 《泰国农业概况（2011年版）》，中国驻泰国大使馆经济商务参赞处网站，http://th.mofcom.gov.cn/aarticle/ddgk/zhuguanbumen/201202/20120207946978.html。

⑤ 《泰国农业概况（2011年版）》，中国驻泰国大使馆经济商务参赞处网站，http://th.mofcom.gov.cn/aarticle/ddgk/zhuguanbumen/201202/20120207946978.html。

只有天然橡胶,其出口值为874 580万美元。[①]

2.发展战略

第二次世界大战后,泰国的农业一直保持了稳定增长的发展势头,除了自然条件好外,应该归功于其正确的发展战略。战后以来泰国政府特别重视农业发展。早在1950年,当时的泰国农业部(后改为农业合作部)就与美国国际开发署下属的海外委员会泰国分会联合对泰国农业状况进行了调研,同时制定了一项发展多样化农业的改进计划。1955年,这个委员会又提供资助,为泰国建立了一套农业统计分析方面的信息系统,为泰国农业发展战略的制定奠定了基础。1971年,美国国际开发署与泰国农业合作部对泰国农业状况再次进行了全面实地调查,在调查基础上通过计算机模拟对泰国农业中各产业部门和相关部分(如农产品市场等)制定了发展模型,为泰国外向型农业发展和农产品工业化发展战略提供了科学依据。这些调查体现在泰国的经济和社会发展计划中,用以指导农业的发展。[②] 其发展战略主要包括以下三个方面。

(1)农业产品的多元化发展战略

从20世纪60年代开始,泰国多样化农业迅速发展。种植业除水稻继续发展外,玉米、橡胶、木薯种植面积和产量大幅度上升。1967年,玉米种植面积达65万公顷,总产量为121.7万吨;1971年,种植面积达97.8万公顷,产量达230万吨;到1981年种植面积比1965年的57.6万公顷增加了2倍,产量则比1965年的100万吨上升了3倍。橡胶产量也从1960年的17万吨上升到1980年的50万吨,成为仅次于马来西亚和印度尼西亚的世界第三大橡胶国,为泰国多样化农业结构的完善打下了基础。[③] 除上述几种主要作物外,从60年代开始发展起来的豆类、棕榈油籽、甘蔗、花生、蓖麻籽、棉花、烟草、热带水果、花卉等农作物也取得了较大发展。到1984年,这些产品中单项产值超过10亿铢的有10种左右,它们在种植业中的总比重也上升到30%左右。[④] 不仅种植业变化大,水产业和畜牧业也有很大的发展。

泰国农产品多样化发展中的最大特点就是几乎所有多样化农产品都是用来达到出口创汇目的。从60年代中期到80年代中期,泰国玉米的出口量占产量的

① 资料来源:泰国国家统计局(the National Statistical Office of Thailand),http://web.nso.go.th/en/stat_theme_agrfish.htm。
② 胡国英:《论农业在泰国现代化中的地位》,华东师范大学2004年硕士论文,第5页。
③ Sourheast Asian Affairs, Singapore: Institute of Southeast Asian Studies, August 1982, P.330.
④ 张利宁:《农产品出口与农业增长》,载《亚太经济》,1987年第3期,第29页。

94%，木薯则是100%用于出口。稻米虽然只有20%～30%用来出口，但在这一时期稻米出口值却仍占出口总值的34%～48%不等，各种主要农作物的产量、出口量和出口值都大幅度增加。[①] 从1977年到1984年，泰国稻米年出口量都在280万吨以上，1984年达到创纪录的461.5万吨，创汇259.32亿铢，在国际市场上始终雄踞前两位。玉米出口量均在200万吨左右，在世界玉米出口国中的位次也上升到第四位，居美国、阿根廷和南非之后。木薯从70年代以后出口量剧增，到80年代初个别年份的出口值甚至接近大米的出口水平。[②] 从70年代开始，大米、玉米、木薯、橡胶始终是泰国的主要创汇产品。

此外，泰国的禽畜饲养业、渔业等发展也十分迅速。1980年，泰国的禽畜产值和渔业产值分别为155亿铢和81亿铢；1990年，两者分别增加到320亿铢和225亿铢，10年时间泰国的禽畜饲养业和渔业均增长了　倍多，并成为世界十大捕鱼国之一。到90年代末泰国已经是世界最大的大米、木薯出口国，鱼禽类的第二大出口国，同时和马来西亚、印度尼西亚一起成为世界三大橡胶出口国。多样化创汇农业的发展为泰国工业的发展积累了大量的资金。第二次世界大战后，泰国的经济发展，不能不首先归功于农业生产的迅速、稳定、灵活多样的增长。

（2）农业工业化战略

泰国农业历来是以种植水稻为主。水稻是泰国最重要的农作物。大米既是泰国人民的主食，也是最主要的出口商品。虽然在20世纪50—60年代，泰国逐渐改变农业的单一结构，实行多种经营，但是农产品出口仍是以初级产品为主，农产品的加工一直比较薄弱，农产品在国际贸易中处于相对劣势。

从70年代中期开始，泰国积极鼓励发展出口加工工业。农产品资源在泰国可以说是取之不尽、用之不竭。加之农产品加工工业投资少、见效快，技术设备等方面的要求相对比较低，十分适合泰国的国情。在泰国政府的大力推动下，泰国的农产品加工工业取得了重大进展。1980年，泰国农业加工制品产值为65亿铢（按照1972年不变价格计算），到1988年产值增加到104亿铢，平均年增长率为6.0%。1989年，农业加工制品产值增至114亿铢，比1988年又增长了9.6%。在对外贸易中，农产品加工工业的发展极为显著，不少产品的增幅达到两位数。例如，1990年，泰国冻虾出口比上一年增长27.4%；冻鸡出口增长27.7%；贝类罐头

① Juanjai Ajanant, Ph. D, *Trade and Industrialization of Thailand*, Social science association of Thailand, 1986, P.34.
② 朱振明:《当代泰国》，成都：四川人民出版社，1992年版，第180～185页。

出口增长46.2%；菠萝罐头出口增长25.5%；糖浆出口增长56.2%。泰国农产品加工工业的迅速发展，使泰国农业跨入了一个新的时期。一方面，原有的传统加工业，如碾米、制糖、烟草、制酒等的档次和附加价值随着加工手段的进步而不断提高；另一方面，一大批新兴工业，如饲料、皮革、木材、罐头、家具、麻袋、食品等应运而生。同时，还带动了一批相关产业的崛起，如包装、信息、运输、服务、维修等行业。[①]

（3）促进外向型农业发展战略

"积极开拓市场、保证产品的销路"是泰国发展外向型农业成功的关键，在贸易保护主义日益盛行的今天更是如此。过去，泰国农业受到西方殖民主义经济体系的影响，主要向东南亚地区及香港等地提供初级农产品。东南亚各国独立后，农业都先后得到恢复和发展，农产品逐渐实现了部分或全部自给。泰国又转向发达国家，特别是美国、日本和欧洲共同体国家，出口市场相对单一。泰国大约2/3的出口产品销往这些国家。第一次和第二次世界石油危机以后，世界经济逐渐走下坡路，国际市场竞争日益激烈。泰国政府及时着手调整其对外贸易市场过于集中的不合理格局。除了继续巩固主要的传统市场外，泰国特别重视扩大与非主要市场国家和地区的贸易，如中东地区、非洲、东欧国家等。现在，泰国的贸易对象国由80年代前的80多个增加到120多个。贸易国家和地区的扩大，使泰国对传统市场的依赖有所减少，贸易的地区结构得到改善。非主要市场国家和地区占泰国出口总额的比重已由60年代的10%增加到现在的30%。[②]

此外，泰国政府深知农业在泰国经济中的重要作用，尽管农业在国民经济中的地位相对下降，为了农业的继续发展，泰国政府始终对农业给予足够的重视，并确保农业得到充足的资金，用以对水利、农业科学研究、扩大生产规模以及土地的开发和改良进行投资，以提高农业的生产率。泰国政府对农业的投资从第一个五年计划（1961—1966年）不足50亿铢，增加到第五个五年计划（1982—1986年）的1 230亿铢。无论从绝对意义还是从相对意义上讲，泰国政府对农业投入的增加幅度都是巨大的。与其他政府部门相比，农业所得到的发展资金仅次于教育，列第二位。在国民经济中，泰国农业在计划发展经费中所占比重由"一五"的13.5%上升到"四五"（1977—1981年）的15.5%。从绝对意义上讲，农业资金最显著的增

---

① 韩锋：《泰国农业的发展及其问题》，中国社科院网，http://bic.cass.cn/info/Arcitle_Show_Study_Show.asp?

② 韩锋：《泰国农业的发展及其问题》，中国社科院网，http://bic.cass.cn/info/Arcitle_Show_Study_Show.asp?

长是由"四五"的390亿铢增加到"五五"的1 230亿铢,增幅(包括通货膨胀因素)高达215%。除了上述计划资金以外,泰国对农业的投入还有一些非农业专项资金,"三五"(1972—1976年)期间约有40亿铢,"四五"期间增加到240亿铢,"五五"期间达240亿铢。"五五"期间的非农业专项资金与以前的五年计划不同,主要是用于促进乡村经济发展,其中相当一部分用于落后地区农业生产,例如粮食生产、品种改良、土壤改良、东北部盐碱土地开发、为农村贫困户提供农业信贷、水资源开发等等。"六五"(1987—1991年)期间,除了继续保证农业发展资金以外,强调落后农村地区的开发以及缩小城乡之间的贫富差别。泰国第七个五年计划(1992—1996年),强调经济均衡发展的同时,注重进一步拓宽农业生产领域,并将农产品加工业和食品加工业作为泰国今后六大战略产业之首予以开发。

总之,泰国的农业一直受到政府的重视和资金的支持。能够增加农业生产率的项目,如水利、土壤改良、科研等占了农业发展预算的大部分。值得一提的是,农业研究经费相当于其他部门(工业、能源、交通、医疗、教育、国防)研究经费的总和。

3. 发展计划

为促进农业的发展,泰国根据国民经济的发展需要,在土地制度、价格、基础设施、信贷、合作及就业等方面对农业进行综合治理,使农业能够在国民经济中协调发展。泰国实施的各项农业发展计划主要包括以下五个方面。

第一,土地改革计划。泰国农村是以小农经济为主,占耕地20~25莱的自耕农约占农户总数的60%,半自耕农在30%以上。至20世纪70年代后期,泰国仍有无地农民约50万~70万人,他们依靠租种土地为生,生活贫困。农村中土地占有的不平衡使广大农民产生了强烈的不满情绪,60年代中期开始一些地区出现了动荡。为此,泰国政府采取了一系列措施缓和农村矛盾。1974年政府颁布《农村土地租佃管理法》,力求缓和租佃关系中的突出矛盾;1975年又制定农村《土地改革法》,并设立农村土地改革局,负责有关土地改革事宜;从1977年1月开始,通过开垦森林和灌木林地、分配部分王室土地,以及购买私人土地等办法,逐步向无地或少地农民有偿提供,总量不超过50莱(一般为25莱)的土地。上述措施虽然在实施过程中由于种种原因没能完全达到预期的目标,但还是缓和了农村矛盾,为农业生产的发展提供了有利条件。

第二,加强农业基础设施计划。泰国的经济是以农业起家的。第一个国民经济的五年计划，重点发展农业的多种经营。为实现这一目标，必须大力加强农业基础设施建设。此后几十年，泰国陆续兴建了一批小型基础设施工程。如修建公路支线，从1971年的2万千米发展到1976年的3万千米，1978年又增至3.6万千米。又如，水利设施的兴建使全国排灌面积迅速扩大。"一五"期间全国排灌面积共有970万莱；"二五"期间增至1 330万莱；"三五"期间又增至2 007万莱，1978年增至2 200万莱。此外，泰国还进行了饮水、农业教育、卫生等方面项目的建设。

第三，保障农产品价格计划。为了调动农民的生产积极性，泰国自1966年开始实行保护粮价计划，即政府按规定价格向农民收购粮食。"三五"时期又增加了保护蔗价计划；"四五"计划进一步扩大到其他多种作物，如玉米、棉花、绿豆、黄豆的价格也被列为保护对象。泰国政府用于这项工作的预算随着被保护的农作物的范围扩大而迅速增加，例如，1979年仅大米一项就用了10亿铢。

第四，农业信贷计划。1966年，泰国建立农业和农业合作社银行，开始为农民提供优惠利率的信贷服务，以保证农业有足够的资金投入。不过，1975年以前，金融机构提供信贷所占比重很小（不超过全部农业贷款的20%）。由于农业生产和农产品市场等方面的问题，银行业对农业的投资风险很大，因此，金融机构不热心参与为农业提供信贷的活动，尤其是商业银行，向农业提供的贷款仅占全部贷款额的约2%。因为这个缘故，1975年泰国国家银行要求商业银行更多地参与为农业发展提供服务。1975年以来，银行被要求向农民发放一定比例的贷款，1975年要达到占全部贷款额的5%；之后，要求向农业的贷款比例占储蓄总额的7%；后来要求逐年增加2%，至1979年对农业的贷款比例增为13%，近年来达到20%左右。推进这一政策的结果，使金融机构对农业的信贷迅速增长，仅从1974年至1979年，对农业贷款就从28亿铢猛增至240亿铢。[①]泰国政府对农业信贷的导向措施，为农业的发展提供了资金保证。

第五，农业合作计划。泰国农业合作社已经有60多年的历史。合作社是从农业信贷开始起步，进而发展到农产品加工和市场等领域。目前，日益重视购销和服务方面的合作。不过，信贷业务的重要性一直居农业各类合作的首位。

二、农业管理部门

泰国农业最高管理部门是农业合作部，主要负责规划农业发展方向、推行土

---

① 韩锋：《泰国农业的发展及其问题》，中国社科院网，http://bic.cass.cn/info/Arcitle_Show_Study_Show.asp?

地改革、保护自然资源、防止自然灾害等工作。农业合作部由政府部门、国企部门、公共部门三大部门组成，政府部门下设部长秘书处、农业合作部常任秘书办公室、大米厅、皇家灌溉厅、合作项目稽核厅、渔业厅、畜牧厅、土地规划厅、农业厅、农业促进厅、合作促进厅、诗丽吉皇后文化厅、农业土地改革办公室、国家农产品质量标准办公室、农业经济办公室等15个机构；国企管理部门下设市场农民组织、渔业市场组织、泰国乳业促进组织、橡胶庄园组织、橡胶重新种植基金援助办公室等5个机构；公共组织部门下设农业研究发展司、高地发展研究所、普密蓬·阿杜德国王博物馆等机构，详见图3-1。

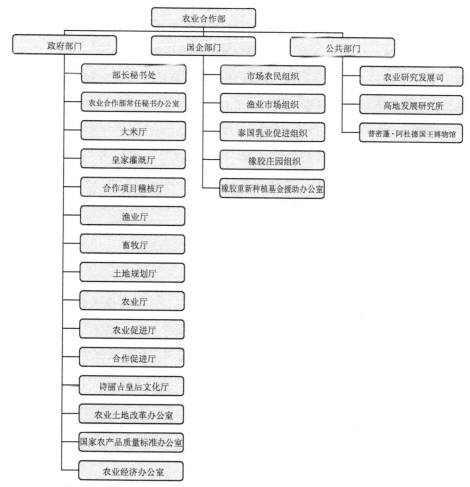

资料来源：泰国农业合作部，http://eng.moac.go.th/ewt_news.php?nid=12。

图3-1　泰国农业管理部门示意图

三、农业发展布局

泰国农业多样化发过程中，一度出现缺乏规划、农作物种植零星分散、农业产业结构趋同等问题。过去泰国水稻种植遍及全国各地，但生产条件最好的则是中部平原和北部盆地。随着农业现代化的发展，泰国政府不断调整农作物区域布局，逐渐淘汰不适宜区，调减次适宜区，集中扩大最适宜区、适宜区农作物生产，开发具有本地特色的优势产品，初步形成有特色的农产品生产带，从而节约了农业生产成本，取得了规模经济效益。在地理区位上，泰国农业发展布局可以大致分为湄南河中下游区、南部区、东北区、东南区、北部区等5个种植区域。

湄南河中下游区地势平坦、河渠纵横、人口稠密、经济发达，是泰国经济重心所在。该区人口约占全国总人口的1/3以上，农作物以稻米为主，22%可供出口，主要分布于河网稠密地区，在低洼区种植浮稻。玉米种植面积占全国的80%，其他作物有棉花、甘蔗、豆类、花生、烟草、水果等。畜牧业亦较发达，黄牛和猪各占全国饲养量的1/3，水牛占1/5。

南部区包括马来半岛的14个府，人口约占全国的12.6%。本区20%的土地已辟为耕地，其中18%种水稻，50%以上的土地种橡胶、椰子和水果。橡胶和锡是本区重要的产品和出口商品。橡胶产区主要分布在半岛的东岸，约占全区橡胶种植面积的72.8%。宋卡府是全国橡胶最集中的产区，种植面积约占本区的17.2%，其次为洛坤府和董里府。绝大部分橡胶种植园规模较小，一般占地3～8公顷，产量较低。

东北区，即呵叻盆地区，是泰国重要的农牧区，人口占全国的1/3以上，农业人口约占当地总人口的91.8%，以种植洋麻及玉米为主。洋麻产量占全国90%以上，产值居本区各业首位，此外还有棉花、甘蔗等。该区是泰国畜牧业重要基地，以饲养黄牛为主。

东南区是以木薯为主的农业区，位于泰国东南部和柬埔寨接壤的地区，由7个府组成，人口约占全国的6%。大部分土地种植旱作，木薯是最主要的作物，其种植面积占全国的75%，主要集中在春武里府和罗勇府。其他作物还有稻米、甘蔗、椰子、辣椒等，橡胶产量仅次于南部区。

北部区由北部的7个府组成，人口占全国11%，是农林并重的地区，森林面积占全区面积的69%，盛产柚木，南部尤多，约占全区的37%。该区盛行游耕制，游耕土地约占全区面积19%，稻田种植面积约占全国稻田的6.5%，绝大部分种植糯稻，清莱和清迈是主要生产中心。其他作物有烟草、花生、玉米和棉花等。泰国主要农矿产分布如图3-2所示。

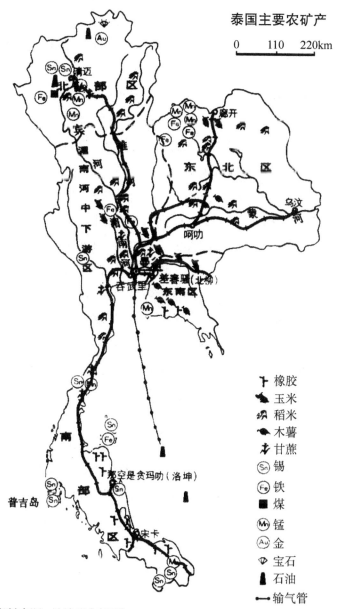

资料来源：吴关琦《泰国》，http://baike.mysteel.com/doc/view/29 962.html。

图3-2　泰国主要农矿产分布图

四、农产品结构

泰国作为较为典型的热带国家，主要作物有稻米、玉米、木薯、橡胶、山竹、甘蔗、麻、咖啡豆、烟草、棉花、棕油以及椰子等。20世纪50年代以来，泰国农业生产结构从单一生产水稻向农业多样化生产发展。泰国的农作物多数用于出口，是重要的外汇来源之一，2007年出口创汇143.66亿美元，占泰国出口额的9.44%。[①]

泰国水稻生产和种植面积占相当大的比重，水稻贸易额一直位居泰国农产品出口的前列，其出口为泰国创汇起决定性作用。近年来随着农产品多样化的发展，绿豆、甘蔗、椰子、花生、蓖麻籽、大豆、棉花、烟叶等所占的比重越来越大。其中，玉米和木薯的产量和出口量大幅上升。2005年以来，泰国玉米种植面积已经超过1 000万莱，在各类非稻谷的农产品中居于首位，比2002年种植面积增加2倍，产量达450万吨，相当于2002年产量的2倍。[②] 目前泰国已跃居成为世界上主要的玉米出口国。而泰国的木薯自60年代初期以来实现大幅扩产。因为木薯是旱地作物，土壤适应性强，在贫瘠的土壤和干旱的气候下都能良好地生长，属于含高热量高淀粉的经济作物，是发展畜牧业最好的饲料，适合西欧国家牲畜饲养，加之木薯种植技术简单，耗资小收益大，所以木薯种植受到泰国农民的重视，种植面积不断增加，每年出口量占世界木薯市场的80%以上。

除了大米、玉米、木薯三大传统产品出口外，泰国外汇在农产品出口的另一个主要来源是冻海鲜、冻鸡、水果罐头和新鲜蔬菜。其中，泰国在2001—2009年大量引进优质肉鸡种，共计253 743只优质鸡。在2009年和2010年共出口冻鸡近13万吨，创汇近60亿泰铢，成为泰国又一重要出口农产品。泰国水产资源也相当丰富。泰国湾和安达曼湾是得天独厚的天然海洋渔场。曼谷、宋卡、普吉等地是泰国重要的渔业中心和渔产品集散地。泰国是世界市场上鱼类产品的主要供应国之一，也是位于日本和中国之后的亚洲第三大海鲜渔业国，全国从事渔业人口约50万人。得天独厚的气候条件与地理位置为泰国的农业生产提供了优越的自然条件，基于此优越的自然条件，泰国鲜冻鱼、鲜冻墨鱼以及鱼罐头等在世界市场占有较大的份额，为泰国创收可观的外汇收入。

---

① 田禾、周方冶：《列国志：泰国》，北京：社会科学文献出版社，2009年版，第179～180页。
② 李一：《泰国农产品在中国—东盟博览会上亮相》，载《世界热带农业信息》，2008年第8期，第22页。

第二节　种植业

泰国地处热带，雨量充沛，适宜作物生长，所以种植业自古以来就是泰国农业重要的部门。2007年，泰国农业耕种面积达1 830万公顷，占国土面积的35.6%，其中耕地面积1 500万公顷，橡胶等多年生作物面积330万公顷。根据自然条件，泰国中部湄南河三角洲河渠纵横，人口稠密，土地肥沃，盛产稻谷、甘蔗、玉米、木薯等，是泰国稻谷的主产区；东北部的呵叻高原河谷宽浅，沿河可种植稻谷和其他作物；北部山区森林茂密，山间盆地由于水利设施较好，多种植水稻、棉花、烟草等，稻谷单产量居全国首位；南部半岛终年气候湿热，适宜热带作物生长，是橡胶的主产区。

一、粮食作物

泰国过去主要种植稻谷，20世纪60年代后国际市场对经济作物需求增加，在政府"农业多元化"战略的引导下，农民开始广泛种植橡胶等各种热带作物，并在外向型经济的带动下逐渐形成规模，主要作物有稻谷、木薯和玉米。

（一）稻谷

稻米是泰国人的主食。稻米生产在历史上曾一度占据泰国农业的核心地位。泰国的水稻生产首先必须满足国内的需要，而后出口剩余产品。泰国的地理和气候条件适宜水稻的种植，并能出产多种优质品种的大米。20世纪50年代中叶到60年代中叶是泰国种植业产品结构由单一种植向多样化方向发展的开始阶段。这一时期，泰国的水稻生产尽管种植面积和总产量仍有提高，但与战后初期的十年相比，发展速度十分缓慢。1965年，泰国水稻种植面积为4 096万莱，稻谷产量1 097万吨。与1956年相比，9年间泰国水稻种植面积仅增加了500万莱（1946—1955年，泰国增加的稻田面积超过1 100万莱），稻谷产量增加了270万吨。由于同期国内人口的增长，这一时期泰国每年平均的稻米出口量还达不到第二次世界大战以前的水平。稻米出口值在全国出口总值中所占的百分比也逐年下降。[①]

20世纪60年代后，随着农业逐步实现多元化，稻米的地位有所下降，但至

---

① 泰国国家统计局（the National Statistical Office of Thailand），http://web.nso.go.th/en/stat_theme_agrfish.htm。

今仍是泰国最重要的农产品。全国从事稻谷耕种的农户多达400万户，占农业总户数的77.5%。2011年大米年产量超过2 000万吨，占全球大米总产量的4.5%。不过，近年来大米年出口量在700万～1 010万吨之间，占世界大米贸易总量的25%～35%，是世界第一大大米出口国。泰国大米出口遍及五大洲100多个国家。主要的市场在亚洲，占出口总量的63.78%，其次是北美、南非和欧洲，分别占13.4%、9.83%和8.09%。[①]

　　但是，泰国稻谷的单产量并不高。虽然2003年泰国稻谷总收获量为2 700万吨，是60年代产量的近3倍，但这主要是靠增加耕种面积取得的成果。2002年泰国的稻谷收获面积约1 100万公顷，占耕地总面积的73%，与60年代相比几乎翻了一番。目前泰国稻谷每公顷的平均产量实际只有2.45吨，远低于其他主要稻谷生产国。造成泰国稻谷单产量低的原因是多方面的，但主要是因为泰国农田水利建设落后。尽管泰国全年月平均气温25℃左右，年平均降雨量1 300毫米，日温差小且太阳辐射充足，十分适合稻谷的生长，但却只有15%的稻田具备较好的灌溉条件，可以一年种植两季甚至三季，多达77%的稻田属于完全靠天吃饭的"望天田"，只能在雨量充沛的雨季种植一季，而且产量还要受降水量的影响。因此，水源充足的中部地区就成为了泰国水稻的主产区，稻谷收获量约占全国总产量的50%，而相对干旱的北部和东北部地区则主要种植旱稻，稻谷收获量约占全国总产量的33%。同时，泰国政府奉行的"重质不重量"的出口型大米扶植政策，也对泰国稻谷单产量的提高产生了一定的限制作用。由于泰国国内的大米消费量只在1 200万～1 300万吨，国内不存在需求缺口，所以为了增强泰国大米的国际竞争力，泰国政府在政策方针上更注重提高稻谷的质量而非产量。在品种改良上，泰国政府始终遵循品质优先的原则，只有符合品质标准的稻种才能进入区试和审定，否则产量再高也不能投入应用。因此就不难理解为何泰国政府十分重视稻谷品质改良工作，还为此在1983年特别成立了由农业部农业司直接领导的全国水稻研究所，但至今泰国最主要的水稻应用品种仍是早在1959年就已推出的优质香米品种"好茉莉"，而且近年来的耕种面积还在耕种总面积不断减少的情况下逐年稳步上升，由1993年的229.2万公顷增加到2000年的281.6万公顷。[②]

　　泰国是世界上大米出口最多的国家，政府十分注重大米出口的品牌战略。

①　泰国国家统计局（the National Statistical Office of Thailand），http://web.nso.go.th/en/stat_theme_agrfish.htm。

②　泰国国家统计局（the National Statistical Office of Thailand），http://web.nso.go.th/en/stat_theme_agrfish.htm。

2010年泰国稻谷总产量3 073万吨，大米出口903万吨，出口金额53.4亿美元。[1] 凡出口的大米都必须经过专门的监察委员检查，只有符合出口标准的方能出口，对香米的要求则更为严格。泰国政府在1998年颁布了第一版《泰国茉莉香米标准》，不但明确规定了香米纯度检验的各项指标，还规定所有泰国香米出口前都必须经过香米纯度的检验，并在包装袋上注明香米含量。2001年，泰国商务部对该标准进行了修订，进一步规定只有香米含量在92%或以上的才能称为泰国茉莉香米，才可使用"THAI HOMMAL RICE"品牌标志。为保证《标准》的严格执行，泰国政府还专门投资设立了出口香米检测中心。正是凭借质量第一的品牌意识，泰国大米才能在国际竞争中一直立于不败之地。近年来，尽管受到来自美国大米在高档市场和越南大米在低档市场的双重竞争压力，泰国大米出口总量却仍稳中有升，出口总额更是增长强劲。2011年泰国大米出口1 070.6万吨，出口金额64.46亿美元，其中香米的出口量功不可没。[2]

（二）木薯

木薯是原产于南美洲的热带作物，加工后可以食用，目前是非洲的主粮之一，同时也是重要的畜牧业饲料和轻工业原料。20世纪30年代泰国首次引进木薯，由于其适应性很强，对环境的要求低，耐旱、耐虫，能在酸碱度5.0～9.0的土壤中生长，而且单产量高达每公顷1.6万千克以上，所以很快就在自然条件恶劣的东北部山区被推广开来。50年代末，随着各国畜牧业的发展，国际市场对木薯需求量的增加，泰国开始大规模种植木薯。1961年泰国木薯种植面积仅9.9万公顷，到1959年已增至159.3万公顷，同期产量也从172万吨增至2 426万吨，不过木薯的单产量却没有增加，反而有所下降。受西方发达国家贸易保护主义的影响，泰国从90年代开始逐渐减少木薯的种植面积。2011年种植面积为120万公顷，产量为2 510.8万吨。目前，泰国木薯主要种植区在东北部、北部和中东部，其中东北部产量占全国总产量的一半多。

泰国是全球第三大木薯生产国，仅次于尼日利亚和巴西，同时是全球最大的木薯制品出口国。尽管就木薯产量而言，泰国只有全球第一大木薯生产国尼日利亚的一半，但由于尼日利亚生产的木薯主要用于国内居民食用，而2012年泰国产出的木薯约25%用于国内需求，另75%出口，所以泰国木薯的出口量遥遥领先

[1]　泰国国家统计局（the National Statistical Office of Thailand），http://web.nso.go.th/en/stat_theme_agrfish.htm。
[2]　中国驻泰国大使馆经济商务参赞处，http://th.mofcom.gov.cn/。

于其他生产国。2011年泰国鲜木薯和木薯干出口373.5万吨，出口金额9.69亿美元，木薯淀粉出口271.2万吨，出口金额15.73亿美元。泰国木薯出口额在2012年同比增长11.9%，2013年预计将同比增长约14.0%～18.0%，达12亿～13亿美元。中国是泰国木薯（尤其是木薯条）出口的主要市场，在中国木薯进口额中的占比达68.9%。[①]

泰国的木薯制品主要出口还包括欧盟（主要是木薯粒）、日本（主要是木薯淀粉）以及中国台湾（主要是生木薯粉）等国家和地区。欧盟曾是泰国木薯制品最主要的出口市场，主要原因在于欧洲市场上对于饲料木薯粉的需求扩大，年进口量曾占到泰国木薯制品出口量的近一半。1960年以前，泰国出口的木薯以高级木薯粉为主。1961年后，由于欧洲国家生活水平提高，肉类消费量增大，家畜饲养业发展迅速，大量需要作为饲料的木薯粗粉。1961年，泰国出口的饲料木薯已达18.8万吨，出口值为1.5亿铢，主要市场是西德、荷兰和英国。不过，木薯出口量在这段时间里增长幅度虽很大，但绝对数量并不很高。泰国木薯生产真正高速发展的时期是在70年代。近年来受欧盟畜牧业减产以及贸易保护主义的影响，泰国对欧盟的出口量有所下降，不过总量仍然很大。2003年欧盟从泰国进口了178.5万吨木薯粒，占泰国木薯粒出口总量的96%。而中国则是近年来发展起来的大市场。中国因造纸、纺织、制药、食品等工业的发展迅速，对木薯制品的需求量猛增，从1998年起中国由木薯制品的出口国变为进口国，而且需求缺口逐年增加，目前已取代欧盟成为全球最大的木薯制品进口国。此外，中国加入世贸组织后，开始逐步削减木薯制品的进口关税，而中国—东盟自由贸易区的建设更为泰国木薯制品的出口铺平了道路。2003年中国从泰国进口了180.9万吨木薯片，占泰国木薯片出口总量的99.6%。2012年，泰国木薯在中国木薯进口额中的占比近70%。[②]

（三）玉米

早在16世纪玉米就已传入泰国，但直到第二次世界大战前产量仍然十分有限。20世纪50年代，国际市场对玉米饲料的需求猛增，泰国这才开始大规模种植玉米。从60年代到80年代中期，泰国玉米种植业发展迅速，玉米种植面积从1961年的29.8万公顷增加到1985年的191.8万公顷，同期产量也由59.8万吨提高

---

① 中华人民共和国商务部，http://www.mofcom.gov.cn/。

② 中华人民共和国商务部，http://www.mofcom.gov.cn/。

到493.4万吨。[①] 玉米主要分布在中部地区，其中又以碧差汶府的单位产量为最高。泰国玉米生产的发展与日本大量购买玉米作饲料有关。50年代中叶以后，日本随着经济的恢复，畜牧业相应发展，进口的饲料总量成倍增长。在购买泰国玉米之前，日本主要是从美国进口饲料，但是美国农业生产成本高于泰国，同时路途遥远，运输费用也高，远不如从泰国进口便宜方便。泰国自1953年之后，与日本的经济联系日益密切，每年需从日本进口大量工业品，因此也愿意增加对日本的出口，以求得外贸收支上的平衡。正是这种原因导致了泰国玉米种植面积和产量的猛增。

玉米曾是泰国最重要的出口农产品之一。泰国玉米出口量仅次于大米、木薯和橡胶。80年代中期以前，泰国生产的玉米绝大部分用于出口，出口量也随着产量的增加不断提高。1986年，泰国玉米出口创下398万吨的历史纪录。但在80年代末和90年代初，泰国玉米的出口量却锐减到120万吨左右，仅占国内玉米产量的1/3。到了90年代中后期，尽管泰国玉米产量在400万吨左右，但却成为玉米的净进口国。之所以出现这一转变，虽与80年代末出现的国际贸易保护主义风潮有关，但主要还是泰国国内产业调整的结果。随着泰国畜牧业特别是养鸡业的兴起，国内对玉米饲料的需求猛增，甚至一度出现需求缺口。近年来，由于泰国玉米产量有所提高，因此泰国再次成为玉米净出口国，不过规模很小，2003年净出口量仅19万吨，出口额2 400万美元。2012年泰国全国玉米产量为481.9万吨。[②]

二、蔬菜、豆类作物

根据温度、降雨量及土壤类型，泰国可分为6个蔬菜种植区，即北部、东北部、中部、西部、东部和南部，各区根据本区的种植环境来有针对性地种植不同种类的蔬菜，以增加经济效益。豆制品是中国和东南亚等亚洲国家人民非常喜爱的食品之一，泰国也不例外。在泰国，一般逢重大活动，如喜庆节日等多食用很多甜点，这些甜点大多利用绿豆、饭豆等豆类作物作为原料制作而成。绿豆和黑吉豆等也被用来制作豆芽，普通泰国人几乎每天都食用绿豆豆芽，是当地百姓的主要蔬菜之一。

---

① 中华人民共和国商务部，http://www.mofcom.gov.cn/。
② 资料来源：泰国央行农业合作部农业经济办公室（the Bank of Thailand；Office of Agricultural Economics, Ministry of Agriculture and Cooperatives）。

（一）蔬菜

以34种主要蔬菜统计，1994—1995年常年种植面积为33.2万公顷，年总产量达392万吨。其中，种植面积前10位的蔬菜依次是辣椒（63 179.36公顷）、黄瓜（24 500公顷）、大蒜（22 741.6公顷）、玉米笋（21 359.04公顷）、西瓜（20 647.84公顷）、青葱（19 082.88公顷）、芥蓝（14 189.60公顷）和洋葱（11 423.52公顷）。年总产量前10位的蔬菜依次是西瓜（430 577吨）、辣椒（363 913吨）、大蒜（310 674吨）、黄瓜（268 119吨）、青葱（259 774吨）、生姜（191 481吨）、洋葱（183 832吨）、番茄（177 979吨）、芥蓝（172 937吨）和甘蓝（171 332吨）。[①]

形形色色的辣椒在泰国全国范围内都广泛栽培，主要供应当地市场，少量作为鲜菜或加工出口。各种类型、色泽的茄子全年均可在全国各地种植。番茄主要集中在东北部。黄瓜、丝瓜、苦瓜、冬瓜和南瓜几乎全国都能种植。西瓜主要集中在中部平原及东北部。甜瓜主要在北部。大葱和青葱主要在东北部和北部的清迈。洋葱主要在清迈和中部。这几种葱蒜类蔬菜中，最有发展潜力的加工产品是大蒜，可加工为大蒜泥、大蒜片、大蒜条等。叶菜类（芥蓝、大白菜、甘蓝、芥菜等）在中部全年均可种植。

泰国蔬菜生产主要以农民个体生产为主，但生产注重区域化、专业化、规模化。农民种的蔬菜产品多数卖给中间商或零售商，再由他们销到市场或组织运输、批发到全国各地。上市蔬菜都经过适当的采后处理和必要的包装，以尽可能保持蔬菜原有的外观、新鲜度和营养价值。对于一些加工蔬菜，如番茄、石刁柏、玉米笋等，许多加工厂直接与农民签订合同，为农民提供加工所需的种子、其他生产垫本以及技术指导等，农民生产出来的蔬菜全部交给加工厂。此外，也有一些加工厂通过中间商收购农民的产品，中间商与农民订合同，为农民提供种子、技术和生产垫本，农民生产出来的产品由中间商收购，中间商再卖给加工厂。

泰国蔬菜生产以满足国内消费为主，同时，出口蔬菜发展迅速。据统计，在1981—1990年间，泰国出口蔬菜的产值平均每年为3 164万美元，平均每年以2.87%的速度增加。出口蔬菜包括加工蔬菜和鲜菜，其中75%以上为加工蔬菜，主要有速冻蔬菜，如石刁柏、青花菜、玉米笋、花椰菜等；罐藏蔬菜，如玉米笋、石刁柏、蘑菇、香菇等；菜汁，如番茄汁、豆浆等。出口新鲜蔬菜的主要品种有

---

① 中国驻泰国大使馆经济商务参赞处，http://th.mofcom.gov.cn/。

大蒜、香葱、番茄、马铃薯、蘑菇等。在1990年，鲜菜的出口量达3.23万吨，产值达1 054万美元。[①]

泰国的蔬菜病虫分布一般来讲北部病害重，南部虫害多。据统计，危害蔬菜的病虫害主要有50多种，其中，黄瓜细菌性萎蔫病、绵腐病、软腐病、枯萎病，南瓜的绵腐病，辣椒的炭疽病，茄子的黑斑病、黑腐病和菜蛾、蚜虫、斜纹夜蛾等危害普遍。泰国政府和农民非常重视蔬菜病虫害的综合防治，并向无农药污染的方向发展。主要措施有重视蔬菜病虫害的预测预报；使用高效、低毒、低残留农药；广泛使用生物农药；注重土壤消毒；实行蔬菜轮作；采用农药丸衣种子；覆盖除虫网纱；设置黄色吸虫板；严格执行农药安全使用间隔期等，以确保消费者食菜安全。

泰国蔬菜种子业较发达，全年适于蔬菜种子繁育。其中，北部为高海拔山区，适于蔬菜及瓜类杂交种子繁育；东北部清迈等地雨水较多，主要繁育叶菜类种子；西北部雨水较少，主要繁育瓜、豆类种子；中南部濒临大海，属海洋性气候，气温偏高，一般繁育常规种子。

泰国从事蔬菜种子繁育、经营的种子公司主要有13家（如正大集团、东西种子公司等），控制着泰国蔬菜种子生产、销售和出口的92%以上。由于泰国有良好的气候条件和廉价的劳力，美国、日本、香港、台湾等许多国家和地区均在泰国繁育种子。据1991年统计，泰国国内蔬菜生产用种约3 810吨。其中芥菜100吨，萝卜30吨，香菜200吨～300吨，洋葱1 000吨，生菜10吨，甘蓝10吨，芥蓝10吨，菜心30吨～40吨，青花菜500吨，西瓜8吨～10吨，黄瓜100吨，番茄100千克，辣椒500千克。泰国出口蔬菜种子约1 667.8吨，其中西瓜472吨，番茄53吨，玉米41吨，萝卜10吨，白菜4吨，芥菜6吨，黄瓜13吨；原种中生菜2 234千克，菜心2 849千克，辣椒1 854千克，叶菜1 123千克，芥菜582千克，花椰菜240千克。2012年主要蔬菜种类产量中葱类22万吨，大蒜8.5万吨，土豆13万吨，洋葱5.2万吨。[②]

泰国十分重视蔬菜科学技术研究，以促进蔬菜生产持续发展。各个单位或部门之间的合作研究是由蔬菜研究发展协调小组委员会协调进行。小组委员会由各大学和农业合作部各部门的代表组成，国家研究委员会作为协调机构。农业司所

---

① 中国驻泰国大使馆经济商务参赞处，http://th.mofcom.gov.cn/。
② 资料来源：泰国农业合作部农业经济办公室（Office of Agricultural Economics, Ministry of Agriculture and Cooperatives）。

属研究所的研究主要集中在辣椒、白菜、芥蓝、萝卜、芥菜、石刁柏、苦瓜、黄瓜、南瓜、大蒜、洋葱、葱、姜、马铃薯、甘薯、番茄、榨菜以及地方特有蔬菜。蔬菜研究所需经费由国家、地方等无偿提供，研究手段、设备先进，生活待遇高。

目前，泰国开展的蔬菜研究主要有高产、优质、高效蔬菜新品种选育及种子生产技术研究；抗病虫和环境因素的蔬菜品种资源的评价、筛选和利用；栽培技术的改进，如肥水管理和杂草控制以及合理灌溉的研究；病虫害综防技术的研究，包括生物防治、农业防治、减少杀虫剂的使用量等；实用、低成本的采后处理技术研究；简易蔬菜加工技术的开发研究；各种适用蔬菜机械设备的研制等。

（二）豆类

泰国的主要食用豆类作物除大豆和花生外，主要为绿豆、黑吉豆、饭豆、普通菜豆和豇豆。[①]

绿豆曾经是泰国第一大豆类作物，1988—1991年间种植面积曾经达到4 500公顷，不过在1999—2001年间降低为2 900公顷，2010年降低为1 400公顷左右，目前稳定在这一面积。种植面积缩减的主要原因是在旱季绿豆被水稻所代替，而在雨季则被甘蔗和向日葵所代替。在过去的30年中，绿豆的产量从600千克/公顷增加为800千克/公顷，年总产量约10万吨。[②]在泰国，温度和土壤都适宜的条件下绿豆1年可以种植3次，但一般绿豆品种均不能忍受低于15的温度，在泰国北部16°～20°北纬之间，一般在旱季要推迟到1月底至2月初种植，以避免低温对绿豆早期生长的影响。大约80%的绿豆是在早期雨季播种作物如玉米、大豆、芝麻收获后再进行播种的，这些绿豆在10月和11月可以利用一年中剩余的光照。这一季节生长出的绿豆质量较好，可以满足豆芽生产的质量要求。绿豆的主要消费方式为面条、豆芽和直接蒸煮食用。泰国的绿豆80%用于内销，其余20%用于出口，主要出口的国家和地区为印度、中国香港、菲律宾，泰国有时也从中国进口一些高质量的绿豆来制作豆芽。泰国绿豆一般的生产区域集中于中部和北部地区，面临的主要生产问题是在3月中旬绿豆收获时会有突然的阴雨天气，主要危害绿豆的病害有叶斑病、白粉病、病毒病，主要虫害为豆象、豆荚螟、苍蝇等，主要研究单位为泰国农业部和泰国农业大学。

---

① 泰国一般把大豆和花生也算作豆类作物，由于国内食用豆一般把大豆和花生单独算作一类，故这里沿用国内习惯，仅讨论除大豆和花生外的食用豆类作物。

② 资料来源：泰国农业合作部农业经济办公室（Office of Agricultural Economics, Ministry of Agriculture and Cooperatives）。

黑吉豆是泰国目前第一大豆类作物。目前栽培面积约为 10 000 公顷。黑吉豆的产量约为 850 千克/公顷，比绿豆稍高。黑吉豆在泰国生长期约为 90 天，比绿豆晚 15～20 天。大约 80% 的黑吉豆和绿豆是在早期雨季播种作物如玉米、大豆、芝麻收获后再进行播种的，这些黑吉豆在 10 月和 11 月可以利用一年中剩余的光照，生长出的黑吉豆质量较好，可以满足豆芽生产的质量要求。黑吉豆主要消费方式为豆芽。泰国的黑吉豆 90% 用于内销，其余 10% 用于出口，主要出口的国家为印度、斯里兰卡、日本，主要危害黑吉豆的病害有叶斑病、白粉病，主要虫害为豆象、豆荚螟等，主要研究单位为泰国农业部。[①]

饭豆在泰国的栽培面积约 7 000 公顷，主要栽培于泰国北部，多以地方品种为主，产量约为 1 000 千克/公顷，主要用于做一些甜点等，泰国的饭豆 70% 出口到印度和日本等国。[②] 饭豆一般病害较少，苍蝇和豆荚螟是饭豆上的主要虫害，主要研究单位为泰国农业部。

泰国其他食用豆类包括普通菜豆、木豆等。普通菜豆一般栽培面积在 4 000 公顷左右，主要集中于北部冷凉山区，多以地方品种为主，产量 1 200 千克/公顷，总产量 4 800 吨，主要用来做一些甜点，主要虫害为豆荚螟，主要研究单位为泰国农业部。长豇豆在泰国主要为蔬菜，栽培面积约 4 000 公顷，全国均有种植，以商用品种为主，鲜荚产量 10 000～20 000 千克/公顷，总产量 20 000 吨；[③] 一般可生吃或炒熟食用，正大蔬菜种子公司等主要经营该类蔬菜良种；主要虫害为豆荚螟；主要研究单位为泰国农业部和泰国农业大学。木豆在泰国也有少量栽培，一般集中于北部山区。由于处于热带地区，泰国目前没有蚕豆、豌豆等冷季豆类，小豆也没有商品化种植，泰国中部和北部地区在适宜季节小豆能够正常生长和成熟。

在泰国，限制食用豆发展的最主要因素有食用豆价格、劳动力成本、居民消费习惯、国内外形势等，而具体对食用豆的产量来说，病虫害及轮种制度的需要等也成为限制泰国食用豆进一步发展的主要因素。由于泰国在东南亚地区经济发展水平仅次于新加坡而高于其他国家，一般该国劳动力成本也高于邻近国家，特别是由于邻国缅甸近年绿豆等食用豆无论是在种植面积还是产量都有了一个很大

①　资料来源：泰国农业合作部农业经济办公室（Office of Agricultural Economics, Ministry of Agriculture and Cooperatives）。
②　资料来源：泰国农业合作部农业经济办公室（Office of Agricultural Economics, Ministry of Agriculture and Cooperatives）。
③　资料来源：泰国农业合作部农业经济办公室（Office of Agricultural Economics, Ministry of Agriculture and Cooperatives）。

的提高，极大地压缩了泰国食用豆的出口市场。

从泰国国内市场来看，目前一般绿豆价格约为35泰铢/千克，价格约为大豆的1.5倍，与大米、玉米等其他作物相比，比较效益仍然偏低，这就造成泰国食用豆种植面积逐年缩小，但是由于泰国北部多为山区，种植水稻等有一定困难，加之泰国对部分食用豆的一定需求，故北部地区如清迈、清莱等地仍然种植一定的食用豆。另外，从种植时间来看，泰国食用豆一般在旱季也就是每年的2～5月种植1季，另外在雨季末期也就是10月底水稻或玉米收获后仍然种植1季食用豆，而该季食用豆由于气候等原因而导致绝对产量偏低，这也是泰国食用豆平均产量稍低于我国的主要原因。

从泰国的气候条件、土壤耕作制度和土壤情况以及其他主要农艺因素考虑，泰国食用豆的主要育种目标集中在以下方面。一是高产、高效新品种选育。泰国食用豆的产量目前仍然处于较低的水平，选育高产品种有可能使泰国食用豆产量提高50%左右。另外，对于绿豆和黑吉豆等主要用来做豆芽的品种来说，选育高出芽率（豆芽产量高）的品种也需要引起重视。二是抗病虫品种的选育工作。由于地处热带，泰国食用豆的病虫害种类和危害程度都大大高于我国，因此进一步选育抗病虫品种也非常重要。就目前情况对绿豆来说，主要应针对抗豆象、抗白粉病进行新品种的选育工作。三是抗盐碱育种。泰国不少地区属于高盐碱地区，不少海边地区目前尚没有进一步开发，泰国各级政府希望利用绿豆等食用豆进行盐碱地的土壤改良工作，但目前缺少抗盐碱的食用豆新品种。当然，其他次要育种目标如品种、商品性、其他耐逆性状、一次性收获等也是育种家所必须考虑的问题。

与缅甸、中国相比，泰国劳动力成本偏高，故今后一段时间内泰国食用豆的发展仍然以高品质的产品内销为主，出口产品由于在价格方面不具有竞争优势，因此想提高到一个新的水平有一定难度。泰国发展食用豆主要优势有以下几条。第一，泰国本身对食用豆需求巨大。由于民众的消费习惯等因素，目前泰国普通民众普遍喜爱食用豆特别是绿豆及其相关产品，所以有着一定的市场需求。第二，泰国长期养成的进行食用豆无公害和绿色生产给食用豆提供了很高的品质保证。在泰国，普通民众也知道不使用高毒和高残留农药，尤其是如豇豆等菜用豆类，大多菜用生物防治为主，提高了泰国食用豆的产品质量。这为泰国食用豆的长期发展和出口外销提供了可靠的质量保证。第三，泰国的一年多熟制的气候条件和种植方式为食用豆的生产提供了可能。由于多数食用豆一般一年可以种植2～3季，加上中间套作和土地可持续发展的需求，泰国发展食用豆的成本不高，由于可以进行多熟制，泰国绿豆的生产和发展得到了一定的保证和发挥。

三、经济作物

泰国主要的经济作物有橡胶、烟草、甘蔗、原麻、花卉等。橡胶是泰国仅次于大米的重要农产品，也是20世纪60年代泰国政府推行农业多元化战略后最先动摇大米在农业中的统治地位的经济作物。烟草是泰国的传统农作物，主要出产于泰国北部和东北部。甘蔗主要分布在泰国中部平原边缘的丘陵地带，东北部和北部的部分地区也有种植。此外，泰国种植业中还包括原麻、花卉、油棕、棉花、咖啡等，这些农作物也在泰国传统农业经济中占有相当比重。

（一）橡胶

19世纪末，英国种植园主将橡胶种植技术传入泰国。20世纪30年代，泰国就开始在南部地区大规模种植橡胶，由于气候适宜，泰南今天仍然是橡胶的主要产区，橡胶种植面积达全国种植面积的90%。20世纪50年代，受朝鲜战争的影响，国际市场对橡胶的需求量猛增，泰国橡胶种植业开始迅速发展。到1983年，橡胶种植面积增至142万公顷，产量提高到59.4万吨，两项指标与20世纪50年代初相比翻了两番。[①]

与稻谷生产形成鲜明对比的是，泰国橡胶的单产量远远高于国际平均水平，居世界前列。2003年，泰国橡胶种植面积188万公顷，占全球橡胶总种植面积的23%，与印度尼西亚267.5万公顷的种植面积相比少了近1/3，但泰国却是全球最大的天然橡胶生产国，2003年的天然橡胶产量261.5万吨，占全球天然橡胶总产量的35.2%，而印度尼西亚却仅以179.2万吨的产量位居第二。这一成就是与泰国政府的高产政策分不开的。早在1960年，泰国政府就颁布了《橡胶园更新基金条例》，并成立了扶助橡胶园更新管理局，积极推广高产橡胶树种。不过，由于橡胶树更新周期比较长，从新栽树种到可以割胶大约要经过5～7年的时间，所以直到20世纪80年代初，高产政策的成效仍未显现，单产量一直徘徊在每公顷350千克到400千克之间。但从80年代中期开始，泰国天然橡胶单产量迅速提高，

---

① 资料来源：泰国农业合作部农业经济办公室（Office of Agricultural Economics, Ministry of Agriculture and Cooperatives）。

1990年已增至每公顷1 013千克，到2000年更提高到每公顷1 521千克。所以，尽管80年代中期以来泰国橡胶种植面积只增加了约10%，但产量却在20年的时间里翻了两番。[①]

　　泰国是全球最大的天然橡胶出口国，生产的天然橡胶90%用于出口，年出口量占到全球天然橡胶总出口量的近一半。2003年泰国的天然橡胶出口量310.8万吨，出口额近28亿美元。2011年泰国橡胶总产量357万吨，出口299.7万吨，出口金额130.4亿美元。[②] 由于目前全球天然橡胶的70%用于汽车生产（其中仅轮胎生产就占了48%），所以汽车工业的发展也就直接影响到对天然橡胶的需求。近年来，随着中国汽车工业的高速发展，中国对天然橡胶的需求迅速增加，产量却一直停留在50万吨的水平，需求缺口不断扩大。2003年，中国取代日本成为泰国天然橡胶最大的进口国，进口量占到泰国天然橡胶总出口量的25.71%。[③]

（二）烟草

　　20世纪80年代以前，泰国主要依靠扩大种植面积增加烟草产量。60年代初，泰国烟草种植面积约4万公顷，产量3万吨左右。到70年代末，尽管种植面积扩大了1万公顷，但产量却只提高到8万吨左右。80年代后，泰国开始重视种植技术，单产量不断增加，所以尽管种植面积逐年减少，但产量却没有明显下降。2003年，泰国烟草种植面积4.1万公顷，产量6.5万吨，其中白肋烟占47%，烤烟33%，香料烟12%，黑色晾烟8%。泰国是全球重要的烟草出口国之一，不过近年来出口量有所减少。2002年泰国烟草出口2.9万吨，出口额0.676亿美元。

　　泰国种植了3种主要的烟草——弗吉尼亚烤烟、晾晒白肋烟和香料烟。弗吉尼亚烤烟拥有长期的生产历史，白肋烟是产量和当前价值方面最重要的烟草品种，香料烟是最令人着迷的烟草品种，为泰国提供未来发展的机会。不同类型的烟草年产量差异很大，在过去的5年中，烟农分别生产了1.5万吨、4万吨以及6 000吨到7 000吨的弗吉尼亚烤烟、晾晒白肋烟和香料烟。在泰国北部和北部中央部分，大约有10万名烟农，种植弗吉尼亚烤烟和白肋烟，在泰国的东北干旱地区还有2.5万名烟农，东北部是面积虽小但是非常重要的香料烟种植地区。估计大约有50万泰国人以烟草种植和生产赖以生计。种植烟草的农场所拥有的土

---

① 资料来源：泰国农业合作部农业经济办公室（Office of Agricultural Economics, Ministry of Agriculture and Cooperatives）。
② 资料来源：中国驻泰国大使馆经济商务参赞处，http://th.mofcom.gov.cn/。
③ 资料来源：中国驻泰国大使馆经济商务参赞处，http://th.mofcom.gov.cn/。

地面积通常非常小，每个烟农拥有0.4公顷到0.8公顷的土地。[①]

泰国的烤烟烟草带主要位于北方省清迈和清莱，在有利于传统的弗吉尼亚烤烟土壤上，作物生长情况良好。这些土壤通常本身不肥沃，但是土壤成分很好。此外，在季末，当烟草生产过程结束收割了烟叶后，土壤不会释放作物能捕获的氮气。北方的"首府"城市清莱是泰国烟草业的新中心，弗吉尼亚烤烟的生产集中在清莱、帕尧、南奔和南邦等省。

泰国北方通常种植两季弗吉尼亚烤烟，一季作物种植在不种植稻谷的土地上，第二季作物是大约90天后种植在收割稻谷后的稻田中。泰国的弗吉尼亚烤烟烟草，特别是它是季节性作物，以纹路和良好的质地而闻名。

从销量和价值上看，泰国的白肋烟，现在占到了世界白肋烟产量的5%，被许多东盟国家认可为是目前最重要的而且有潜力的国产烟草。白肋烟主要生长在帕府、乌泰他尼、素可泰、碧差汶和达等省的北部低地。

（三）甘蔗

20世纪60年代中期开始，甘蔗种植面积在政府的推动下迅速扩大，满足了迅速发展的制糖业对原料的需求，有力地支持了泰国蔗糖出口的增长，可以说是"以农扶工"经济发展战略的成功实践。60年代初，泰国甘蔗种植面积仅6万公顷，产量不到200万吨。到80年代初，种植面积已超过50万公顷，产量增至2 400万吨以上。在政府的规划下，主要采取大面积集中种植甘蔗的方式生产，蔗农的户均种植面积为24.7公顷，有利于机械化耕种和灌溉，能利用规模效益有效降低生产成本，同时能为泰国制糖业提供充足而廉价的原料。90年代以来泰国甘蔗种植业继续保持快速发展势头。2003年，甘蔗种植面积已增至97万公顷，总产量6 440.8万吨。[②]

（四）原麻

泰国的原麻分为槿麻和黄麻，其产量分别占原麻总产量的94%和6%，但黄麻在质量上优于槿麻。原麻主要种植在东北部各府，中部地区也有部分种植。80年代以前，泰国原麻主要用来制作装大米的麻袋，为了满足大米出口需求，泰国加快原麻生产步伐，原麻种植面积迅速扩大到350万莱。80年代以后，由于合成

---

① "泰国烟叶发展面临新威胁"，烟草在线，http://www.tobaccochina.com/news_gj/leaf/wu/20114/2011428161720_461549.shtml。
② 资料来源：泰国农业合作部农业经济办公室（Office of Agricultural Economics, Ministry of Agriculture and Cooperatives）。

纤维的发展，合成纤维包装袋部分取代了麻袋，致使原麻生产下降。种植面积也下降到100万莱左右。政府也减少了对原麻的价格补贴，引导农民种植其他农作物。①

（五）花卉

鲜花是泰国重要出口商品。泰国出口的花卉主要是兰花。目前泰国约有200个兰花种植场和一批种植兰花的小农户。运输和销售则由一些专营公司负责，形成了产、运、销配套的专业化系统。60年代初期，泰国开始小批量出口兰花。70年代以后，出口势头一直看好，1980年出口量达4 483吨，价值42.2亿铢。1990年出口量上升到1.167万吨，价值55.2亿铢。2003年出口量达1.7 411万吨，价值137.9亿铢。目前泰国和新加坡以及美国的夏威夷已成为世界上三个主要的兰花生产地，泰国鲜花主要出口的是日本、美国、意大利、中国、中国香港和中国台湾等国家和地区，出口所占比率分别是26.59%、17.04%、16.53%、13.56%、6.57%和6.06%。每年圣诞节前夕至元旦是兰花出口的黄金季节。②

四、水果

泰国是著名的"水果之乡"，出产的热带水果不但品种齐全，而且产量很大。泰国是全球最大的菠萝生产国。2003年泰国菠萝种植面积8万公顷，占全球种植总面积的10.2%，产量170万吨，占全球总产量的11.5%。泰国还是东亚最大的芒果生产国，2003年种植面积29万公顷，占东亚种植总面积的44.5%，产量175万吨，占东亚总产量的46%。③此外，由于气候适宜，泰国水果品质普遍较高，"果中之王"榴莲、"热带果后"山竹、红毛丹等特色水果更是享誉全球。

泰国政府很重视水果品种的改良工作，通过提高水果的质量和产量来增强市场竞争力。以荔枝为例，荔枝是泰国于19世纪从中国引入的，近年来种植面积稳定在1.1万公顷，但由于单产量的提高所以产量仍在逐年增加。2000年泰国荔枝单产量每公顷3 350千克，远高于中国的1 650千克。2012年芒果产量为300万吨，橘子18.5万吨，菠萝230万吨。④

目前，泰国水果出口额全球排名第17位，热带水果出口额则位居第4位，其

①　资料来源：泰国农业合作部农业经济办公室（Office of Agricultural Economics, Ministry of Agriculture and Cooperatives）。
②　资料来源：泰国农业合作部农业经济办公室（Office of Agricultural Economics, Ministry of Agriculture and Cooperatives）。
③　资料来源：泰国农业合作部农业经济办公室（Office of Agricultural Economics, Ministry of Agriculture and Cooperatives）。
④　资料来源：泰国农业合作部农业经济办公室（Office of Agricultural Economics, Ministry of Agriculture and Cooperatives）。

中榴莲、山竹、龙眼和红毛丹的出口量居全球首位，不过出口量最大的还是菠萝。由于新鲜水果不易保存，泰国出口的主要是经过加工的罐装、干制、榨汁等水果产品。2001年泰国出口芒果肉0.75万吨，占世界芒果肉出口总量的97.6%，出口额603万美元。而菠萝罐头则是目前泰国最大宗的水果出口项目，2002年出口量38.5万吨，占全球菠萝罐头出口总量的35%，出口额2.25亿美元。不过，近年来由于保鲜技术的进步和交通运输的改善，泰国新鲜水果的出口也在不断增加，2001年出口量已达24.8万吨，出口额1.06亿美元。2012年水果出口14万吨，出口金额280亿泰铢。[①]

第三节 林业

林业曾是泰国重要的经济部门。第二次世界大战后，随着木材生产的迅速发展，林业产值在20世纪50年代一度占到国内生产总值的5%。柚木更是与大米、橡胶、锡齐名的四大出口物资之一，是财政收入的重要来源。但是，泰国政府为了保护森林而颁布禁伐令后，林业逐渐势微，目前占GDP的比重还不足0.05%。[②]

一、林业发展概况

历史上，泰国一直是一个重要的原木出口国，木材出口在外汇收入中占有重要地位。1961—1965年年均木材出口额在200万～300万美元。之后泰国逐渐成为世界上木材和林产品进口较多的国家之一。1994年和1995年泰国林产品进口额分别为15亿美元和20亿美元，约占世界林产品贸易的1.5%。

（一）林业发展历程

泰国原本森林覆盖率较高，20世纪初曾经高达75%。1951年在泰国总面积中森林覆盖率达60%。但在20世纪60—70年代，森林面积却直线下降。到1981年，森林面积已降到1 609万公顷，此间平均每年减少65万公顷。泰国森林面积锐减主要有多方面原因。第一，人口增长过快。据统计，自1947年到1981年，泰国人口增长了2.7倍，其中经济活动人口增加了3倍，农业经济活动人口从774.2万上升到1 950万。这导致劳动力过剩和耕地短缺，进而造成毁林开荒的恶果。从

① 资料来源：泰国央行客户服务部（Customs Department, Compiled by The Bank of Thailand）。
② 田禾、周方冶：《列国志：泰国》，北京：社会科学文献出版社，2009年版，第192页。

耕地面积来说，1959年占全国土地面积的18.7%，到1984年，这个比例上升到44%。与此同时，森林覆盖率则从1961年的58.2%下降到70年代末的不足30%。[①]显而易见，耕地面积的扩大在很大程度上是以森林面积的减少为代价的。第二，工业、矿业、交通运输、灌溉、建筑业的发展也使森林遭到大面积破坏。其中公路建设和灌溉工程对森林的破坏尤为突出。50年代以后，泰国公路运输发展迅速，在主要公路干线的修筑过程中，大片森林被毁，有的公路干线两边甚至造成40千米宽的无林地带。水库的建设也是如此，一座大的水库从建筑时起就把周围的森林砍光作建设场地，当水库开始蓄水时，上游地带的大片森林也随之淹没。通常建一座大型水库被毁森林的价值就达数十亿铢。如果从生态环境上来看，这种损害几乎无法以价值来估算。第三，少数民族的游耕方式和盗伐森林也是泰国森林迅速减少的重要原因。在泰国北部、东北部等山区，居住着大批少数民族，他们的生产方式极为原始，大部分仍进行刀耕火种，在森林中进行游耕。据估计，泰国东北部呵叻高原等地有数百万山民在50万公顷的林地上进行游耕，使天然林受到极大破坏。尽管泰国政府在1913年就颁布了森林法，后来又不断修订，但滥砍乱伐和盗伐林木的现象仍没有得到根治。原因是森林管理机构的力量太弱，护林员太少，守护力不从心。另外，由于木材价格上涨，黑市交易很盛，进而刺激了盗伐活动。还有一个原因是农村中普遍使用薪柴作能源，薪柴采伐量很大，很多农民非法烧炭，森林受损严重。

森林被毁使林业发展受到很大影响，林业经济在国民经济中的作用日益下降。1951年，泰国林业产值占国内生产总值的11%，1961年下降到2.4%，1985年下降到1.3%，1990年更下降到0.3%，1995年只有0.1%。1954年，泰国主要工业用材柚木和央木的产量为65万立方米，1989年下降到17.4万立方米，1995年只生产了5 300立方米。其中柚木产量下降尤为严重，1954年柚木产量为35.9万立方米，1989年下降到2.6万立方米。出口方面的下降也很明显，从第二次世界大战前至60年代初期，柚木一直是泰国的主要出口商品，在出口中居前五位。到60年代末，出口量大大下降，而且还开始进口柚木，70年代初则完全禁止出口。泰国逐步从一个木材出口国转变为进口国。[②]

森林资源的减少还导致泰国从单纯出口原木转向出口木制品。60年代以前，

---

① 资料来源：泰国国家统计局（the National Statistical Office of Thailand），http://web.nso.go.th/en/stat_theme_agrfish.htm。

② 资料来源：泰国国家统计局（the National Statistical Office of Thailand），http://web.nso.go.th/en/stat_theme_agrfish.htm。

泰国林产品主要是经过粗加工的锯材原木，这种状况与当时的资源状况和工业发展水平有关。由于森林资源丰富，从19世纪以来，锯木业与碾米业兴起，成为泰国近代工业的主要部门，可以说是工业中的两大支柱。为了出口换汇，泰国政府对森林资源的开发长期以来几乎未加管理，从而使森林覆盖率急剧下降；到1969年，泰国锯木业已经明显感到原料不足，并开始从老挝和柬埔寨进口原木。由于多年来的片面发展，许多锯木厂因缺乏原料而经常停产，年产量不到生产能力的一半。进口原木加工成锯材后再出口的方式又面临着外汇短缺和进口价格较高的问题。因此，锯木业进退两难，出现长期停滞的局面。60年代初，泰国政府开始扶持木材加工业，使胶合板、刨花板、纤维板和纸浆工业逐渐发展起来。起初，这些行业生产的产品主要是用来替代进口，木材工业在出口方面仍无较大发展。1977年泰国政府禁止木材出口的法令颁布实施后，木材加工业迅速发展起来。其中以家具制造业的发展较为突出，其出口价值从1979年的3.8亿铢上升到1984年的11亿铢，占木材产品出口值的一半左右。1995年，家具出口值已高达206亿铢，主要出口到日本、美国、西欧、新加坡、中国香港等国家和地区。除家具外，还出口胶合板、饰面板、高档木门窗等木材加工产品。2012年林业产品出口总值为335亿泰铢。[①]

为保护珍贵的森林资源，杜绝毁林现象，泰国政府采取了很多措施，建立健全管理机构建立森林村，把森林租给企业，颁布《森林法》和《国家公园保护法》，甚至直接派军队进驻森林区守护等各种方式来达到护林目的。值得注意的是，这些措施从强制性的国有措施和颁布法令进行管制到采取温和的疏导方式，只要有利于保护森林资源，什么手段都可以采用。因此，在90年代林业年均出口额不到4 000万美元，同时，泰国还积极退耕还林，成为全球最多的15个发展中国家之一。[②]泰国政府几个比较有特色的做法如下。

第一，建立森林村。所谓森林村，是政府为控制滥砍乱伐森林和满足无地农民的需要而由森林管理机构建立的宜林宜农的定居点。这些村庄的居民大都是非法进入林区游耕的农民，为了使他们不再从事刀耕火种农业，政府采取承认既成事实的态度；把这些游耕者集中起来，在被他们侵占的林地上建立村庄，给予他们土地的终生租借权，并可以传给子孙后代。条件是，要在已遭到毁坏的林地上

---

① 资料来源：泰国央行客户服务部（Customs Department, Compiled by the Bank of Thailand）。
② 这15个国家中有9个在亚洲，其他8个国家是孟加拉国、中国、印度、印度尼西亚、韩国、缅甸、菲律宾和越南。

植树，采取林间耕作制种植庄稼。具体办法是，在植下树苗后的两三年内，农民可在林间空地上种植玉米等农作物，待树长到一定高度后，为了有利于森林地区的水土保持，就不许再在林间种庄稼，而是在保证居住区内80%的林地种树、林边留20%的地种庄稼的前提下，由林业管理机构出面雇用这些森林村的农民来看管林木，并允许他们得到一些森林的附产品，使他们把森林看作自己生存的物质基础，因此他们也就会尽力去保护森林。起初，森林村主要种植柚木，后由于林间空地不能长久种庄稼，一些地区的农民就在柚木林中种橡胶和油棕，这样就达到既造了林，又保持了水土的目的。建立森林村的措施从1968年开始实施以来，取得了一些效果，解决了一部分森林的种植、管理问题，并防止了在森林中搞刀耕火种。然而，泰国政府并未把这作为一项长远措施，也不准备扩大实施范围，而仅仅是作为一项权宜之计。

第二，鼓励那些把木材作为主要生产资料的工业部门购买林地使用权。由于泰国森林资源日益枯竭，木材加工业和与之有关工业的原材料短缺已成为一个重要问题。面对这种状况，政府的对策是要有关工业自己保护自己。按泰国农业合作社部部长的话来说，"这些工厂不能说，我们要在这里建一座工厂，政府必须为我们提供原材料。"政府只负责对森林资源加以保护。现在，泰国政府规定商业林可以出租或由工业生产部门购买。条件是，必须包采包种，由生产部门自己经营。目前，已有许多工业部门向政府购买了商业林，建立了自己的原材料基地，许多企业集团在购置的林地上种植了速生树木，有效地解决了工厂原材料问题。

第三，建立国家公园和野生动物保护区。泰国现在有45个国家公园和47个森林公园，还有185万公顷的野生动物保护区。泰国的国家公园与欧美的不同，它们不是作为休养和旅游之地，而更主要的是作为森林保护区。政府对国家公园和各类保护区制定了严格的法令，违反者重金处罚，同时加强对这些地区的管理，使人们在观念上对已划为国家公园或保护区的动植物资源另眼相看，不敢随意侵害。事实证明，已划为国家公园的森林较少受到破坏。

第四，对广大公民进行保护森林的教育。泰国林业管理机构对此非常重视，他们与泰国教育部建立了固定联系，由教育部负责在各级学校普及林业知识。同时，还组织志愿者行动起来，宣讲林业资源的重要性，提高人们对森林的公共意识。另外，还加强林业科学研究，把科研重点放在改良品种，提高木材产量、质量和抗病能力方面。对一些主要林木如柚木等，进行重点攻关，解决从栽种到成材中的一系列技术难题，为这些林木的种植提供科学方法。

以上措施有一个最大的特点，就是把国有森林同私人利益结合起来，实行私有化，以利于森林保护。近年来，由于实行了上述措施，泰国森林资源得到了一定程度的保护，滥砍乱伐现象有所减少，植树造林工作也取得了一些进展。进入90年代后，泰国政府的努力初见成效，森林每年减少的面积降到了10万公顷以下。近年来，随着国家环保措施的逐步落实，泰国的森林覆盖率明显回升。2005年，泰国的森林面积约为1 452万公顷，森林覆盖率已恢复至28.3%的水平。[①]

（二）林业发展构成

泰国林业发展构成中主要包括人工林、农用林、国家公园和天然林保护等几种模式。

1. 人工林

泰国由传统的木材出口国变为木材进口国，木材短缺是显而易见的。为解决木材短缺问题，20世纪60年代开始发展森林种植园。最早于1960年开始发展柚木种植园，但由于毁林严重，种植园发展缓慢。但是，在政府制订第一个国家经济和社会发展计划（1961—1966年）后，种植园发展速度加快，由发展初期皇家林业厅独家负责到1967年以后国有企业协助发展种植园和绿化项目。在造林过程中引进了Taugya系统。为解决游耕问题，允许农民在造林项目区从事农耕。当发现Taugya并不成功之后，对原有的Taugya进行了改进，给参加造林的农民发工资。1968年建立了第一个林业村，Taugya系统被引进到林业村的建设中，并在全国各地进行推广，鼓励如胶合板公司等国有企业参与林业村的建设和种植园的发展，但令人遗憾的是成功的例子并不多。

在政府部门发展种植园的同时，也鼓励私人在自己的农用地或租借地上发展种植园。造林树种采用乡土树种和外来树种。主要乡土树种有翅龙脑香、苏门答腊松、相思树及楝树等；主要外来树种有赤桉、银合欢和一些竹类品种。

2. 农用林

农用林有Taugya系统、游耕、农林复合经营、农场林、农田防护林等几种类型。

传统的Taugya系统允许农民在林木行间种植农作物，但不允许定居，且没有

---

① 田禾、周方冶：《列国志：泰国》，北京：社会科学文献出版社，2009年版，第192～193页。

任何的基础设施保证。改进后的Taugya系统把造林绿化与当地劳动力资源利用有机地结合起来。《森林法》规定，林地和森林属于国家所有，农民可暂时分配到0.6公顷的土地用于家庭庭院建设、发展庭院经济和其他用途，这块土地可以由后代继承，但不能买卖。一个经营区土地面积的大小取决于每年的造林面积和林木轮伐期。在每一个经营区内，政府提供如学校、道路、水库、电力、供水、医疗保健机构、庙宇和教堂等基础设施。同时，每个家庭允许有另外1.6公顷的土地用于造林或者从事农林间作。种苗由政府部门提供，造林密度由造林单位确定，这样，农民有足够的土地生产粮食，满足自身的需要。农民在对农作物进行精耕细作时，获得林木收益，取得了比较明显的造林保存效果。同时，农民还可以得到工资和奖金及其他社会福利。

游耕在泰国历史悠久，从低海拔地区到高山地区的所有林区都存在着游耕，但主要发生在少数民族地区，尤其是山区部落和北部少数民族地区。游耕的主要特征是利用森林地被植物作为肥料进行耕作，无固定的周期，有时农民又回到原来的地方从事游耕。目前，由于限制游耕和巨大的人口压力，游耕周期趋于缩短，最短的为4年。有些地区，几乎没有可供游耕的林地，农民不得不定居下来。从森林资源管理的角度来看，游耕是泰国森林资源减少的主要原因之一。当局已采取一系列措施禁止游耕作业，发展果树、茶、咖啡和其他多年生的经济作物，代替一年生农作物，尤其禁止非法的鸦片生产。

泰国农林间作的主要特征是林木与果树或蔬菜间作，即在可可和长周期的林木下层种植咖啡、胡椒和其他耐荫品种，也有下层养鱼等。这种经营方式把森林培育与农作物生产有机的结合起来，使农民在从事木材生产的较长周期中，可获得其他经济来源。农林间作的缘由多种多样，如土地归国家所有，或者法律规定一些林木禁止采伐等。另外，泰国还开展林牧结合的牲畜放养方式。在通常情况下，牲畜在共有土地上放养，但是，雨季因放养面积减少，允许一些农民在天然林或政府的种植园内放养牲畜，也有的在私人的可可种植园内种植一些耐荫树种或牧草供养牲畜。

所谓农场林，即农民在农地上种几年农作物，产量开始下降后便改为造林。近年来，农场林越来越普遍。农民在自己的土地上造林，也在租借地上造林，主要造林树种有木麻黄、赤桉等。泰国锡拉浪（Silalang）地区的农场林发展较为迅速，其主要原因在于政府对于造林给予每公顷约3 000泰铢的补贴，而且，该地区造林地的农作物产量已开始下降，而经营柚木种植园较经营农作物更加有利可图。农场林的主要特征是纯林，一些地区也有农作物与林木间作或林木与鱼塘间作。最近几年，在一些薪材短缺的东北省区，实施了名为村庄小片林的项目，由皇家林业厅提供树苗，在村有土地上造林。

营造农田防护林的目的主要是保护农田、作为绿篱和农田边界，同时提供食品、橡胶和薪材等。主要造林树种有刺桐、五雄吉贝木、铁刀木、银合欢、雨木、扇叶树头榈等。

3.国家公园

为保护生态系统，截至1995年5月，泰国皇家林业厅已建立79个国家公园，其中64个为陆地国家公园，面积为402.08万公顷；15个湿地国家公园，面积为30万公顷，合计约占全国总面积的9%。另外，还有38个陆地国家公园（占地为52万公顷）和4个湿地公园（占地3万公顷）正在建设之中。[①]

4.天然林保护

经过20多年的商业采伐后，泰国的森林资源遭到严重破坏，雨季造成的泥石流和洪水给国民经济与人民生活带来严重影响，尤其是1988年在泰国南部爆发大洪水的直接原因就是毁林。因此，泰国政府决定，从1989年1月起，在全国范围内禁止商业采伐，成为亚太地区第一个全面禁止商业采伐的国家。

泰国全面禁伐后，社会、经济和环境受到正负双方面的影响。首先，毁林得到一定程度上的遏制，毁林率由80年代的1.7%降至90年代的0.3%，毁林率低于禁伐要求的0.86%，森林资源得到一定程度的保护，森林生态环境恶化也得到一定的遏制。但另一方面，由于实施禁伐，国内木材供给量下降，木材供需矛盾尖锐，价格上扬，在一定程度上刺激了森林的非法采伐。1980年非法采伐量为合法采伐量的2倍左右，而禁伐后的1990年达到了6倍多。禁伐还导致1989年和1990年原木进口增加4倍，对周边国家的森林资源保护带来消极影响，引起"毁林跨边界传递"。[②] 同时也导致缅甸、越南、老挝、马来西亚等周边国家和亚太地区的其他国家纷纷采取措施限制向泰国出口木材。斯里兰卡、印度、尼泊尔、新西兰、菲律宾、澳大利亚等国家也部分的或全面的禁止了天然林采伐。这一系列变化使泰国的木材供应前景未卜。

---

① 资料来源：泰国国家统计局（the National Statistical Office of Thailand），http://web.nso.go.th/en/stat_theme_agrfish.htm。

② 资料来源：泰国国家统计局（the National Statistical Office of Thailand），http://web.nso.go.th/en/stat_theme_agrfish.htm。

二、林业管理机构与政策

1895年以前，泰国森林所有权主要掌握在各府的当权者手里，他们除了把自己管辖地区的柚木等珍贵林木据为世袭财产，向申请采伐的商人们征收税款外，对其他林地几乎不加管理，任人采伐。1895年，泰国政府聘请了英国林业专家史拉迪到泰国主持林务，他建议国王把森林收归国有，同时于第二年帮助泰国政府建立了"泰王国林业总局"（又译为"泰皇家林业厅"），对全国森林进行统一管理，并开始对树木采伐征收木材税。第二次世界大战以后，泰国政府进一步加强了对林业的管理。1956年，他们在农业部中增设了森林工业厅，与农业部的林业总局一起负责森林的管理和木材的加工生产。目前，泰国林业主要由这两个机构领导，林业总局隶属于农业合作社部，设有秘书处、财务处、人事处、法律处、计划处、培训处、森林保护办公室、林业研究办公室、造林办公室、信息办公室、自然资源保护办公室、区域林业办公室等部门，在全国各地设有下属机构。地方一级的林业机构有省林业机构和区域林业机构。林业总局主要职责是根据国家有关法律制定相关的法令和政策；促进自然资源保护，对林区生态系统进行监测；开展林业和野生动物保护方面的科学研究、培训、科学实验及技术推广；根据农业合作社部部长和内阁的授权，进行相关法律的执法与司法工作。林业总局管辖着2 560万顷森林，总局下辖21个分局和634个地方林业局，这些机构有近万名职员，主要工作是清查森林资源、森林经营、林业研究和利用等。森林工业厅则负责采运加工业务，同时也负责护林和林业研究工作。

在泰国林业部门成立之前，所谓的林业不过是掠夺性的开发利用，除了树种选择利用的有关政策外，基本上没有什么林业政策可言。1896年泰王国林业总局正式成立后，为保护森林资源和控制森林采伐，于1913年制定了《森林保护法》，规定了森林采伐规则。1941年又颁布了《森林法》，限制森林资源的利用。1960年颁布了《国家公园法》，建立4个国家级森林公园、18个地区级森林公园和2个树木园，并禁止森林公园内进行一切砍伐利用活动。1961年颁布了《野生动物保护法》，建立禁猎区9.63万公顷。随着环境保护的升温，1989年泰国政府通过了《社区林业法案》，但该法案引起了社会上激烈的争论，问题的焦点在于社区居民能否生活在国家公园或保护区内。社区居民认为，他们长期生活在那里，而国家公园与保护区是后兴建的，所以他们理应生活在国家公园或保护区内；城市方面则认为，社区居民生活在那里，保护区难以达到保护的目的，并且有可能恶化生态环境，应尽快迁移出国家公园或保护区。

1997年社区居民与非政府组织另外提出了一部《泰国社区林业法案》，内阁已通过，但未获得议会批准。社区居民希望生活在国家公园或保护区内，并希望社区林业法案在制定过程中能更多地吸收他们的意见，确定土地的权属，保证社区居民的土地所有权和使用权，在生物多样性保护的同时，使社区居民获取更多和更为直接的利益。1997年4月社区居民获得在国家公园与保护区生活的权利，但是必须提供他们在林内已经生活了5年或5年以上的证明。

从泰国林业立法过程可以看出，19世纪末期泰工国林业总局成立后，林业政策主要围绕着森林资源保护这一核心问题。但是，在处理森林资源保护和利用的关系上缺乏协调性，引起了国家利益与社区利益之间的争执。为把森林资源保护与利用有机地结合起来，1982年泰国成立了一个主要由各部门政府官员组成的专门委员会，制定和修改国家林业政策。泰国现行的林业政策要点是：(1)把不低于国土总面积40%的土地作为林业用地，其中国有林面积的15%划为保护林，并根据《国家公园法》采取适当的措施加以保护管理，另外25%的森林根据《森林法》或政府的有关法令经营管理，主要满足经济目的；(2)根据国家森林政策，提出森林长期经营管理方案和森林资源保护计划；(3)采取特殊措施保护森林生态环境、土壤、水资源、野生动物和植物，减少水土流失等自然灾害；(4)改进林业行政管理体系；(5)坡度在35°以上的土地划为林地；(6)采取特殊的政策措施，促进私有林发展。

在亚洲开发银行和芬兰政府的资助下，1992年泰国开始制定《林业总体规划》，并组成了22个小组对林业发展有关问题进行专题调研。《林业总体规划》提出了15个项目，可归为三大类，即社会与环境、技术和制度等。社会与环境领域的项目包括自然资源保护、乡村林业的发展和城市发展等；技术领域的项目涵盖多功能林业的管理、人工林木材产品的开发等；制度领域的项目包括林业部门给予支持的制度框架等内容。1997年《林业总体规划》提交给国家林业政策委员会审议，并根据审议意见修改后，提交内阁审批。

目前，泰国林业政策的制定和实施还存在着一些限制因素，如林业政策与其他领域的政策有待协调；需要进行新的制度安排和能力建设，扩大参与式管理；天然林禁伐后，国内林产品供给能力明显下降和国内需求不断上升的矛盾越来越突出；人们对森林重要性和林业可持续发展的认识有待提高；非木材林产品对农村居民的贡献越来越大，但缺乏这方面的信息，等等。因此，泰国林业政策还有待进一步修改和完善，以适应今后林业发展的需要。

三、林业发展策略

为了恢复森林和保护生物多样性，以改善生态、经济和社会环境，泰国巧妙地运用皇室影响、政府法令、宗教信仰、社会舆论和民众热情，经过一系列运筹，成功地走出了一条颇具特色的科教兴林之路，以发展为契机有效地促进了种植、养殖、加工、森林旅游等行业的发展，从而为发展国家经济、推动社会进步和人类文明作出了贡献。

首先，培养林业人才。由于多方面的原因，泰国林业人才的培养曾走过国内培养规模小、层次低、专业窄、适应性差和国外培养成本高、人数少、流失大、收回率低的弯路。为了解决这些问题，有效地培养高层次林业科技人才，泰国政府采取了国内与国外培养相结合，自费与公费培养相结合，培养与吸引相结合的对策，拓宽了人才培养的渠道。先是国内培养，国家着力办好卡色萨大学林学院这一泰国最高学府。同时也通过朱拉隆功大学、清迈大学、孔敬大学、亚洲理工大学等院校培养了一批泛农林业科技人才。一个时期以来，泰国把林业高等教育的重点是放在森保、造林、流域治理和森林生物学等学科领域内，以此服从于国家恢复森林和保护生物多样性的宏观林业政策。同时，在办学实践中，林业高等教育注重因时因地制宜，在专业及学科领域内实现了向森林旅游、野生动物驯养、水产养殖、社会林业等方面的横向跨越。从总体上采取了淡化传统专业，促进学科合理交叉，开设新兴专业，拓宽专业口径，提高办学层次，加强素质教育，培养宽口径复合型专业人才的战略，较大程度地适应了泰国林业发展的需要。此外，泰国还通过官方或民间、自费或公费等多种途径向国外派遣了大批留学生。对于选派留学生，泰国采取了派往国别多样化，以博采世界各国之长，且对从各国学成归国的留学生一视同仁的政策，使留学生从各国学到的知识在为本国服务的过程中产生较大的互补性。

泰国对于人才的吸引，是通过全国上下共同努力实现的。国王每年都亲自为7所重点大学的数万名毕业生逐个颁发学位证书，体现了国家对人才的重视。泰国为知识分子就业提供的经济待遇明显高于普通劳动者。人才市场的竞争虽然激烈，但尊重知识和人才已在社会上蔚然成风，形成了有利于人才培养和吸引的大环境。正是这种环境改变了留学生以往滞留国外不归的状况，吸引了绝大多数留学生学成后纷纷回国服务。这种环境还促进了人才资源的合理配置，激励着一批批具有高学历的优秀林业人才奔赴山区、林区、基层和条件艰苦的生产第一线工作。这是泰国林业人才培养获得较大成功的一个标志。人才培养战略目标的实现，为科教兴林及其他战略计划的顺利实施奠定了基础。

其次，推动林业科技示范。泰国的林业科技示范分为国家级、府级、县级等不同层次。其中影响最大、效果最好且具有全局性、战略性示范作用的项目是国王项目。该项目克服了以往科技示范中缺乏典型性和针对性的弱点，具有选点准确、重点突出、集约组织、综合治理的明显特征。

国王项目是普密蓬·阿杜德国王亲自主持的皇家项目和皇家山地项目的统称。实施国王项目的目的是教育人民，恢复森林，改善生态环境，促进社会进步和经济腾飞。国王项目依靠皇家及国际组织提供的资金和技术来开展。其中皇家项目的实施在奇达拉达皇宫内，皇家山地项目的实施地则在泰北"金三角"一带。皇家项目的内容包括树木园、药用植物园和经济藤本植物园的营造，水稻种植研究所是以皇宫为基地的综合研究基地，被泰国科技界誉为解决此类难题的中心。

皇家山地项目从1969年开始起动，旨在通过扶贫攻坚，有效解决直接影响国计民生的生态环境恶性化和毒品泛滥等要害问题，为全国树立一个具有说服力的科教兴国的榜样。项目主要覆盖泰北"金三角"一带山区。该区具有四大特点：第一，该区是泰国纵贯南北的第一大河湄南河的发源地，其环境质量直接影响到包括曼谷在内的整个湄南河流域；第二，该区是泰国第一大林区，森林面积最广，但遭破坏也最严重，其水土流失，生态恶化不仅危害本地，而且殃及全国；第三，该区是多民族杂居之地，耕作方式落后，经济发展缓慢，民族关系复杂，人民生活贫困；第四，该区是泰国境内最大的毒品生产地，百姓惯于种植罂粟生产毒品，造成毒品泛滥、殃及全球，直接影响到泰国的生态、社会和经济环境，有损国家形象。

皇家山地项目采取禁导结合、帮教结合的策略。一是禁，即由政府颁布法令，严禁种植罂粟和乱砍滥伐；对需要出口的木材课以40%的重税，将进口木材税减为10%；对使用木材较多的火柴、造纸和铁路等部门实行投资造林责任制等。二是导，即营造各类示范林，在多处建成了延绵数千米的经济林果、花卉、风景林、水源林等示范基地，引导和指导山民们爱林护林、发展种植业和多种经营致富。三是既导又帮，即建设各类苗圃，为山民们提供经济林木树种、竹种、花种、菜种、菌种和技术，指导山民们通过种植腰果、龙眼、荔枝、咖啡、花卉、蔬菜、培育蘑菇和生产手工艺品等增收，使他们逐渐实现了花、果、菜种植产业化和规模化，促成个人收入的稳定。四是帮，即改善乡村道路、电力、仓库和排灌饮水等基础设施，优化当地生活和经济发展的环境。目前已实现各村各寨通公路，山民们家里买了汽车，建立起的电力和排灌系统方便了山民的生产和生活。汽车和公路成了山民们与市场及文明对接的桥梁。交通促进了流通，进而促进资源的合理配置和产业结构的合理调整。仓库促进了产品的规模化经营和商品化的实现。电力和煤气作为燃料使用，改变了山村的能源结构，薪柴消耗的减少，又反过来保护了森林。五是教，即通过兴办学校和建立合作社，普及教育和科技知识，利用现代科技指导农民进行产品深加工，如饮品酿制、果品加工、菜肴罐头加工、花卉保鲜包装出口等。如此帮教结合、智力扶贫、项目引路，大大提高了产品的商品率和利润率。

皇家山地项目实施以来，共建成了28个示范推广站。这些站点辐射到泰北的广阔山区，进而实施了大批子项目。该项目的直接受益面达300多个山村，直接受益人数达50 000余人。另有10 000多个农户在经济上间接受益。如今泰北"金三角"地区的罂粟种植量已减少到10%，森林覆盖率已恢复到76%以上。国王项目取得了良好的生态、经济和社会效益，收到了环保、扶贫、治愚、禁毒、致富五重效果，受到国民的争相效仿和国际上的好评，为林业科教兴国发挥了战略性示范推广作用。为此，普密蓬国王荣获了有"亚洲诺贝尔奖"之称的拉蒙·麦格赛赛奖。

第三，采取人本策略。为了解决森林资源消耗过大的问题，泰国政府在70年代中期就曾把发展林业生产、管理林地资源作为一项重要工作来抓，并于1975年设立了专门机构负责组织实施各项造林计划。然而，由于人口增长与人口周期性迁移等原因，农民侵占林地、盗伐木材、刀耕火种等行为严重威胁着森林资源，致使多年的造林成效甚微。这些情况的出现，究其主要原因就在于单一强调林业事业而忽略了与人相关的社会经济问题，尤其是人民生活的改善问题，核心问题是忽略了人这个带根本性的因素。

　　80年代以来，随着示范战略中皇家山地项目阶段性成果的取得以及印度等国"社会林业"新概念的引入，人本战略在泰国社会林业的实践过程中得到了实施。就本质而言，社会林业从理论到实践均更强调人本位的原则，即注重人的因素；注重决策的民主化、科学化，吸收当地农民参与决策管理；注重通过项目的实施来协调人们的利益关系，引导农民们走科技致富的道路，把他们的切身利益与林业的发展联系在一起，促使他们从毁林向爱林、护林和造林转变，化消极因素为积极因素，使参与林业建设成为当地群众的自觉行动，这其中就贯穿了人本战略的原则。

　　泰国的社会林业项目主要是应用社会林业的基本理论和方法，集中解决林业发展中的重大矛盾，如山区人民经济发展与林业发展的矛盾，流域区上游山民砍伐森林和游耕等给下游低地人民带来水土流失的矛盾，经营者直接受益与其他人间接受益的矛盾等。项目的实施步骤一般分为人员选择与项目准备、示范点评估、农林苗圃建设、小型土地管理方案设计、方案实施、项目推广等6步。此类项目有单独立项实施的，亦有与国王项目、环保项目和森林旅游项目相互交叉实施的。因此，人本战略对这些交叉项目也有相当的影响。人本战略促进了泰国社会林业的发展，而社会林业又促进了泰国森林资源的恢复和人工造林成果的巩固。全国造林面积已从1988年的646万公顷和1993年的810万公顷上升到现在约1 000万公顷，使人工造林占全国森林面积的比例上升到7%，全国森林覆盖率上升到29%左右。[①] 与此同时，村民们的生产生活条件得到了改善，生活水平进一步提高，民族矛盾得以缓和。

　　第四，实施保护措施。为了恢复森林和有效保护生物多样性，泰国政府把建立国家公园、森林公园、野生生物庇护区和禁猎区作为保护森林及其他自然资源的一项宏观保护战略来实施。

　　截至1993年，泰国共建立了77个国家公园，总面积达3928 350公顷，占泰国土地面积的7.65%；建立了48个禁猎区，总面积达417 088公顷。上述各种保护区的总面积共达7193 236公顷，占全国土地面积的14%。[②] 此外，国家还建立了几十个大象、鸟兽、鳄鱼、蛇类、鱼类等野生动物驯养基地和检验中心，政府在

---

① 资料来源：泰国国家统计局（the National Statistical Office of Thailand），http://web.nso.go.th/en/stat_theme_agrfish.htm。

② 资料来源：泰国国家统计局（the National Statistical Office of Thailand），http://web.nso.go.th/en/stat_theme_agrfish.htm。

机构设置、总体规划、税收政策、经费预算等方面鼓励和支持这些单位把野生生物资源保护与环境美化、设施建设以及为社会服务等有机地结合起来，使之互相促进，协调发展，相得益彰。为保障措施的顺利实施，从宏观上建立了泰国生态平衡、水土保护、环境美化和资源保护的骨干基地，同时也为泰国森林旅游业的蓬勃发展打下了坚实的基础。

第五，发展森林旅游替代产业。在泰国，森林旅游业也称作经济旅游业。它是以保护森林和增加收入为双重目标，作为林区居民就业增收的一种手段和对传统林业的一种替代战略而加以实施的。保护和增收是传统林业难以合理解决的一对突出矛盾。森林是居住在林区及其周围民众赖以生存的物质源泉。农用耕地的扩大和商业性采伐，虽能给山民们增收，但却无法不毁林。面对这类矛盾，传统林业曾长期处在困境之中。

发展森林旅游业，把提高经济效益与生态效益的双重目标有机结合起来，是泰国林业摆脱上述困境，实现可持续发展的明智选择，是一种不以土地为基础的发展林业的替代战略。总之就是一种以森林旅游为媒介，以保护为基础，以国家森林公园等自然保护区为载体，由政府与当地社区民众共同参与实行责权利共享的一种林业发展模式。随着交通，通讯及服务设施的改善和环境的美化，国家已分期分批地对外开放国家公园、森林公园等自然保护区，使之成为国家级旅游重地，受到旅客的青睐。

目前，从泰北群山到泰南海岛，从泰西北竹林区到泰东南海滨红树林区，到处可以看到兴旺发达的森林旅游业。林业正以森林旅游业为契机，以极大的科技含量对全国旅游业形成了多层次、大范围、全方位的渗透，以致让人们已无法分清旅游业与森林旅游业之间的界限。事实上，正是林业科技和科学管理促进了森林保护、环境美化以及种植业、养殖业、加工业、服务业和园林建筑业的协调发展，进而使森林旅游业成为传统林业的替代物和发展国家经济的支柱产业。如今众多的国家公园、森林公园、野生生物保护区、大象驯养场、蛇园、鳄鱼湖和各种花场已作为泰国重要的旅游景区。泰国美丽的山河湖海自然景观、扣人心弦的动物表演、独具匠心的园林造型以及浓郁的民俗文化，与其他游乐场所、名胜古迹、皇宫佛寺、购物中心等交相辉映，使泰国通过"风景出口和文化创汇"，实现旅游增收、保护资源、美化环境、发展经济等多重目的。

第四节 畜牧业

畜牧业在泰国虽有很长的历史，但一直都是家庭分散经营，以自给性消费为主，没有形成规模。从20世纪60年代末起，泰国畜牧业逐渐商品化，生产规模迅速扩大，并开始转向集约化经营，目前已形成以牛、猪和鸡养殖为主的生产布局。

一、畜牧业发展概况

泰国气候湿热多雨，植物茂盛，为畜牧业的发展提供了良好的自然条件。泰国畜牧业的主要动物种类有牛、猪、鸡、鸭，以及少量的马、羊和人象。其生产方式主要有机械化商品生产和一家一户的个体生产。第一种方式生产的产品完全作为商品提供给国内外市场，第二种方式生产的产品则自己消费或作为商品出售。

泰国的畜牧业产地主要有两个，一个是以呵叻高原为中心的东北部地区，该地区生产了全国1/3的猪和近一半的牛。另一个是以曼谷为中心的中部地区，这里集中了全国70%的鸡、蛋和1/3的猪牛生产。就全国而言，泰国全境共分为9个畜牧区。其中，种猪、肉牛和种牛主要集中在北部，蛋鸡、肉鸡、蛋鸭、肉鸭、肉猪和奶牛等主要集中在中部。饲料以本地生产为主，进口部分原料为辅。

从70年代以来，泰国畜牧业发展迅速，已从过去单纯小生产经营、自给自足型的产业，转变为多种生产方式并存的商品型生产部门，其产值在农、林、畜、渔第一部类产业中居第二位，仅次于种植业的产值。1990年，畜牧业在生产总值中所占比重约11.6%，其总产值约320亿铢。[①] 2008年，泰国畜牧产品的生产情况如图3-3所示。2012年鹅的产量为1 300万吨，禽肉10亿万吨，鸡和蛋1万吨，牛100万吨。[②]

---

① 资料来源：泰国国家统计局（the National Statistical Office of Thailand），http://web.nso.go.th/en/stat.htm。
② 资料来源：泰国农业合作部农业经济办公室（Office of Agricultural Economics, Ministry of Agriculture and Cooperatives）。

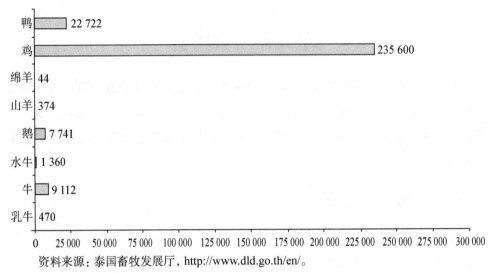

资料来源：泰国畜牧发展厅，http://www.dld.go.th/en/。

图3-3　2008年泰国畜牧业生产情况（单位：千头）

　　目前，畜牧业已成为泰国一个重要的出口创汇的生产部门，主要出口产品有冻鸡、猪肉和生猪、生牛皮毛等。1973年，泰国首次出口冻鸡，虽然出口数量很小，但却标志着畜牧业加工产品第一次进入国际市场。1977年，泰国冻鸡出口值达1.47亿铢，到1987年达40亿铢，1990年达77.51亿铢。泰国约有90%的冻鸡销往日本，其次为新加坡、香港、菲律宾、新西兰等地。近年来，泰国出口商已将视线扩大到中东地区。因为阿拉伯国家忌食猪肉，是促进冻鸡出口的一个大市场。但由于伊斯兰教徒需要按穆斯林仪式屠宰的"全鸡"，而泰国冻鸡不适合这种要求，因此，泰国正加紧研究中东市场的需求状况，力图在该市场上占有较大份额。

　　泰国畜牧业的另一项重要出口产品是猪肉和生猪、生牛。其中猪肉主要销往新加坡和中国香港。80年代末，由于泰国猪肉加工不符合国际出口卫生标准，猪肉一度不能出口，只能输出生猪、生牛代替，但这类产品在国际市场上不受欢迎。近两年来，屠宰业对设备和卫生作了较大改进，猪肉又开始有部分出口。2008年泰国畜牧产品出口额如表3-1所示。

表3-1　2008年泰国畜牧业出口情况

	出口数额（单位：亿泰铢）	所占百分比（%）
鸡肉	461	81.6
鸭肉	21	3.7

	出口数额（单位：亿泰铢）	所占百分比（%）
猪肉	18	3.2
牛肉	65	11.5
总量	565	100

资料来源：泰国畜牧发展厅，http://www.dld.go.th/en/。

值得一提的是，泰国畜牧业中还包括驯养大象。目前，泰国共有约3 000头大象，主要分布在北部和西北部地区，除役用外，泰国有关部门还利用训象在旅游点和节假日进行各种娱乐表演，吸引游客，增加收益。

二、主要畜牧产品

泰国主要牲畜品种有牛、水牛、猪和羊等。1990年到2007年间，牛的存栏数从566.9万头增长到648.1万头，增长14.3%；山羊从12万只增长到31万只，增长了158.3%；鸡和猪的存栏数也有较大幅度的增长，但水牛、绵羊、马和鸭的存栏数却大幅下降。从畜产品产量来看，总体上，1990年到2007年间，奶类总产量从13万吨增长到82.2万吨，增长了5倍多；肉类总产量从132.3万吨增长到220.4万吨，增长66.6%；蛋类则从72.5万吨减少到57万吨，产量下降了21.3%。分品种来看，鸡肉产量一直居于第一位，2007年为98.6万吨，比1990年增长了近1倍。从增幅来看，全脂鲜牛奶的产量增幅最大，从13万吨增长到82.2万吨；其次是猪肉，从33.7万吨增加到88万吨，而水牛肉则呈现下降态势，如表3-2所示。

表3-2　1990、2007年泰国主要畜禽产品产量对比（单位：万吨）

	1990年	2007年
水牛肉	136 620	61 700
牛肉	180 129	189 344
鸡肉	575 000	985 997
全脂鲜牛奶	130 278	822 211
鸭肉	91 300	85 000
鸡蛋	449 100	539 400
猪肉	337 499	880 000
蛋类	725 100	570 400

	1990年	2007年
肉类	1323 280	2204 071
奶类	130 278	822 211

资料来源：联合国粮食及农业组织（Food and Agriculture Organization of the United Nations, FAO），http://www.fao.org/home/en/。

泰国养牛业的发展经历了从生产性向商品性转变的过程。过去，牛被当作重要的畜力广泛用于稻田耕作而不是食用。为推动养牛业的发展，泰国政府引进美国、瑞士、德国、丹麦和澳大利亚的优良种牛，并采用杂交育种和人工授精的方式增加牛肉和奶制品产量，还改良了牧草，建立了国营牲畜站，扶持建立专业化经营的养牛厂和奶牛厂。20世纪80年代中期，泰国政府推行了"学生奶行动"，鼓励牛奶消费。不过，由于很多泰国人信奉观世音菩萨，不吃牛肉，造成泰国牛肉消费一直没有明显增长。因此，除牛奶生产外，泰国养牛业整体发展并不快。泰国全脂鲜奶产量已从60年代初的0.2万吨增加到2003年的62万吨。泰国的人均牛奶消费量也从1984年的2升提高到目前的15升。但泰国的牛肉产量增长并不高，60年代初为20万吨，到90年代中期为40万吨，而且近年来还由于疯牛病和口蹄疫的影响有所下降，2003年产量仅有27.3万吨。2003年泰国牛存栏共685万头，其中黄牛605万头、水牛80万头，不仅远低于90年代初1 200万头的总存栏数，甚至低于60年代初850万头的水平。[①]

泰国养猪业自20世纪70年代以来一直稳步增长，存栏数从1961年的328.6万头增长到2003年的705.9万头，而同期猪肉产量也从12万吨提高到64.2万吨。由于猪肉是泰国人的主要肉食，所以猪一直是泰国的主要畜产品。不过，以前泰国养猪主要采用"后庭饲养"的方式，用家庭废弃物和农副产品喂养，供自家消费。70年代初，养猪业开始商业化，但家庭小规模养殖的模式并没有改变，要依靠中间商进行收购。从80年代后期开始，专业化养猪业开始兴起，农村猪肉产量不断下降，大规模的商品猪场成为泰国猪肉的主要供给来源，目前80%的生猪生产已实现企业化经营。泰国生猪生产主要集中在曼谷周围的中部地区，产量占到总产量的36%～40%，这主要是由于曼谷是泰国最大的猪肉消费市场；其次是北部

---

① 资料来源：联合国粮食及农业组织（Food and Agriculture Organization of the United Nations, FAO），http://www.fao.org/home/en/。

地区，产量大约占到总产量26%～30%。泰国的猪肉主要用于满足国内需求，出口量很小，2002年仅出口1.16万吨，出口额2 031万美元，这主要是因为泰国生猪饲养成本较高，缺乏国际竞争力。[①]此外，泰国生猪疫病防治不力，屠宰厂和肉食加工厂卫生条件差等问题也制约着泰国猪肉走向国际市场。

泰国养鸡业是畜牧业中发展最快的产业，也是泰国参与国际竞争的成功典范。泰国目前是全球第七大肉鸡生产国和第四大肉鸡出口国。20世纪60年代初，泰国的鸡存栏数仅有4 000万只，鸡肉年产8万多吨。到2002年，泰国的鸡存栏数已增至2.35亿只，鸡肉产量更是猛增至132万吨，几乎是每10年翻一番。不过从2003年起，由于国际竞争日趋激烈，泰国肉鸡出口联合会开始有组织地限产，当年的鸡存栏数降至1.77亿只，鸡肉产量降至122.7万吨。泰国养鸡业可以说是在鸡肉出口的带动下发展起来的。1973年，泰国鸡肉首次走进国际市场，出口量仅137吨，但随即直线上升，到2003年已达到50万吨，约占全球鸡肉出口总量的8.5%，出口额9.8亿美元，比上年增长16.59%。这一成果是在泰国政府与企业的密切配合下取得的，在打开欧盟市场的过程中表现得尤为突出。欧盟对禽类的进口有着很高的检疫标准，此外还有动物福利、转基因、环保等多重贸易壁垒。为此，在政府的督导下，泰国企业从卫生入手严把质量关，保证了泰国鸡肉的高品质。政府则在对外谈判、技术协助和资金扶持方面成为企业有力的后盾，使泰国鸡肉成功进入欧盟的高价市场，并使泰国的鸡肉出口布局变得平衡而高效。目前泰国鸡肉约31.4%出口欧盟，53.7%出口日本，余下的14.9%出口到其他国家。此外，泰国还很注重根据国际市场的需要拓宽出口渠道。从90年代初开始发展起来的鸡肉熟食制品出口就是最好的例子。由于一些国家的熟食制品的进口关税较低，出口熟食制品不但能有效避开关税壁垒，还能增加鸡肉出口的附加值，带动国内相关产业并创造就业机会。从1991年到2000年，泰国的鸡肉熟食制品出口量已从3 088吨猛增到8.6万吨，出口额也从1 400万美元提高到2.2亿美元。[②]

三、畜牧业发展政策

泰国畜牧业在过去的几十年里取得了长足的发展，与泰国政府及有关部门所采取的政策和措施密不可分。

---

① 资料来源：泰国国家统计局（the National Statistical Office of Thailand），http://web.nso.go.th/en/stat.htm。
② 田禾、周方冶：《列国志：泰国》，北京：社会科学文献出版社，2009年1月第2版，第190～192页。

首先，政府的大力支持是泰国畜牧业快速发展的关键。泰国政府狠抓本国国情，从改造传统的农业入手，大力发展畜牧业，依靠"以农为主，以畜牧业为核心"的方针来实现经济的整体腾飞。其成功的经验在于政策的扶持，大力发展出口型农业企业，配合先进的基础设施和高新技术的有效推广，使农业产业结构得以优化，形成规模经营。如泰国肉鸡业能取得很好成绩，主要是政府、企业和社会各界团结协作，共同开拓国外市场和有效保护国内市场的结果。泰国向日本出口日本人喜欢的鸡腿肉，向喜欢鸡胸肉的欧盟等出口鸡胸肉，而在相对比较穷困的亚洲地区，销售的是翅膀等其他部位的产品。为获得对欧盟出口权，泰国农业部畜牧兽医厅和商业部、出口企业及养殖户三方联手收集相关资料，尽量准备齐全的答案。为了确保自己企业能通过欧盟国际性的严格检查，各鸡场、工厂按标准从打理到生产、从理论到实践一切从严要求，做好一切准备工作，因此能得以顺利通过。在出口遇到贸易壁垒问题时，泰国政府都会在对外谈判、技术协助以及资金方面给予企业有力的帮助。在关税方面，政府允许出口公司办理退税，从而起到推进出口的目的。同时，泰国政府对进口肉类食品制定了严格的规定。除泰国畜牧兽医厅授权许可外，严禁任何人进行来料加工或经泰国转口畜禽、冷冻肉，这对防范外国产品影响国内市场起到了有效的作用。国外的猪、鸡、鸭、蛋等，无论是主产品还是副产品，都无法渗透到泰国市场，使泰国的养殖业、饲料业平稳发展，农民的利益得到了保障。

其次，生产技术的推广应用和规模化、产业化的发展模式。泰国畜牧业已转向生产和出口高技术和高价位的产品。就其养禽业而言，其成功源于现代化的饲料生产体系，高质量肉种鸡及先进的管理技术的引进。在研究和发展上的投资促使养禽业的发展。另外，泰国有着大量熟练的劳动力，他们生产的畜产品可以参与国际市场中高水平的竞争。在饲养规模上，泰国家禽业经历了后院养鸡到独立的商品化养鸡场和联合养鸡场的转变，提高了其抗御市场风险和市场竞争能力。

最后，注重可持续性畜牧业发展。可持续发展畜牧业就是从特定的自然条件出发，正确处理资源与环境，利用与保护，当前与长远，生存与发展的关系，走出一条合理配置与利用资源，提高资源利用率，立足当前，兼顾长远的发展之路。泰国畜牧业在很大程度上充分考虑可持续发展战略，它对饲料生产，畜禽养殖和畜产品的加工都做到合理配置，对废物水净化处理作循环利用，节约资源以维持生产。①

此外，泰国畜牧业发展得益于有效的发展措施。第一，因地制宜，采用不同的生产方式发展畜牧业，如在中部水稻种植地区，多采用个体农户少量饲养的方式饲养猪，育肥后交机械化屠宰厂加工；在呵叻高原，则采用以村寨为单位，雇佣劳力放牧的方式。鸡的饲养方式更是多种多样，如独立饲养户，代雇主养鸡的饲养户，根据与买主的保障价格签约进行经营的饲养户和与饲料公司联手进行经营的专业户。第二，建立各类畜牧业基地，使其成为带动整个畜牧业发展的骨干。1960年以来，泰国政府采用国家和民间合作投资方式，先后在一些主要地区建立了一批现代化的牧场、牛奶场、养猪场、养鸡场和屠宰场等，并在各地建立了60多座饲料工厂。近年来，鉴于本国缺乏设备完善的屠宰场，政府投资委员会宣布扶持屠宰业，通过用先进方法进行畜产品加工，增强在国际市场的竞争力。第三，加强科研工作，引进先进技术。早在70年代初，泰国便成立了素林府水牛中心，用科学方法饲养、繁殖水牛。对猪、鸡等采用现代化饲养方法，如选用良种杂交、混合饲料喂养方式，提高育肥速度。第四，建立健全兽医保健工作。在农业部设"畜牧发展厅"，负责全国畜牧业的兽医保健工作。泰国政府每年投资5亿铢，专门用于牲畜疾病防治。1973年，在日本专家帮助下，泰国建立了专门研制防治危害牲畜养殖的口蹄疫的疫苗血清站。经过扩建，目前该站已成为东南亚地区最大的口蹄疫疫苗生产和实验中心。兽医工作已渗透到牲畜生产的各个环节。

不过，泰国畜牧业发展存在诸多问题。例如，牲畜产品出口受国际市场影响程度较深，出口到日本的冻鸡就受到日本方面不平等关税的限制，日本对进入本国市场的美国冻鸡只征收11%的进口税，而对泰国冻鸡则征收20%的税，经过多年协商，日本才在1986年把进口税降低，但仍高于美国冻鸡的进口税，这就直接影响到泰国冻鸡在日本市场上的竞争力。某些牲畜的饲养绝大部分是小农经营，广大个体农户由于资金有限，往往不愿冒险搞大规模经营，也不热衷于新技术的应用，由于生产规模有限，因而商品率也不高，这就影响了产品的商品率和出口额。由于近几年畜牧业迅速发展，使加工饲料的主要原料玉米、黄豆等价格持续上涨，饲养业成本增加、价格波动、劳动力成本不断上升、各种疾病困扰（如禽流感的影响），从而影响了泰国产品的在国际上的竞争力。

---

① 王备战：《泰国畜牧业的发展历程及经验借鉴》，载《河南科技》，2003年第8期，第12～13页。

第五节　渔业

泰国拥有得天独厚的渔业条件，泰国湾和安达曼海是天然海洋渔场，还有总面积1 100多平方千米的淡水养殖场，龙仔厝、北榄、宋卡、普吉等地是国内重要的渔业中心和水产品集散地。泰国已是世界市场主要的水产制品供应国之一，也是位于日本和中国之后的亚洲第三大海洋渔业国。[①]

一、渔业发展概况

泰国有2 600千米的海岸线，海域辽阔，有利于开展渔业生产。渔业是仅次于种植业的重要农业部门。2007年从业人员44.4万人，占劳动力总数的1.2%。在2002年被中国取代前，泰国一直是全球最大的水产品出口国，1995年出口额曾高达28.7亿美元，占当年出口总额的5%。1995年，泰国捕鱼机构有53 112个，渔船54 538艘，顶峰时期的渔民有161 667人，渔民家庭有76 722户，雇员有84 945人。1995年，泰国海洋渔业机构有80 704个，海洋渔业从业人员29 302户。近年来由于渔业资源衰退，出口逐年减少，产量下降，再加上欧美国家的贸易保护主义抬头，2003年出口额17.6亿美元。除出口外，泰国国内对水产品的需求量也很大。鱼类是泰国人摄取动物蛋白质的主要来源，泰国人年均鱼类消费量在30千克以上，远高于全球年人均消费量16千克的水平。泰国渔业经过多年来的发展和与印度、韩国及印度尼西亚的竞争，现在已成了位居日本和中国之后的亚洲第三大海洋渔业国。[②]

泰国渔业的优势在于它有良好的地理条件。泰国境内江河纵横，湖泊星罗棋布，尤其是湄南河给海洋带来很多营养物质，有许多饵料生物，水产资源十分丰富。再加上少有强风恶浪，几乎全年都可以出海生产，海洋捕捞条件得天独厚。全国各府中有23个府临海，以渔业为主。泰国主要的渔场有暹罗湾渔场、安达曼海渔场等。此外，有1 100多平方千米的淡水养殖面积。曼谷、宋卡、普吉等地是重要的渔业中心和渔产品集散地，位于那空沙旺府的波拉碧湖是全国最大的

[①]《泰国农业概况（2011年版）》，中国驻泰国大使馆经济商务参赞处网站，http://th.mofcom.gov.cn/aarticle/ddgk/zhuguanb umen/201202/20120207946978.html。

[②]　资料来源：泰国国家统计局（the National Statistical Office of Thailand），http://web.nso.go.th/en/stat.htm。

淡水鱼苗养殖地和渔业技术培训中心。泰国主要的渔业资源有跳鱼、金枪鱼、沙丁鱼、鲈鱼、鲭鱼、墨鱼、鲳鱼、对虾、龙虾等，渔民使用的捕捞工具主要是拖网、围网、囊网、刺网、漂网、提网、挂桩网、推网、栅网等，其中拖网和围网占年捕鱼总量的50%以上。

第二次世界大战前和第二次世界大战后初期，泰国渔业生产并不发达。泰国渔业突破性的发展始于60年代。从那时起，泰国开始引进先进的渔业技术，水产业从缺乏渔业机械到机械化程度较高，从小规模、传统性沿海渔业发展为深海拖网渔业，渔业产量连年提高。1968年，渔获量首次突破100万吨，1977年，泰国渔获量超过200万吨，跃居世界前10名。80年代早期，由于新养殖技术的发展，泰国的沿海养殖业快速增长，更重要的是引进了海洋鱼类的网箱养殖、虾苗孵化和密养、精养的技术，又成功地开发了尖吻鲈的人工孵化技术。1986年以后，泰国沿海养殖业发展更为迅速。到1991年泰国海洋鱼类养殖产量为2 100吨，其中80%是尖吻鲈鱼，17%是石斑鱼。同时，养虾业由于增加生产虾饲料和扩大加工能力，虾产量也迅速增长，1991年，泰国成为世界领先的咸水虾养殖生产国，年产量16.2万吨。因为海水养殖的迅速发展弥补了海洋渔业产量的不足，1993年，泰国的渔业总产量为335万吨，比1992年增长3.4%。[①] 泰国渔业已从缺乏渔业机械变为高度机械化，从小规模、传统性沿海捕捞发展为深海大规模作业，从单纯捕捞发展为捕捞和养殖并重的大型商品化生产。

随着捕鱼业的发展，水产加工业如冷冻业、罐头加工业、焙干业、熏鱼业、鱼粉业等相关行业也迅速发展起来。泰国的水产品加工业是泰国的重要产业，它不仅为社会提供了就业机会，增加了收入，还可以赚取外汇。泰国水产品加工后的产品主要是出口供应国际市场。国际市场的需求变化影响着泰国国内的水产品加工业的发展。80年代以来，除了传统的冷冻、冷藏水产品外，又建立了许多水产品加工厂，如罐头厂、鱼糜加工厂等。1987年，泰国全国有冷库80座。1989年，泰国投资部再次给予投资者其中包括附加值产品加工者以优惠，使水产品冷冻、贮存和生产能力有明显增加，并向着加工多样化的方向发展。目前，泰国有罐头食品厂41家，其中22家主要生产金枪鱼罐头、鱼糜加工厂家。据泰国投资部的资料，泰国现有的罐头厂尚未达到最大的生产能力。另外，还有74个厂家申请

---

① 资料来源：泰国国家统计局（the National Statistical Office of Thailand），http://web.nso.go.th/en/stat.htm。

进行鱼糜生产的投资，预计年生产能力为5万吨。

多年来，泰国食用水产品加工创汇逐年增长，特别是海产罐头加工业的发展最为迅速，成为国家重要的出口商品。1974年，海产罐头出口值仅为1 800万铢，1990年上升到227.25亿铢。除海产罐头外，冻虾和冻鱼也是重要的出口商品，其中冻虾出口创汇很高，出口量从1978年的15 378吨上升到1990年的84 724吨，出口值也从15亿铢上升到204.54亿铢。1993年比1992年增长11%，雄居世界出口国榜首，超过了发达国家的美国。近几年，泰国成为世界上主要的水产品出口国之一，其海产品因产品质量优良，价格具有竞争能力，是其出口的最重要也是最成功的部分，出口业务已扩展到全世界60个国家和地区。水产品出口创汇最大的两项是冻对虾和金枪鱼罐头，居泰国主要出口创汇16种产品中的第9位和第10位。2012年渔业产品出口总值为879亿泰铢，20万吨。[①]

泰国渔业的发展与政府的扶持分不开。从60年代以来，泰国政府先后采取了许多有效的政策与措施，其中包括：(1)制定渔业发展现划，设立专门机构执行政府有关渔业的方针和政策。从60年代开始，政府就制定渔业生产指标，同时设立了直属农业部的渔业厅，负责全国的渔业生产、资金管理、税金征收、渔业基本建设，以及渔民的社会福利保险事项。另外，政府还设立了"泰国水产局"，专司有关渔业的科研，对渔业生产进行科学指导和技术培训等工作；(2)积极引进和利用外资以及国外先进渔业技术和人才，进行合资经营，加强国际合作；(3)制定保护渔业资源的措施，包括限制使用不符合规格的小网孔拖网作业，宣布200海里[②]近海专属经济区，限制或不允许外国渔船在区内捕鱼；(4)充分利用国际市场的供求关系，大力发展"拳头"产品。早在60年代，泰国便看准国际市场，把发展虾类及某些鱼类，如沙丁鱼、金枪鱼等作为渔产品重点，加以大力扶持和发展，这些产品在国际市场上颇有竞争力，从而大大带动了整个渔业的发展。

二、渔业发展构成

泰国渔业分为海洋渔业、淡水渔业和水产养殖业。海洋渔业每年产量的大部分用于国内消费，少部分用于出口。

---

① 资料来源：泰国央行客户服务部(Customs Department, Compiled by The Bank of Thailand)。
② 1海里=1.852千米。

（一）海洋渔业

泰国渔业以海洋渔业为主，产量占到渔业总产量的90%。泰国海岸线分东、西两侧。东侧的泰国湾是泰国最重要的渔业产区，渔场面积3 428万公顷，最高持续渔获量91万吨，其中包括底层鱼类77万吨，中上层鱼类14万吨；西侧是安达曼海，渔场面积1 942万公顷，最高持续渔获量为29万吨，其中包括底层鱼类20万吨，中上层鱼类9万吨。渔场经济鱼类繁多，计有850多种，其中中上层鱼类有小沙丁鱼、鳃、羽鳃鲐、青干金枪鱼、马鲛鱼、鲹科、红鳍圆鲹、大甲鲹等；经济底层鱼类有大眼绸、金线鱼、狗母鱼、石首鱼、鳝等；另有经济价值较高的海洋生物如对虾、新对虾、梭子蟹、蛤、乌贼、鱿鱼等。泰国海洋渔业从20世纪60年代初起步以来，海洋渔业产量增长很快，从1960年的20万吨猛增至1970年的133.5万吨。1977年以后，泰国海洋渔获量开始逐年下降，并在80年代初陷入低谷，其原因在于：一是邻国实施200海里专属经济区，影响泰国远海渔业的捕捞；二是近海渔业资源，特别是泰国湾底层鱼资源，在渔民的酷渔滥捕下遭到破坏；三是捕捞成本增加。1972—1978年间柴油价格猛涨了10倍，一般拖网渔船的作业成本上升了65%。直到80年代后期，随着柴油价格的下降和国际鱼价的上涨，泰国海洋渔业才恢复发展势头，产量从1986年的235.7万吨增至1995年的282.7万吨。不过，由于过度捕捞，泰国近海渔业资源开始枯竭，渔获量又有所下降，1998年为270.9万吨。[①] 为此，泰国政府积极推动远洋捕捞业的发展，并通过合作开发邻国海域渔业资源。

（二）淡水渔业

泰国淡水渔业主要集中在湄南河和中部平原的洪水区。中部平原每年洪水泛滥，是重要的鱼类产卵场，其淡水鱼产量约占淡水渔业总产量的70%。主要捕捞鱼种有无须鲃、鲶、尼罗罗非鱼等。在泰国淡水渔业中，大蓄水池渔业多半具有商业性质，其他如小蓄水池、河流、沼泽和沟渠、稻田则多半属兼业性质。以单产量而言，以东北部和北部湖泊的产量最高，其次为泛滥平原和蓄水池。泰国淡水渔业的产量从1993年的17.5万吨猛增到1996年的21.4万吨后，开始呈下降趋势，这主要是天然水体资源衰退造成的。为了农业和工业的利益而调节河流流量的趋势可能会对高生产力的泛滥渔业造成不利影响。

---

① 资料来源：泰国国家统计局（the National Statistical Office of Thailand），http://web.nso.go.th/en/stat.htm。

（三）水产养殖业

由于天然渔业资源不断退化，目前泰国水产养殖业发展迅速。2000年泰国水产养殖业产量70.7万吨，产值24.3亿美元。泰国水产养殖以咸淡水和海水养殖为主，产量约占总产量的70%～85%，主要养殖对虾、贻贝、尖吻鲈等。在东南亚国家中，泰国水产养殖业的人工繁殖和育苗技术以及生产设备都是最先进的。斑节对虾和尖吻鲈的养殖更已形成工厂化生产。泰国还是东南亚国家中率先采用超精养方式养殖对虾的国家，目前每公顷对虾产量可达20吨。此外，泰国淡水养殖业也发展较快。目前淡水养殖已取代捕捞成为泰国淡水鱼类的主要生产方式，养殖范围也已由单一的贝类扩大到罗非鱼、毛腹鱼、芒鲶、胡鲇、罗氏沼虾等众多种类，并实现了从粗养向精养转变。泰国淡水养殖面积约11万公顷。以中部地区为主，产量占全国总产量的近70%，其次是东北部地区，北部和南部地区的产量较少。

因为水产品容易腐烂，所以泰国出口的水产品一般经过速冻或罐装，也有部分加工成鱼粉、鱼干、鱼油等；2003年泰国冷冻海产品产量59.5万吨，其中以冻虾为主。泰国是全球最大的冻虾出口国，出口量在20万吨以上，约占全球出口总量的32%，出口额13亿～14亿美元，主要出口日本、美国和欧盟。2012年的虾类产量为58万吨。[①]

三、渔业发展问题

多年来，泰国渔业有了突飞猛进的发展，但随之也出现了些问题。由于专属经济区概念的建立和制度的实施，泰国渔业的发展受到了很大的冲击。在实施200海里专属经济区制度以前，泰国的渔船基本上是在毗邻国家沿岸外海水域作业，当毗邻国家宣布实施200海里经济水域以后，泰国渔船的作业范围受到了很大限制，泰国因此失掉了30万平方千米的渔场，渔业产量急剧下降。1977年泰国海洋渔业产量为206万吨，1980年下降到165万吨。[②]

随着邻国陆续实施200海里专属经济区制度，泰国政府不得不告诫本国渔民只在本国管辖区内捕鱼，由此引发出了两个问题。一是由于原来在远水作业的拖网渔船都回到本国管辖水域捕捞，造成近海捕捞过度。1974年，泰国拖网渔船的渔获量为863 274吨，占总渔获量的71%。[③] 以后捕捞能力继续提高，对泰国的渔

---

① 资料来源：泰国央行客户服务部（Customs Department, Compiled by The Bank of Thailand）。

② 资料来源：泰国国家统计局（the National Statistical Office of Thailand），http://web.nso.go.th/en/stat.htm。

③ 资料来源：泰国国家统计局（the National Statistical Office of Thailand），http://web.nso.go.th/en/stat.htm。

业资源形成了严重威胁；二是泰国渔民习惯于到他们的传统渔场（以前曾是公海，现为邻国管辖区）捕鱼，或由于追逐鱼群而不知不觉地进入邻国管辖区内，造成不必要的麻烦。泰国政府在告诫本国渔民的同时，也积极与邻国对话，协商解决问题。

为了减少由于邻国宣布专属经济区而给泰国带来的不利影响，泰国政策采取了一系列的措施和行动。例如：政府通过各种方法努力与邻国缔结双边协议，特别是东盟国家，争取联合开发渔业；成立部门间国际渔业委员会，解决有关国际渔业的问题，修订有关渔业活动的法律和法规，采取恰当的办法处罚那些没有许可证而误入邻国专属经济区的渔民，该委员公由农业合作部副部长出任主席，成员包括各政府部门的代表，如渔业部、劳动部、泰国海军和外交部、商贸部；自1981年3月31日起限制拖网渔船，解决过度捕捞问题；政府举办培训班，向渔民传授捕鱼方法、船舶驾驶技术、导航、磁罗盘的使用、海图、海洋法、泰国水域的导航法、搜索营救、通讯设备、无线电通讯、船对岸通讯等；在泰国湾沿岸设立了23个船对岸无线电通讯站，昼夜为渔民服务，帮助渔民避免误进入别国的专属经济区，并对陷入此种事件的渔民进行营救；泰国政府鼓励渔民在淡水或半咸水区开发水产养殖，希望沿岸渔民由海洋捕捞转向水产养殖。

此外，泰国渔业面临的问题还有以下几个方面：（1）鱼资源问题。由于近海鱼类资源捕捞过度以及环境污染等因素，主要近海渔场的鱼产量明显下降；（2）资金不足。由于资金不足，许多渔业基本建设，如渔船更新、捕捞技术改进、渔港、道路、冷冻厂的建设、发展淡水养殖所需土地、水池、设备、鱼苗培养等，都不同程度地受到影响。另外，因缺乏资金，目前泰国渔船中80%不能进行远洋综合捕捞，从而影响了产量的提高；（3）海产品加工问题。由于泰国部分渔业产品加工在质量和卫生方面尚未达到国际标准，因而影响了它们在国际市场上的竞争力和信誉。如泰国的冻鱿鱼至今仍采用"团块冷冻"法加工，而外国进口商则喜欢采购"个别速冻式"鱿鱼，这就大大影响了鱿鱼出口。针对近海鱼资源剧减问题，泰国渔业部门一方面努力寻求同印度、阿曼等国合作，共同开发深海渔业资源，从而大幅度提高泰国的远洋捕鱼量；另一方面在近海改捕为养，积极发展水产养殖业。在水产养殖业中以养虾效果最好，它生长快、价值高、饵料耗费少，而且一年可以养两次，当年就有收益。

第四章 工业的发展和布局

目前泰国是一个中等发达国家，工业在整个国民经济中占的比重不断上升，在泰国经济中扮演着越来越重要的角色。从20世纪60年代以来，泰国就为实现本国的工业化目标布局谋篇，为当今泰国的经济腾飞奠定了坚实的发展基础。

第一节 工业发展概述

20世纪60年代初，泰国政府开始制定经济发展计划，明确发展目标，分阶段逐步实施，大力推动国家现代工业化进程。政府还根据经济形势制定宏观经济政策，不断调整经济结构，使泰国工业获得显著发展。

一、工业发展历程

泰国工业在传统上与农业密切相关，自二次世界大战后到20世纪50年代后期，泰国工业主要是碾米、锯木、榨糖、制冰、麻袋编织、烟叶烘烤等较小规模工厂和家庭手工作坊式工业，生产一些简单的日用消费品，如纺织品、肥皂、牙膏等，以供应国内需求，此外，还出口部分产品以换取外汇。国内所需要的各种机器设备及大量的日用消费品，大部分都依赖进口。

1954年10月，披汶政府颁布《1954年鼓励工业发展法案》，这是泰国政府实施以工业化为中心的经济发展战略的开端，也是泰国政府实施进口替代工业化战略的开端。该法案首先提出政府要通过在纺织、造纸、玻璃、制糖、皮革等几个工业部门中建立国营企业来扩大政府在制造业部门中的主导作用，其次还提出建立一个国营经济发展有限公司来专门负责国营企业的建立工作，并通过利用世界银行贷款和联合国援助来建立和完善公路、铁路、电力等基础设施，把这些新建部门全部建成国营企业。在该法案实施的4年中泰国政府共建立了100多家国营企业（其中包括纺织、水泥、钢铁、陶瓷及其他工业企业）来推行替代工业化，这些企业成为了泰国工业化的先驱性企业。但是，这些国营企业经营效率低下，连年亏损，成为政府财政的沉重负担，致使1954年至1960年的进口替代工业化阶段，泰国工业化进展比较缓慢，工业化成效不大。

1958年，泰国政府宣布保证国营企业不再从事会与"私人奖励企业"进行竞争的新工业企业投资，并保证不对私人工业企业进行国有化和征用。1959年，泰国政府设立投资委员会开始协助民间资本投资工业领域。1960年政府颁布了《鼓励工业投资法案》，并于1962年、1965年和1968年分别对此法案进行了修订，目的是为了扩大鼓励工业投资的优惠措施和简化法律申请手续。在60年代期间，泰国政府还多次修订了贷款政策，使工业企业能够获得政府的优惠低息贷款。1961年泰国政府开始实施第一个经济社会发展五年计划，以民间资木为主导继续推进进口替代工业化。1961—1971年间，泰国政府以发展交通运输、水利、电力等基础设施为主，民间资本对泰国的进口替代工业部门也进行了积极的投资。据统计，1959年至1972年间，约有600多家私营工业企业接受了《鼓励工业投资法案》所给予的优惠待遇。在这些工业企业中，以棉纺、纺织和染布等工业企业居多，其次为马口铁、镀锌铁片、铁线、汽车零部件、汽车装配、化学工业制品、造纸、陶瓷及水泥等工业企业。其中，外资企业占有相当大的比重。至1971年9月底，外资企业在所有奖励企业的注册资本总额中占比为33%，加上合资企业则高达56%。经过1961—1971两个五年发展计划的实施，泰国企业中有一半属于外国资本，泰国政府所实施的鼓励民间资本投资发展进口替代工业化的政策，取得了相当显著的成效。不过，这一时期的工业化发展并不利于泰国发挥其廉价劳动力优势，也不利于其扩大就业机会。所有这些因素促使泰国政府在60年代末和70年代初进行工业发展战略的第一个转变，即从采取进口替代工业发展战略转向采取面向出口工业化战略。[①]

60年代发展起来的内需消费品工业在实现了替代进口目标后，其局限性逐渐突出，首先是受到国内市场的限制。由于国内市场在消费需求和劳动力需求两方面都容易饱和，继续发展内需消费品工业已经受到市场容量的限制。另外，已建成的内需消费品工业的机器设备、中间产品和原材料方面相当部分依赖进口，从而使国际收支状况恶化，出现了大量外汇缺口，这两个因素促使政府改变工业化发展战略。在70年代初，政府通过第三、第四个国民经济社会发展五年计划以

---

① 出口工业化战略的基本特征是，它所生产的产品主要是满足国际市场的需要，或者是为了提供出口的。实行这一战略有利于充分发挥本国劳动力廉价的优势，利用国外的资金技术、原料和半成品，经过加工制造再销往国际市场，以达到振兴出口，带动国内经济增长，减轻国际收支压力，以及改善产业结构与出口商品结构的目的。

及1972年、1977年鼓励投资法案，把工业化发展目标转到以消费性产业为主体，主要利用国产原材料实施出口导向型工业化战略。具体包括几个方面内容。第一，明确提出建立利用本国原材料加工出口产品的出口导向型工业发展战略目标。在1971年开始实施的第三个国民经济社会发展计划中，泰国政府仿效60年代中期南朝鲜政府的做法，提出了发展面向出口工业化的方针。鼓励发展利用本国资源的面向出口工业，要求这些产业充分利用国内资源促使工业产品国产化，同时提高这些产品的国际竞争力。第二，给予面向出口工业各种优惠政策。1972年颁布了投资促进法案，取代1962年法案。新法案对那些使用国内原材料加工出口产品的劳动密集型产业给予特殊优惠，包括免征这类企业用于生产出口产品的进口原材料关税和企业税。1977年又进一步修改了1972年投资促进法，把鼓励投资的企业分为三类：第一类为一般鼓励企业，第二类为在投资促进区内设厂的企业，第三类为面向出口企业，特别强调给予面向出口企业以各种优惠待遇，如优先贷款和采取退税制度。第三，改组产业结构，开始尝试对工业区进行重新配置。这一时期泰国政府着重发展能源和农业面向及出口工业，推出投资促进政策，鼓励农产品加工、汽车装配、传统手工艺品等行业的发展，使得泰国逐步吸收了从发达工业国转移出来的部分劳动密集型产业。从70年代中期以后，政府觉察到随着工业化的深入，工业部门对中间产品和生产设备等资本材料的需求日益增加，因而必须发展生产中间产品和生产设备的工业企业，也就是发展所谓的第二次进口替代工业。在这种认识的基础上，第四个国民经济社会发展计划中提出了改造工业部门结构，在鼓励发展利用本国资源加工出口产品工业的同时，重视发展基础工业部门，鼓励私人资本投资建立钢铁、石油化工、机器制造等行业。考虑到泰国工业主要集中于曼谷地区的状况，政府开始尝试重新配置工业区，主要方法是在曼谷周围各府设立出口加工区，政府希望通过加工区的建立，把过分集中于首都的工业分散到地方，建立合理的工业布局。①

　　1982年至90年代中期泰国工业化战略的主要内容是：在重点发展重化工业的同时，充分利用本国劳动成本低廉的优势，继续发展出口加工工业，力图进入为新加坡、韩国、中国香港所占据的国际市场；为了改善工业的基本结构，在已有天然气供应的东部沿海地区设立新工业区；为了提供能促进民间资本投资的良好环境，政府将扩大投资优惠待遇和简化阻碍投资的行政、法律手续；利用天然气

---

① 王文良、俞亚克：《当代泰国经济》，北京：中国藏学出版社，1997年版，第86~95页。

发展化肥工业；通过一些比较集中的工业项目的建设来提高工业生产效率，发展面向出口的工业，改变依靠进口石油的工业结构，分散工业区，等等。泰国政府通过有计划的调整和发展战略产业，使其经济和产业结构逐步向合理化和多样化方向发展，国内轻纺工业和食品加工业自给有余，工业逐步向出口导向型工业转变。同时，通过设立新的出口工业区，改善地区分布，促进地区均衡发展。90年代中期，泰国已经出现了一些资本密集型和技术密集型的产业。

在经历亚洲金融危机冲击后，泰国政府努力调整加强出口与拉动内需的"双轨发展"策略，继续实行扩张性积极财政政策，增加政府投资和支出，鼓励消费，拉动内需，扩大出口。随着2005年全球纺织品贸易取消配额制，泰国纺织服装业积极调整方向，向时装休闲类服装发展；汽车及摩托车装配业制订了成为"东方底特律"的发展目标；电子电器工业、石油化工业、食品加工业、水泥建材工业，以及鞋类、珠宝首饰、皮革制品和家具等成为泰国主要出口产品生产行业。2009年泰国工业因美国次贷危机和世界经济减缓而出现萎缩，工业生产总值比2008年萎缩5.1%，直至年底才出现9.9%的良好增长，源自主要出口贸易国家经济回暖而刺激泰国制造加工业迅速回升，尤其是电子电器加工业、水产罐头食品加工业等。泰国工业生产回升势头在2010年得到持续，2010年2月工业生产指数比前年同期增长30.3%。在世界经济以超出预期速度复苏的大好形势下，泰国对美国、欧盟、日本和中国的出口大幅增长，国内消费和政府支出大幅增长，2010年全年泰国工业实现13%的较大增幅。2011年泰国工业在北部地区发生水灾导致国内订单量、交易量、产量以及利润大幅度减少和国内政局不稳的情况下，实现5.5%的增长率，比起2010年有所回落。2012年，因中国经济持续繁荣，泰国对华工业品出口大增，与2011年相比，泰国工业同比增长5%。目前泰国工业对经济的发展起着重要作用，工业产值在国内生产总值的比重不断增加，并创造了15%左右的劳动力就业机会，泰国工业产值比重和增长速度详见表4-1和表4-2。

表4-1　1961—2011年泰国工业产值比重和增长速度

	1961	1971	1981	1991	2001	2011
工业产值占GDP比重（%）	19.16	27.05	30.10	38.66	42.14	41.16
工业产值增长速度（%）	11.28	9.08	7.06	12.13	1.66	-3.86

资料来源：World Bank national accounts data, and OECD National Accounts data files。

表4-2　2011—2012泰国工业指数变化情况（单位：%）

	2011	2012	2011				2012			
			1季度	2季度	3季度	4季度	1季度	2季度	3季度	4季度
工业生产指数	-9.1	2.5	-2.1	-2.5	2.7	-34.5	-6.8	-1.6	-11.0	44.0
出口比重低于30%	-2.1	8.6	-0.8	-1.0	2.2	-8.4	10.0	6.2	1.9	16.8
出口比重介于30%~60%	-6.7	43.4	10.2	-8.3	13.3	-42.3	6.2	43.2	27.4	150.4
出口比重超过60%	-13.2	-13.1	-6.4	-1.7	0.3	-45.5	43.2	-17.0	-28.6	35.2
产能使用率	58.7	65.2	63.0	59.7	64.7	47.2	-17.0	65.1	66.1	67.0
出口比重低于30%	62.3	65.7	63.8	63.6	65.0	56.9	65.1	64.5	65.5	65.9
出口比重介于30%~60%	58.7	80.0	69.2	55.7	71.8	38.0	64.5	76.5	83.2	84.2
出口比重超过60%	53.0	53.8	57.1	56.6	59.3	39.1	76.5	57.8	54.6	56.2

资料来源：泰国中央银行、工业经济办公室及商业部。

二、工业部门结构

20世纪50年代以前，泰国工业仅有一些简单的初级产品加工业，70年代以后，泰国轻纺工业和食品加工业已能自给有余，80年代中后期到90年代中期，经过产业和产品结构的调整，泰国工业加快了发展步伐，以年均15%的速度迅速发展，工业门类增多，结构日趋多样化，出现了一些资本密集和技术密集型产业。当前，纺织服装业、汽车摩托车装配及零配件工业、电子电器工业、软件工业、石化工业、食品加工业、轮胎工业、建筑材料与建筑机械工业、鞋类、家具、珠宝、玩具、皮革等制造业是泰国工业的重要门类。制造业产值在泰国工业产值中约占90%的份额，在国内生产总值中也保持在30%左右的比重，可见制造业对泰国经济的贡献之大。

据泰国国家经济与社会发展委员会的统计，近年来泰国制造业产值不断扩大，从2004年的20 587.46亿泰铢增至2011年的32 979.10亿泰铢，但2009年的国际金融危机和2011年的国内洪灾均对泰国制造业造成不同程度的冲击，2004—2011年泰国制造业和矿业的发展如表4-3所示。

表4-3 2004—2011年泰国经济各部门的产值（单位：百万泰铢）

	2004	2005	2006	2007	2008	2009	2010	2011
GDP总量	6 943 399	7 586 327	8 365 342	9 037 775	9 659 635	9 590 722	10 709 814	11 120 518
农业部门	646 344	700 380	790 175	848 688	978 015	940 559	1 129 222	1 271 524
非农部门	6 297 555	6 885 947	7 575 167	8 189 087	8 681 620	8 650 163	9 580 592	9 848 994
矿业	175 486	222 124	257 607	278 906	315 185	305 700	339 692	366 608
制造业	2 058 746	2 268 623	2 548 507	2 790 778	2 980 979	2 859 089	3 358 410	3 297 910

注：泰国国家经济与社会发展委员会将GDP总量的贡献部门按农业部门和非农部门两大类进行统计，其中非农部门中涉及工业部门的仅分为矿业和制造业两类。

资料来源：泰国国家经济与社会发展委员会（NESDB），http://eng.nesdb.go.th/Default. aspx?tabid=96。

三、工业地区分布

泰国经济与社会发展委员会将全国划分为7个地区，即东北部、北部、南部、东部、西部和中部、曼谷及周边地区来进行工业发展统计。[①] 2011年，东北部地区的制造业产值为2 250.70亿铢，矿业产值为115.78亿泰铢，分别占全国总量的6.8%和3.2%；北部地区的制造业产值为1 396.20亿铢，矿业产值为475.82亿泰铢，分别占全国总量的4.2%和13.0%；南部地区的制造业产值为1 599.99亿铢，矿业产值为339.64亿泰铢，分别占全国总量的4.9%和9.3%；东部地区的制造业产值为9 934.41亿铢，矿业产值为2 548.10亿泰铢，分别占全国总量的30.1%和69.5%；西部地区的制造业产值为1 147.89亿铢，矿业产值为70.31亿泰铢，分别占全国总量的3.5%和1.9%；中部地区的制造业产值为3 499.67亿铢，矿业产值为97.49亿泰铢，分别占全国总量的10.6%和2.7%；曼谷及周边地区的制造业产值为13 150.24亿铢，矿业产值为18.94亿泰铢，分别占全国总量的39.9%和0.5%，如表4-4所示。

---

① 这里的地区划分与第一章的行政区划略有不同，曼谷及周边地区是指曼谷直辖市，及其周边的北榄府、暖武里府、巴吞他尼府、佛统府和龙仔厝府5府，这5个府在行政区划中属于中部地区；北部地区是指除行政区划中的9府外，还包括中部地区的北榄坡府、甘烹碧府、乌泰他尼府、素可泰府、披集府、彭世洛府、碧差汶府7府及西部地区的达府；东部地区是指除行政区划的7府外还包括中部地区的那空那育府；西部地区仅包括叻丕府、北碧府、佛丕府、巴蜀府4府，及中部地区的素攀武里府和夜功府2府；而中部地区仅有大城府、红统府、华富里府、信武里府、猜那府、北标府6府。

表4-4　2011年泰国工业产值的地区分布（单位：百万泰铢）

	东北部	北部	南部	东部	西部	中部	曼谷及周边地区	合计
矿业	11 578	47 582	33 964	254 810	7 031	9 749	1 894	366 608
制造业	225 070	139 620	159 999	993 441	114 789	349 967	1315 024	3297 910
合计	236 648	187 202	193 963	1248 251	121 820	359 716	1316 918	3664 518

资料来源：泰国国家经济与社会发展委员会（NESDB），http://eng.nesdb.go.th/Default.aspx?tabid=96。

曼谷及周边地区和东部地区是泰国制造业发展的主要地区，分别占了全国制造业产值的30%以上，中部地区的制造业也较为发达，占了全国制造业产值的1/10强，如图4-1所示。矿业发展主要集中在东部地区，产值约占了全国矿业产值的70%，北部地区和南部地区的矿业产值也具有重要作用，分别占全国矿业总产值的13.0%和9.3%，见图4-2。

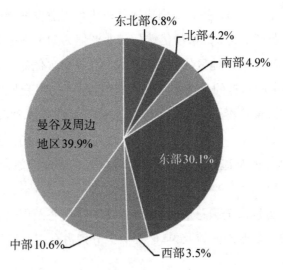

资料来源：泰国国家经济与社会发展委员会（NESDB），http://eng.nesdb.go.th/Default.aspx?tabid=96。

图4-1　2011年泰国制造业产值的地区分布比例（%）

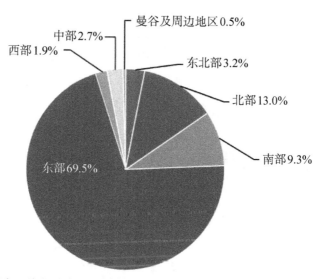

西部1.9%
中部2.7%
曼谷及周边地区0.5%
东北部3.2%
北部13.0%
南部9.3%
东部69.5%

资料来源：泰国国家经济与社会发展委员会（NESDB），http://eng.nesdb.go.th/Default.aspx?tabid=96。

图4-2 2011年泰国矿业产值的地区分布比例（%）

自20世纪60年代以来，泰国的工业大部分都集中在曼谷及周边地区，导致这些地区出现了诸如劳动力过于密集、住宅拥挤、交通拥堵、污染严重、电力不足、劳工价值和生产成本上升等问题，同时由于就业分配不合理，促使大量农村人口涌向城市，出现了农村家庭分解和社会结构失衡等现象。进行工业布局是促进泰国经济均衡发展的一项重要措施。早在60年代初，泰国已有工业区的雏形，但真正发展是1972年成立工业区管理机构以后的事情。工业区管理机构是一个独立的政府机构，它的职权是单独或民间资本合作负责规划、开发和管理全国各地工业区；它有权进行设区的可行性调查，进行开发、营建基础设施，出售或出租产地，为厂商提供有关营建厂房和营业服务。从1998年开始，泰国通过了一项"泰国工业结构调整计划"，旨在调整工业布局和工业结构。目前泰国设有5大类工业区，分别是电子工业区、汽车工业区、食品工业区、能源和石化工业区、橡胶工业区，分布于中部、东部、北部和南部地区，如图4-3所示。北部主要是以发展电子工业为主，以曼谷为中心的中部和东部沿海地区则集中了电子、汽车、食品、能源和石化等类别的工业区，南部则因地制宜，发展以橡胶为主的工业。但是，泰国的一些主要或者优势工业发展布局依然相对集中，未来调整工业的地域分布仍将是泰国工业发展的一项重任。

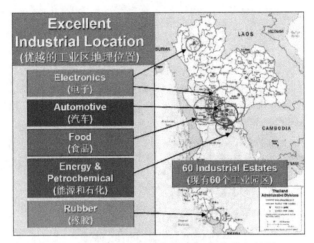

资料来源：http://gsj.bl.gov.cn/news_read.php?id=1109。

图4-3　泰国五大工业分布图

第二节　能源工业

　　泰国是一个能源较为缺乏的国家，随着第二次世界大战以后泰国经济的迅速发展，电力、天然气、石油等供应不足的问题也逐渐显现。为了解决工业发展所必须的能源问题，泰国政府付出了诸多的努力，能源工业也得到了一定的发展，为泰国整个国民经济的发展提供了动力。

一、能源工业发展概况

　　泰王拉玛五世在位时期推动了一系列的政治、经济及社会改革，引进国外先进生产技术促进泰国的经济发展是拉玛五世改革的重要内容，其中包括石油生产技术，这为泰国今日的能源工业发展奠定了基础。

（一）发展历程

　　1868—1932年是泰国能源工业发展的初始期。1892年泰国成立了第一家石油外资企业Royal Dutch Petroleum，这是一家石油代理公司。1896年，泰国的道路建设获得较大进展，直接推动汽车在泰国的发展，泰国汽油消耗开始不断增加。1930年，泰国开始建设加油站，一些石油企业也陆续销售汽油和柴油。但当时由于泰国国内没有建立石油生产厂，石油全部依靠进口。1921年，泰国清迈第一次发现了石油，泰国开始在本土开采石油。

随着经济的发展，能源在泰国国民经济发展中扮演着越来越重要的角色，石油逐步成为事关泰国经济发展的重要资源。自1933年起，泰国政府开始关注石油的开采、生产、采购以及销售。1933年泰国国防部为了保证汽油、煤油与润滑油供应，成立了隶属于国防部的燃油部，并建立石油桶生产工厂，建立石油储备。为了增加石油进口，泰国还在日本订购了泰国第一艘石油船 SAMUI 号。1937年泰国政府决定把"燃油部"改为"燃油局"。同时，政府建立第一个炼油厂，并于1940年开始炼油。至1968年，泰国的炼油能力每天可达72万桶，1973年增加到234万桶。

20世纪70年代，受中东局势的影响，全世界发生石油危机，作为石油贫乏的泰国自然也不例外，当时泰国80%的原油都依赖进口，泰国经受着石油危机的巨大冲击。为了确保能源稳定，迫使泰国积极在本国勘探石油，推行节能措施，支持国民使用石油替代品，并于1978年制定了石油法规。在泰国湾发现石油后，政府着手规划建设从泰国湾到东、中部地区的石油管道。为了确保国内能源价格，泰国政府又成立了石油基金会。80年代，虽然石油价格还处于高水平，但泰国已经缓解了缺油的问题。当然，由于这段时期泰国国内政局动荡，导致泰国的石油业也存在一些问题，尤其是汽油等燃料不断涨价，并需不断进口石油，以满足国内需求。

1998年开始，泰国经济发展对能源的需求进一步提升，泰国政府更为重视能源业的推动与发展，期望将泰国发展为东盟能源中心。2002年他信总理建立了国家能源部，主要任务就是采购、管理和发展能源工业。

（二）能源工业发展战略

随着马六甲石油运输咽喉风险性的与日俱增，泰国地理位置的战略地位日益凸显出来。泰国政府决定利用本国的战略地理位置建设区域性能源中心，与现有的亚洲石油市场形成互补。2003年9月2日，泰国的内阁会议就泰国的能源战略基本框架达成一致。能源战略的基本框架包括五个方面：一是降低能源消费增长率与经济增长率之间的比率；二是提高交通和工业部门的能源利用效率；三是发展可再生能源；四是改善能源安全；五是使泰国发展成为亚太地区的能源中心。泰国能源部正把这五个方面紧密结合起来，以加强亚太地区石油安全，增加该国的战略地理位置优势。

为实现这一战略，泰国能源部制定了建设亚洲石油贸易中心的目标，促使泰国成为东盟与其他亚洲国家合作的一个平台，增加能源消费、贸易和储存的安全性，减少能源成本，为能源生产商、消费者和贸易商提供商业合作及合资的机会，争取双赢，从中获得亚洲合作利益。泰国为实现成为亚洲石油贸易中心的目标，准备在多方面发挥自身的优势。其一，泰国处在石油消费基地与供应基地中间的战略地理位置上，是通往印度支那半岛和中国西南部的大门；其二，泰国自身具有较好的石油运输、炼制加工、石油化工等基础设施，其石油运输、油库等基础设施具有足够满足该地区不断增长的石油需求的能力及容量，这对于发展贸易是至关重要的。如今，泰国已建立起开展贸易活动的公共设施体系，包括交通、油库、码头、多样化的产品供应设施。泰国的油道管道系统将石油供应地和市场紧密连接起来，现有的石油管道系统将Sriracha的炼油厂与曼谷及其附近地区以及泰国中部地区的油库连接起来（参见图4-4）。

资料来源：转引自陈泽亚编译：《泰国蓝图：构建互补性亚洲石油贸易中心》，载《能源战略》，2004年第5期。

图4-4　泰国成品油管道系统示意图

泰国建设区域性能源中心的战略计划具体分为两个阶段。第一阶段，建设Sriracha石油贸易中心。泰国南部沿海的Sriracha将作为重点建设的泰国石油贸易中心，它集石油贸易、炼油化工、存储和运输为一体，连接能源市场与临近的国家和地区，特别是中国的西南地区、印度支那半岛的越南和南亚的印度。泰国政府正计划从这里修建一条延伸至北部和东北部的成品油管道，并与中国的南部连接。这条从泰国至中国昆明的2 500千米的成品油管道将有助于改善中国西南地区的石油供应。第二阶段，修筑战略能源陆桥（SELB）。目前，从中东到亚太地区的原油是通过马六甲、苏门答腊、龙目岛海峡运输的。在发展泰国南部沿海地区石油贸易中心的基础上，连接泰国西海岸和东海岸的石油管道将成为石油生产国和消费国对石油运输通道的一种选择。能源陆桥能够接收来自中东和非洲的30～45万吨位的油轮，将原油通过250千米的管道运送至锡春（Sichon），并通过30万吨位以下的油轮，以最近的运距运送至远东地区，使日益拥挤的马六甲海峡交通得到调节；同时，能源陆桥可以为用户提供原油储存基地（包括政府的战略原油储备基地）（参见图4-5）。

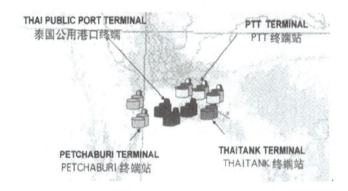

资料来源：转自陈泽亚编译：《泰国蓝图：构建互补性亚洲石油贸易中心》，载《能源战略》，2004年第5期。

图4-5　泰国石油储存设施示意图

（三）能源政策

2011年，泰国政府制定了一项新的长期性国策——能源效率发展计划（EEDP），其有两大主要目标，一是设定短期（2011—2015年）和长期（2011—2030年）节能目标，既有国家目标，也有工业、交通、商业和住宅等特定耗能行业的目标；二是制定节能战略和指导方针，制定规划纲要和工作计划，并向相关政府机构分配工作任务。

泰国能源效率发展计划设定的节能目标包括：（1）与2005年相比，2030年所有经济领域需将能源强度（单位GDP能耗）降低25%；（2）与预计行业普遍水平（BAU）相比，2030年耗能总量降低20%，即约减少3 000万吨油当量；（3）二氧化碳排放总量降低49%，工业领域能耗降低约1 100万吨油当量；（4）对于2011—2015年这一短周期来说，相比于预计行业普遍水平（BAU），至2015年，整个经济领域的节能总量需达500万吨油当量；对于工业领域来说，相比于预计行业普遍水平（BAU），2015年节能总量需达190万吨油当量。

能源效率发展计划将坚持贯彻实施现有项目和措施，如《节能推广法》和节能项目，并进一步与商业、公众、学术和政府部门的关键利益相关者共同制定新的节能措施。发展计划中包含5大战略方针：通过法规、条例和标准推行强制性要求；节能推广和节能支持；公众意识（PA）培养和行为改变；促进技术开发和创新；人力资源和机构能力开发。

在节能方面，泰国政府一方面采取强制性节能措施以节省能源消耗。2005年，他信政府决定采取减少加油站加油时间、限制广告照明时间和取消对政府各单位和国营公司报销进口汽油加油票等三项强制措施，以节省能源消耗。具体措施从2005年7月15日起，全国除了机场、主要公路区的紧急加油站外，所有加油站在22时至次日凌晨5时停止营业；所有超过32平方米、高出地面4米和使用电力1 000瓦以上的广告牌或用于商业目的的霓虹灯等只能在19时至22时实行照明，其他时间不准用电，这项措施从2005年8月1日开始实行；政府各部门和国营企业不准报销进口汽油加油票，只能报销使用泰国自产汽油的票据。[①] 另一方面，泰国政府大力发展替代能源。能源部计划研究使用5类新能源：（1）天然气制合成油（GTL），生产方式是利用化学方法调整天然气分子链，通过一系列复杂工序将天然气油化。这样处理后，新燃料的运输可以在常温下完成，不需再进行高压、低温保存。天然气油清洁程度也会大幅提高，所含杂质极少，对发动机的影响较小；（2）煤制油（CTL）液体燃料，煤制油也就是煤炭液化，把固体煤炭通过化学加工过程，使其转化为液体燃料，是目前一种比较先进洁净煤技术；（3）二甲醚（DME），具有与液化石油气的物理性质相类似的化学品，可作为柴油引擎替代燃料，而且在燃烧时不会产生破坏环境的气体，能便宜而大量地生产；（4）氢气，作为一种可替代性的清洁能源，用于汽车等的燃料，如美国就于2002年提出"国

---

① 《泰国政府决定采取强制性节能措施以节省能源消耗》，http://news.163.com/05/0712/21/1OG9C6I50001121S.html。

家氢动力计划";(5)生质能源(BTL),是一种再生能源,与风能、太阳能一样具有取之不尽、用之不竭的特性。生质能源的优势包括技术较成熟、有商业化运转能力、经济效益较高、且因使用材料为废弃物,因此兼具废弃物的回收处理与能源生产的双重效益。①

二、煤炭工业

煤是泰国非金属矿中最重要的矿物,泰国的煤炭主要是褐煤和烟煤。根据世界能源委员会的《能源资源调查》显示,泰国2012年的烟煤和褐煤的储量共12.39亿吨,约占世界煤储量的0.1%,储产比为68%。泰国大约80%的煤分布在北部的南邦、清迈、南奔、达、帕和程逸等府,其余分布在南部的素叻府、董里府、甲米府和东北部的呵叻府、加拉信府。褐煤是泰国电力工业的主要燃料之一,2011年在所有发电用燃料中占21%。②泰国生产的煤炭主要是褐煤,每年产量在2 000万吨上下,2006年产量为1 905.6万吨,比上一年减少11.1%。2007年泰国的煤炭年产量为1 830万吨。③最大的煤炭生产商是国有的泰国电力总公司(EGAT),2006年产褐煤1 580万吨,占全国总产量的83%。该公司在泰国北部南邦府经营的Mae Moh煤矿是国内最大的生产煤矿,2006年产量为1 576.4万吨,占全公司产量的99.7%。其余的产量来自南部地区甲米府的甲米矿。Banpu矿产有限公司是泰国第二大煤炭生产商,经营着北部地区帕尧府的Chiang Muan煤矿和南邦府的Li煤矿,其产能约为340万吨/年。从2002年到2012年,泰国煤产量稳定在500万吨至600万吨之间。其消费量则增长比较快,2012年的消费量是产量的约3倍,十年间增加了约74%(参见图4-5)。

2010年泰国的煤炭巨头万浦公司以20亿澳元买下澳大利亚煤矿公司Centenial Coal Co.的全部股权,并将在今后5年内向澳大利亚Centennial煤矿公司注资5.89亿澳元(约190亿泰铢),用于采购设备和引进新技术,使后者年产量从目前的1 600万吨提高到1 960万吨。这项交易令总部在曼谷的万浦公司拥有了10个澳大利亚煤矿的控制权,成为世界上最大的煤矿出口商。根据万浦的估算,企业2011年的煤炭产量约为4 200万吨,其中2 500万吨来自印尼,1 600万吨来自澳大利

---

① 《泰国能源部称研发5类替代新能源》,http://www.cpnn.com.cn/hqdl/201104/t20110419_352536.htm。
② 数据来源:泰国能源部(Thailand Ministry of Energy)。
③ 资料来源:http://zh.wikipedia.org/wiki/各国煤产量列表。

亚，约100万吨来自中国。[①]

表4-5　2002—2012年泰国煤产量与消费量（单位：百万吨）

	2002	2003	2004	2005	2006	2007	2008	2009	2010	2011	2012
产量	5.7	5.3	5.6	5.8	5.3	5.1	5.0	5.0	5.1	6.0	5.1
消费量	9.2	9.4	10.4	11.2	12.4	14.1	15.3	14.5	15.3	16.0	16.0

资料来源：英国石油公司（BP）《BP世界能源统计年鉴2013》。

三、石油工业

泰国石油勘探开发始于19世纪中期，1953年首次发现具有商业价值油田，60年代初陆上区块开始对外合作，1971年颁布石油法，海上/陆上石油对外合作全面展开，勘探开发进程加快，到90年代，几十家外国公司在泰国进行油气勘探和开发，泰国成为油气生产国。近年来，泰国经济较快发展，现仍然是东南亚地区的主要油气进口国。

泰国石油工业发展大致经历了三个主要阶段。第一阶段是陆上勘探阶段，从1921到60年代初。该阶段勘探工作仅限于陆上，完成了地质—地球物理普查工作，钻了少量探井。1953年，在泰国北部山间盆地发现芳油田，1958年和1963年又相继在呵叻高原发现了小型气田。第二阶段是海上油气勘探开始阶段，从60年初至70年代末。海上油气勘探主要集中在泰国湾，1973年发现了埃拉旺凝析气田，次年又发现了班波和沙墩气田。总体上，这一时期以普查勘探为主，尽管发现了一些油气田，但钻井少，由于大多数油气田没有投产，因此原油产量小。第三阶段是海上油气勘探的发展阶段，从80年代初到现在。随着经济发展和石油开采技术的进步，泰国石油工业发展成果较为显著，但这些发现均是由外国公司完成的。90年代至今，泰国油气勘探开发主要集中在泰国湾和安达曼海的Mergwi盆地，油气勘探成效显著，主要资源是天然气和凝析油，共钻探井115口，平均探井成功率50%，发现新油气田49个，但油气田规模较小。

第一次石油危机以后，泰国政府才开始重视能源开发问题，先后几次修订1961年颁布的《石油开采条例》，放宽优惠条件。1971年2月，泰国政府在1961年《石油开采条例》的基础上，修订颁布了新的《石油法》，放宽了开采限制，规

[①] 《泰国煤炭巨头注资澳洲煤矿》，http://www.mofcom.gov.cn/aarticle/i/jyjl/j/201105/20110507551378.html。

定"取得开采权的石油公司勘探期限为8年，期满后可延长4年，发现油气后的开采权为30年，期满后可续约10年"。同时，将泰国湾和安达曼海划出20多个海区供外商勘探，其目的就是调动外商的石油勘探投资的积极性。在泰国政府新时期石油投资政策的鼓励下，各国际石油公司相继入驻泰国，开始在暹罗湾勘探开采石油，原油产量有所增加。2000年，泰国进行了第18轮的招标，共有包括泰国湾、安达曼海及陆上的87个区块参与此轮投标，但由于投票不踊跃等原因，只有几家公司获得了许可证，详见表4-6。

表4-6　2000年泰国石油开发第18轮招标情况

公司	区块
ChevronTexaco	G4/43
Nucoastal Trading	G5/43
PTTEP	G9/43
CNPC（Hong Kong）	L21/43
Shell	L22/43
Pacific Tiger	L33/43 and L44/43
SVS Energy Resources	L71/43.
Nucoastal Trading	L15/43 and L27/43（September 2003）
MOECO	L10/43 and L11/43 blocks（January 2004）
PTTEP	L53/43 and L54/43 blocks（January 2004）

资料来源：根据泰国国家石油管理局（PTT）数据整理。

2013年泰国每天生产原油14万桶。2011年泰国每天消耗原油100万桶，其中每天需要进口62.7万桶以满足巨大的能源需求。由于国内石油短缺，超过60%的汽油及近85%的原油都要靠进口，导致泰国高度依赖全球石油市场，极易受到油价波动之影响。泰国约78%的原油进口来自中东，8%来自其他亚洲供应商。泰国石油进口的依存度已经刺激了政府推广使用其他燃料，如天然气、可再生能源。[①]

在管理方面，泰国的石油工业主要是由泰国国家石油公司管理。泰国国家石油公司，又称泰国石油管理局（Petroleum Authority of Thailand，PTT），是泰国工

[①]　International energy outlook 2013. http://www.eia.gov/countries/country-data.cfm?fips=th。

业部下属的两大部门（矿产资源局和石油管理局）之一。泰国国家石油管理局成立于1978年，是石油和天然气工业的管理机构和经营实体。该局成立后，原泰国天然气局、石油燃料局和Bangchak炼油厂先后并入。PTT董事会由政府任命的12名部长组成，泰国总理任董事会主席。泰国国家石油管理局勘探生产公司（PTTEP）是主管上游活动的公司，并对私营公司参股组成合资企业，这些公司有泰国石油公司（The Thai Oil Co.）、Bangchack石油公司、全国石化公众有限公司（NPC）、泰国烯烃有限公司、泰国芳烃有限公司、国家化肥公司（BFC）、泰国石油管道公司、燃料油管道运输公司、曼谷航空燃料油服务公司。

　　PTT作为经济实体，代表政府在泰国国土领域内行使石油天然气等资源的管理权，它的主要业务为负责政府所拥有的石油资源的勘探和开发；负责石油炼制及油品的储存和销售；负责石油的利用、管理输送及天然气的加工处理等。PTT总部设在泰国首都曼谷，是泰国政府控股的上市公司。虽然PTT被认为是一个国家石油公司，2001年该公司进行了部分私有化，在此期间32%的股票通过曼谷证券交易所挂牌交易出售，财政部拥有PTT 51%的股权。目前，泰国政府正在考虑出售2%的股权给泰国Vayupak基金，其拥有PTT15%的股权，泰国政府希望此举将政府的股份减持为49%，而使PTT退出国有部门，以减轻政府对公司的财务负担，并赋予其更大的发展空间。PTT拥有PTTEP（PTT Exploration and Production，PTT上游的子公司）的65%的股份，占本国石油和天然气生产的32%的份额。[①] 外国公司将大量的泰国国内石油产量销售给泰国，2010年雪佛龙海上油田近70%的石油都售给了泰国。其他一些较大的股东包括三井物产、道达尔、英国天然气集团，以及一些较小的股东公司。PTT在泰国的资产雄厚，其拥有五个国家的主要炼油厂28%～49%的股份，以及泰国石油公司和泰国石油管道28%～49%的权益。此外，PPT垄断了泰国天然气的输配。

　　能源政策和规划办公室（EPPO）隶属于泰国能源部，负责监督该国的能源政策的各个方面，包括石油、天然气和电力行业。国家经济和社会发展委员会负责监督大能源基础设施项目，并协助政策规划过程。国家能源政策委员会（NEPC）审批所有的计划。矿物燃料部监管泰国的碳氢化合物上游部门和负责推进石油和天然气的勘探和开发，包括颁发营业执照等。能源部还负责泰国的石油稳定基金

---

① 资料来源：International energy outlook 2013. http://www.eia.gov/countries/country-data.cfm?fips=th.

的管理工作，以及负责给予零售及批发石油产品价格补贴工作。

鉴于国内勘探和生产业务已变得越来越少，PTTEP计划在国外拓展业务。截至2012年，PTTEP公司的海外投资多集中在东南亚其他国家，如缅甸、柬埔寨、印度尼西亚、马来西亚和越南等国。此外，PTTEP在勘探和开采方面还投资阿尔及利亚、阿曼、肯尼亚、莫桑比克、加拿大、澳大利亚和新西兰等国。2012年PTTEP宣布，计划将于2012—2016年间在国内外油气领域共投资200亿美元，其中资本投资为120亿美元，这120亿美元中有超过50%的资金用于本国油气事业的发展，剩余的都用于海外投资。PTT也计划斥资超过30亿美元投资缅甸，包括缅甸的藻迪卡（Zawtika）气田，另外PTT还购买了莫桑比克近海鲁伍马（Rovuma）气田8.5%的股权，其他投资还包括在澳大利亚西海岸的油田以及由挪威国家石油公司经营的加拿大油田的若干投资。[①]

在炼油方面，泰国政府正试图提高炼油能力，以满足越来越大的国内及周边市场需求。泰国的8个炼油厂拥有粗炼油110万桶/天的能力，同时，许多精炼厂拥有冷凝分离器，以处理液化天然气。PTT拥有众多炼油设施的大部分股权，剩余股份由私人持有。除了位于曼谷附近的邦嘉炼油厂外，泰国的大部分炼油厂和石化厂位于马达普（Map Ta Phut）工业区。拥有275 000桶/天炼油能力的最大炼油厂斯里拉查（Sri Racha）厂位于春武里府，PTT通过其子公司泰石油有限公司控制了该府炼油厂超过49%的股权。近期泰石油有限公司计划升级斯里拉查炼油厂设备，以便可以生产各种燃料，其中包括需遵守更严格的硫排放标准的燃料。此外，泰石油有限公司拟在未来5年投资18亿美元升级并扩大斯里拉查炼油厂及其他石化工厂设备。邦嘉石油公司也计划在近期拟投资28亿美元扩大和升级其拥有的炼油厂，其中部分资金可能用于修复2012年遭受火灾的一家炼油厂。[②]

在运输方面，PTT的子公司——泰国石油管道公司（Thappline），铺设了从泰国南部斯里拉查油码（the Sri Racha Oil Terminal）到北部的Lumlukka和Saraburi的石油管道。Thappline的石油管道包括153英里的干线和70英里的支线。泰国目前还没有连接任何国际石油管道。泰国能源部正研究一项延长本国北部和东北部输油管线的计划，拟投资152.4亿泰铢（约4.823亿美元），以减少这两个地区的石油运输成本。泰国政府或泰国能源巨头PTT将投资该项目，而泰国石油管线公司或

---

①　资料来源：International energy outlook 2013. http://www.eia.gov/countries/country-data.cfm?fips=th。

②　资料来源：International energy outlook 2013. http://www.eia.gov/countries/country-data.cfm?fips=th。

将成为运营商。[①] 2002年以来泰国石油产量、炼油厂产能和消费量如表4-7所示。

表4-7 2002—2012年泰国石油产量、炼油厂产能及消费量对比

	2002	2003	2004	2005	2006	2007	2008	2009	2010	2011	2012
产量(千桶/日)	210	244	241	297	325	341	362	376	388	397	440
产量(百万吨/年)	8.1	9.5	9.3	11.4	12.5	13.2	14.0	14.6	14.8	14.8	16.2
炼油厂产能(千桶/日)	1 068	1 068	1 068	1 078	1 125	1 125	1 195	1 255	1 260	1 260	1 260
日均消费量(千桶/日)	798	863	930	959	973	984	994	1 071	1 076	1 171	1 212
年消费量(百万吨/年)	36.9	40.1	43.5	44.3	44.4	44.4	44.3	47.2	47.1	50.5	52.4

资料来源：英国石油公司(BP)《BP世界能源统计年鉴2013》。

四、天然气工业

泰国的天然气资源比较丰富，截至2013年1月，泰国已探明的天然气储量为10.1万亿立方英尺，储产比为6.9%，是泰国最重要的自产能源。泰国几乎所有的气田都位于泰国湾。1973年，泰国首次在暹罗湾发现天然气。1977年泰国政府制定了天然气发展计划并开始勘探、开采。1981年9月，暹罗湾的气田首次供气。此后泰国天然气产量增长很快。1988年由法国道达尔(Total)与泰国国家石油公司勘探和开发分公司(PPT Exploration and Production, 简称PTTEP)联合开发的暹罗湾Bongkot气田是目前泰国最大的气田，位于曼谷以南640千米，产量占到泰国天然气总产量的近1/3。[②] 尽管如此，在过去的几年中泰国的天然气储备正面临着逐渐减少的趋势。天然气消费量从1999年开始就超过了产量。2011年泰国生产了13 060亿立方英尺[③](BCF)，但消费了16 450亿立方英尺的天然气，因此造成近3 400亿立方英尺的净进口量。

泰国的电力严重依赖天然气发电，2011年天然气发电供应了泰国71%的电力，虽比2010年的76%的比重有所下降，但还是居天然气消耗排名的首位。泰

---

① 《泰国能源部考虑在北部和东北部建输油管线》，http://www.cheminfo.gov.cn/zxzx/page_info.aspx?Tname=hgyw&c=0&id=395953。

② 资料来源：http://www.eia.gov/countries/country-data.cfm?fips=th。

③ 1立方英尺=0.0283168立方米。

国政府预计，到2022年泰国天然气需求将达到每年25 550亿立方英尺，如果天然气发电仍然是电力的主要燃料的话，天然气需求将每年增长1.5%。[1] 能源部预计，若无新发现的气田的话，以现有的生产速度，天然气产量在2017年达到顶峰，到2030年将耗尽。2012年泰国的天然气产量为414亿立方米，但消费量为512亿立方米。因此，泰国本国的天然气产量无法满足自身需要，必须依靠进口来保持供需平衡。[2] 这些进口天然气主要经管道从缅甸进口。2011年由于天然气管道泄漏和严重的水灾，泰国的生产和消费量都有所减缓。受此影响，2011年泰国的天然气产量和消费分别下降了约2%和3%。[3] 由于老气田产量下降，在未来的十年内泰国如果没有显著性地开发的话，将可能会越来越多地依赖进口天然气。不过，天然气产量虽然未能跟上国内消费的增长，但是天然气产量在过去十年间仍然稳步上升。泰国正设法提高国内天然气产量，通过管道进口新液化天然气，以及通过PTT的海外子公司来实现天然气供应的多元化。

在生产方面，PTTEP公司拥有众多泰国天然气田的股份，包括泰国最大的Bongkot气田。但外国公司提供了泰国大部分的天然气产量。例如，雪佛龙公司是泰国石油和天然气生产的最大外国运营商，据统计，该公司在2011年从海上19个天然气田为泰国生产了天然气约316亿立方英尺。泰国的PTT则在中间和下游天然气业务处于优势地位。大多数泰国的天然气生产位于泰国湾的北大年海沟。PTTEP与国外合资伙伴道达尔及BG集团，拥有泰国最大的Bongkot气田，在过去的几年该气田的平均日产量已超过600百万立方英尺/天。位于泰国曼谷以南350里的Arthit油田，2008年开始投产，相邻的北Arthit油田于2009年开始供气，二者加起来的产量提高到500百万立方英尺/天。[4] 位于泰国湾南部和马来西亚北部的马来西亚—泰国联合开发区，为泰国输送了不少的天然气。该区域被划分为三块，即A-18、B-17和C-19，并且由马来西亚—泰国联合管理局（MTJDA）管理，两国分别拥有油气资源50%的所有权。A-18区块的天然气产量估计为390百万立方英尺/天，B-17区块于2009年开始通过管道输送天然气，2010年产量是335百万立方英尺/天。马来西亚—泰国联合管理局计划维持这一生产速度直到2020年。两国还签署了另一份协议，即从Bumi Bumi气田开采的60%的天然气

① 资料来源：International energy outlook 2013. http://www.eia.gov/countries/country-data.cfm?fips=th。
② 资料来源：International energy outlook 2013. http://www.eia.gov/countries/country-data.cfm?fips=th。
③ 资料来源：International energy outlook 2013. http://www.eia.gov/countries/country-data.cfm?fips=th。
④ 资料来源：International energy outlook 2013. http://www.eia.gov/countries/country-data.cfm?fips=th。

将提供给马来西亚—泰国联合管理局。2010年泰国从马来西亚—泰国联合管理局采购量已经到650百万立方英尺/天。2013年初，该集团开始在Bongkot以南的新气田生产天然气和凝析油，最高产能预计将增加320百万立方英尺/天。[①] 2002年以来泰国天然气产量和消费量见表4-8所示。

表4-8　2002—2012年泰国天然气产量与消费量（单位：十亿立方米）

	2002	2003	2004	2005	2006	2007	2008	2009	2010	2011	2012
产量	20.5	21.5	22.4	23.7	24.3	26.0	28.8	30.9	36.3	37.0	41.4
消费量	26.9	28.6	29.9	32.5	33.3	35.4	37.4	39.2	45.1	46.6	51.2

资料来源：英国石油公司（BP）《BP世界能源统计年鉴2013》。

在运输方面，泰国的天然气运输远比石油的运输系统发达得多。PTT天然气分销公司（PTTNGD）目前有2 434英里[②]的天然气输配管道遍布全国各地，长达1 972英里的海上天然气管道将泰国湾的天然气田与泰国的6个天然气加工厂相连，764英里的陆上管道由东、西两条管道构成，其中包括将气体输送到气体加工厂的管道以及从缅甸输送天然气到发电厂的输气管道。在叻丕—旺河内（Ratchaburi-Wang Noi），东、西两条管道相互贯通。此外，泰国还有2个主要的天然气管道，将海上的Erawan油田与罗勇工业中心相连，输气能力为26.5亿立方英尺/天。PTTNGD铺设的第三条主要天然气管道将天然气从Arthit气田输送到罗勇府。从Erawan气田的输气管道也将MTJDA气田连接在一起。在曼谷附近的大多数天然气管网都是为曼谷地区的发电厂输气服务。PTT计划扩大其天然气管道输送网，以满足国内不断增长的需求，PTT目前有三条管道计划正在进行施工中，其中罗勇—Kaengkhoi管道已具备1.4亿立方英尺/天的输气能力，其主要为北部的工业设施服务，其他两条管道将于2014年完成。[③]

五、生物燃料工业

泰国是个在生产生物燃料方面比较先进的国家之一，在亚洲仅次于中国和印尼，居第三位。为降低泰国对石油的依赖性，泰国政府正在积极发展替代燃料，

---

① 资料来源：International energy outlook 2013. http://www.eia.gov/countries/country-data.cfm?fips=th。

② 1英里=1.609 344千米。

③ 资料来源：http://www.eia.gov/countries/country-data.cfm?fips=th。

如生物柴油和乙醇，并鼓励国民使用。泰国生物燃料市场自2004年全球油价大幅攀升以来不断扩大。泰国的主要生物燃料乙醇的原料为糖蜜和木薯，生产生物柴油的原料主要采用了棕榈油。泰国政府目前通过国家石油基金来补贴乙醇汽油，并淘汰了91号普通汽油。同样地，在生物柴油方面，政府推出了各种混合生物柴油的卡车和船的试点项目，以及提高棕榈油产量。

与石油相比，虽然生物燃料总量只相当于其很小的一部分，但泰国的生物燃料产量已从2006年的2 400万桶/天上升到2011年的20 000桶/天。2011年，乙醇消费上升至8 960万桶/天，在过去的5年增加了约4倍。作为泰国新10年（2012—2021年）替代发展计划的一部分，到2021年泰国全国预计消费将达到56 600万桶/天。由于菲律宾和新加坡进口了更多的混合燃料，2011年泰国本地区乙醇出口量提高到约占本地区出口量的27%。鉴于市场前景广阔，泰国计划建立一些以出口为导向的乙醇工厂，以进一步拓展本地区的出口市场。

泰国还是目前世界上第三大棕榈油生产国，生物柴油消费量也正在逐年增加，2011年消费近11 000万桶/天。由于石油缺乏，泰国目前生产的生物柴油都用于本国市场，并禁止生物柴油的出口。新的泰国替代能源发展规划显示，到2021年，泰国希望实现生物柴油消费达到37 550桶/天的目标，以减缓进口石油的压力。

六、电力工业

泰国的电力工业起步于20世纪50年代末。战后初期，泰国电力生产能力很低，仅有几家小型火电站和企业自备的柴油发电机组，以稻糠、木材和进口的柴油为动力。为推动电力工业的发展，泰国政府于1957年和1958年先后成立了然禧电力局和首都电力局，分别负责开发水电和火电。自此，以燃油和水力发电为主的泰国电力工业迅速发展起来。1961年，首家大型燃油火电站——北曼谷火电站建成投产，1968年扩容后装机容量23.75万千瓦。1964年，首家水力发电站——普密蓬水电站在湄南河的支流宾河上建成投产，装机容量42万千瓦。与此同时，泰国褐煤局也在积极尝试利用褐煤发电，并于1964年在泰南的甲米建成了首家褐煤发电站，1968年扩容后装机容量6万千瓦。70年代中期，随着暹罗湾天然气的开采，泰国开始推广天然气发电，并首先在合艾修建了燃气轮机发电机组。80年代后，天然气发电逐渐取代燃油和水力，成为泰国电力生产的主要方式。[①]

　　随着泰国经济快速发展,对电力的需求也与日俱增。据泰国有关部门的估计,2012年到2016年泰国对电力的需求也将以6%的速度增长,到2021年,泰国对电力的需求增加到44 200兆瓦。为保证国民经济的正常运转,泰国政府加大了国内基础电力设施的投资。在过去的10年泰国装机容量以5%的增长速度超过了泰国对电力需求的增长。目前泰国是东南亚电气化最高的国家之一,对电力供应安全和电网的可靠性促使泰国政府建立促进计划产能扩张政策,多元化燃料及增加使用替代燃料,加强电力管理及进口电力管理。泰国颁布了20年的电力计划,制订出增加电力容量目标以满足未来的电力需求。天然气发电占据60%以上的发电容量,其余的大部分都是煤和可再生能源贡献了大部分的剩余容量。为了满足需求的增加,泰国政府希望利用可再生资源和天然气,计划到2030年净发电容量翻一番,达到70亿千瓦。[②]根据泰国能源部的"电力发展计划",泰国2012年已新建成17座新电厂。[③]

　　传统的热燃料,尤其是天然气,是泰国主要的发电燃料。根据泰国能源政策及规划办公室(Energy Planning Policy Office, EPPO)的统计,天然气发电为108亿千瓦时,占2011年总发电量的71%。其次是进口煤和褐煤,为泰国第二大发电原料,占总发电量的21%。燃油发电,主要是用燃料油,仅占总发电量的1%。[④]泰国国家电力局计划到2020年天然气发电比率从目前比例降低至50%,煤炭发电率提高至25%,替代能源发电率增至15%,水力发电比例增至10%。此外,还将鼓励私营发电厂将剩余电力并入国家电网,2012年并网的私营发电厂,将为国家电网增加1 314百万瓦电力。[⑤]

　　电力局提出的PDP2010计划,拟定未来20年的发展计划,总投资4.3万亿铢,其中发电预算3.56万亿铢,输电预算7 550亿铢。目标是在2030年底,电力产能达661亿6 700万瓦,而且修建5座核电站,20座热能发电站,13座煤炭发电站等。PDP2010计划中提出2个方案,如果国内生产总值增速高,目标产能提到706亿6 900万瓦,煤炭发电站增至14座,同时增加3座天然气发电站;假若GDP增速

① 田禾、周方冶:《列国志:泰国》,北京:社会科学文献出版社,2009年版,第198页。
② 资料来源:International energy outlook 2013. http://www.eia.gov/countries/cab.cfm?fips=th。
③ 《泰国电力市场简介》,http://www.cpnn.com.cn/zhxx/201301/t20130121_553797.html。
④ 资料来源:International energy outlook 2013. http://www.eia.gov/countries/cab.cfm?fips=th。
⑤ 《泰国电力将实施业内调整》,http://paper.ce.cn/jjrb/html/2012-04/13/content_202374.htm。

不高，将增加收购国外电力，减少煤炭发电站为11座，天然气电站2座。该计划中还考虑天然气供给因素，以及研究降低温室气体排放问题，所以有必要发展核电站及清洁能源。[①] 泰国计划利用可再生能源发电和核电来减少对天然气发电的依赖。然而，各种扩大这些替代电力的前景有很高的不确定性。2011年日本福岛事件后，泰国首个核电站计划被推至2026年，装机容量也从原来计划的500万千瓦缩减到200万千瓦。此外，现有的基础设施和国内资源使天然气成为最经济的动力源。由于泰国提高了其液化天然气进口，较旧的燃气发电站可能会被新的循环发电设施取代。到2030年泰国政府打算减少天然气发电量占总发电量的58%，尽管如此，在未来的20年里，泰国的天然气发电仍然要扮演重要的角色。

大多数泰国的可再生能源发电是来自水电，2011年占5%的发电量。其他主要的可再生能源包括牛物燃料和沼气，在2011年占近2%。对」修订后的PDP所要求的可再生能源的能力，国内和进口总和要从2011年的6.3GW增加到2030年的20.5GW，占总发电量的29%。在过去十年内由于国家电力需求持续增长，泰国的电力进口增加了3倍多，电网也相应增加了。2011年泰国从邻国马来西亚和老挝进口了10.8TWH（百万千瓦）的电力。目前泰国电力管理所进口的电力通过一个300兆瓦的联网线路从马来西亚进口电力服务于泰国南部省份。东盟提出了区域电力网计划以提高发电效率，增加供应以满足该地区不断增长的需求，并开发可再生能源促进发电。泰国在东南亚地区地理位置优越，将成为该地区电力贸易的关键通道。

在管理上，泰国电力管理局（EGAT）是国有电力发电公司和唯一的电力传输供应商，占了近一半的发电量。泰国颁发执照给私人公司以推动竞争和吸引更多的投资于可再生能源发电，促进石化燃料发电厂的技术升级。独立电力生产商（IPPs）与法国燃气苏伊士集团作为主要投资者之一，弥补了其他占35%的发电量，泰国其他一些较小的电力生产商或生产了剩余电量的不到300百万千瓦的电量。EGAT销售和批发传输电力到泰国两个分销部门，即都市电力局及省电力局。[②]

---

① 《泰国电力局计划未来20年修建5座核电站》，国际电力网，http://power.in-en.com/html/power-1029102938598181.html。

② 资料来源：International energy outlook 2013. http://www.eia.gov/countries/cab.cfm?fips=th。

第三节　原材料工业

泰国的原材料工业在整个东南亚地区相对发达，但这并非泰国重要的工业部门。不过，作为基础性的工业部门，它为泰国整个国民经济的发展奠定了一定的基础。

一、采矿业

泰国矿产资源丰富，已探明储量的矿产有39种，其中投入开采的有锡、钨、萤石、重晶石、石灰石、锑、铅、锰、铁、褐煤等，产品多用于出口。除锡矿较早进行规模生产外，其余矿产都开发得较晚。由于受到资金、技术、市场需求的限制，加上采矿业风险大，它的发展比较平稳。泰国的采矿及采石业是重要的国家经济部门，但它对泰国的GDP增长的贡献并不大。矿业产值由1961年的8.5亿铢增至1986年的233亿铢，产值在泰国国内生产总值中的比重由1.5%增加到2.5%左右。显然，其地位并不显眼，但它作为一种基础工业，同其他工业如机械工业、化学工业的发展有着密切的联系，它的重要性亦不容忽视。据1984年统计，泰国全国约有1 123个矿场（不含煤矿），其中61%为锡矿场。虽然矿场数量众多，规模却不大，全国矿工5.6万～7万人，其中3/4为锡矿工。泰国的锡矿产值一般都占62%～83%，其他矿的产值比重较小。自20世纪90年代以来，随着国际需求的不断减少和国内环保意识的增强，除石灰石、褐煤等少数几种主要供应国内的矿产外，泰国采矿业的产量整体呈下降趋势。2003年泰国采矿业产值占国内生产总值的2.62%。矿产出口曾是泰国最重要的外汇来源之一，其中锡与大米、橡胶和柚木并列为泰国四大传统出口商品。但随着泰国制造业的崛起，矿产品出口在泰国出口构成中的比重不断下降，2003年仅占到1.15%。

锡是泰国最重要的矿产，总储量估计有556万吨，已探明的有150万吨，约占世界探明储量的12.1%，居世界首位。泰国开采锡已有近千年历史，早在17世纪的那莱王时期，泰国锡矿就远销欧洲各国。泰国的锡矿除少量分布于泰国中部和北部外，大多分布在南部半岛的攀牙、普吉、宋卡、洛坤、拉廊等府，属冲积矿床，含锡量高达65%。泰国锡矿场数最多时曾高达762个，其中属于现代技术的挖锡船只占5%，矿工4万～5万人。泰国锡产品主要有锡矿砂、锡金属和镀锡铁金属。1978—1981年，锡产量约4万吨，相当于60年代的2倍，是锡矿生产的最好时期。第二次石油危机后，世界经济不景气，加上受到国际锡矿协会的配额限制，锡的生产逐渐下降，1987年仅产2万吨。1986年以前，锡一直是泰国十大出口产品，每年为泰国创汇几十亿铢，最多时曾高达113亿铢。之后锡失去了过去的光彩，1986和1987年出口值仅分别为30亿铢和23亿铢。相反，其他工业品的出口发展很快，并相继超过了锡。锡的出口要恢复往常的地位似乎已不大可能。自90年代起，随着陆上冲积矿床的枯竭，泰国已逐步转入近海区域进行水下锡矿开采。泰国曾是仅次于马来西亚和印度尼西亚的全球第三大产锡国，1979年锡精矿产量高达46 364吨，但现在产量已大幅下降，2003年产量仅1 000吨。

钨曾是泰国最重要的出口矿产之一，主要产地是帕府、洛坤、北碧、南奔、宋卡等府。1978年，泰国钨产量高达6 181吨，占全球总产量的19%，是全球第二大产钨国，出口额5 000多万美元。但随着国际市场需求量的下降，目前泰国几乎停止了钨的开采。

萤石属非金属矿，主要供冶金工业做熔剂使用。泰国是亚洲萤石的主要产地，蕴藏量仅次于中国，居亚洲第二位，主要产于北部的清迈府和南奔府。1959年首先在泰国北部南奔府发现萤石矿，20世纪60年代末，随着国际市场对萤石需求量的增加，泰国萤石开采量猛增，1971年产量达40万吨，成为世界第二大萤石生产国，2/3的萤石矿产品用于出口。70年代下半期以后，产量逐渐下降，到80年代下降到30万吨以下，1985年产量有所上升，为35.5万吨。但随后产量开始逐年下降，2002年已降至2 271吨。2003年产量有所恢复，增至4万吨。

泰国其他矿产如石膏、高岭土、重金石、锰、铅、锑、钨、锌等的开采都有所发展，并且其产品都用于出口，但数量少，合计每年为泰国创汇30亿铢。

工业部是负责监督泰国采矿业的主要政府机构。工业部下属的工矿业局（DPIM）负责执行矿产法及颁布开采法，及对冶金、选矿、采矿业提供技术援助。而矿产资源部（DMR）起草国家矿产政策，为地质找矿和矿产勘查提供技术援助，并负责地质制图、管理矿产资源、进行矿物分析、推动环境地质学发展、负责管理矿产资源信息中心等。

二、钢铁工业

泰国钢铁工业的发展历程异于其他国家，最初先发展下游产业，即生产钢筋、钢管等成品的加工厂；随后才出现中游产业，即使用电炉生产的中小型炼钢厂，包括使用炼钢炉的钢筋厂和热轧卷厂；后期则多投资设立钢铁成品厂，生产镀锡钢板、镀铝锌钢板等。因此，泰国钢铁工业局限于对废钢的回收再生产，致使工厂虽众多，但产业链不齐全，所以高度依赖进口原料、半成品和成品。基于环保因素的考虑，现泰国钢铁工业的上游企业仅有塔塔钢铁（泰国）有限公司一家铁矿石冶炼工厂，规模较小，产能约每年50万吨。中游产业有16家生产半成品的工厂，大多工厂的产品仅用于企业内部供应，极少出售给国内没有炼钢炉的钢铁厂，导致没有炼钢炉的厂家必须依靠从俄国、乌克兰、土耳其、巴西等国进口半成品。下游产业中长材产品生产厂商约有100家，产品多用于建筑业、汽车及零配件制造业及机械制造业等；板材产品生产厂家约23家，产品多用于汽车及零配件制造业、建筑业、包装品制造业及电器制造业等。[①] 据世界钢铁统计年鉴数据，2012年泰国粗钢产量约430万吨，居世界第33位，并以1520万吨的进口量排名世界第5大钢铁进口国，净进口量高达1360万吨，仅次于美国，排名世界第2位。另根据《2012年世界钢铁工业年鉴统计》数据，2010年泰国粗钢产量为414.5万吨，2011年增加到423.8万吨。

2012年泰国主要钢铁（不包括半成品、冷轧钢、镀膜钢板、钢管）产量约为672万吨，同比降低3.11%。降幅最大的是半成品，同比下滑21.46%。板材产品降幅为1.15%，其中热轧卷/板下降了9.91%。主要因为进口的合金热轧卷/板不断输入，且报关时注明其用途与碳钢一致，所以无需支付5%的关税，降低了成本，因而迫使国内厂家减少了热轧卷/板的生产。同期长材产品产量逆增3.01%，受益于建筑业自第二季以后的成长。[②]

2012年泰国共进口了总值约3207.49亿铢的主要钢铁产品，较上年同期增长7.0%，其中半成品增幅最高，达11.04%，板材产品上升8.93%，长材产品增加2.25%。在出口方面，泰国主要钢铁产品出口总额为373.04亿铢，同比下降8.91%，其中半成品降幅达70.30%，长材产品降低9.97%，板材产品也跌落4.96%。[③]

因国内产品受到进口合金热轧卷/板增加的冲击，商业部外贸厅于2012年11

---

① 《泰国钢铁工业简况》，中国商务部，http://www.mofcom.gov.cn/article/i/dxfw/cj/201307/20130700181015.shtml。

② 《泰国钢铁工业简况》，中国商务部，http://www.mofcom.gov.cn/article/i/dxfw/cj/201307/20130700181015.shtml。

③ 《泰国钢铁工业简况》，中国商务部，http://www.mofcom.gov.cn/article/i/dxfw/cj/201307/20130700181015.shtml。

月宣布进行调查。同时，也对国内厂商提供的部分中国钢铁产品展开反倾销调查。2012年泰国倾销和补贴审查委员会决定对来自中国、韩国和中国台湾的部分镀膜钢板等产品征收反倾销税。

泰国钢铁工业使用了较先进的机械设备，从业人员拥有较现代化的知识技能，且工厂设址适宜，有利于针对东南亚国家市场的出口运输。这些均使得泰国钢铁业具有一定竞争优势。从市场方面看，国内人均钢铁消费尚有提升的空间，钢铁产品在部分产业还可以替代水泥或木材制品，所以泰国国内钢铁市场还可继续扩大。

然而泰国钢铁工业对外国资源依赖程度过大，不仅是几乎全部原材料来自进口，还包括技术和机械设备，且产业链不齐全，大量半成品和成品也需进口。此外，钢铁工业无法有效发挥全部产能，生产制度不合理，导致生产成本过高，劳动力匮乏，部分基础设施无法有效支持生产。另外，投资钢铁工业所需资金较高，扩大工业生产难度较大。更重要的是政府有关部门尚未制定明确的发展计划。这些因素均在一定程度上削弱了泰国业者的竞争力。基于国际经贸环境不佳，钢铁产销大国采取倾销措施，国际市场的竞争亦导致多个国家设置贸易壁垒，也不利于泰国在国际市场的竞争。[①]

三、化工原料工业

石化产业的发展始于20世纪70年代，当时泰国探测出在泰国湾蕴藏着丰富的天然气储备，并且制订了"东海岸发展规划"以促进开发，泰国工业区管理局负责该规划的监管。马达普工业园汇聚了包括石化、化工生产等众多重工企业。其基础设施、功能配备、供水、污水处理能力加之距马达普深水港仅2千米的地理优势都为这些产业的发展提供了极佳的条件。化工已是泰国活力产业之一，总值过万亿泰铢，从生产到物流运输拥有一套完善的基础设施。2009年泰国化工产品外贸额达到4 630亿泰铢，国内销售额更是翻了近3番。化工企业同时对诸如食品加工、塑料制品、清洁剂、纺织品、汽车、家具、医药和水净化等行业起到了重要的辅助作用。

泰国化工产业内资、外资企业林立，如泰国国家石油总公司、暹罗水泥集团、罗勇烯烃公司、泰国石化仓储有限公司、Dow、三菱、东培工业股份有限公

---

① 《泰国钢铁工业简况》，中国商务部，http://www.mofcom.gov.cn/article/i/dxfw/cj/201307/20130700181015.shtml。

司、美孚石油以及在泰国经营了40多年的世界最大的化工生产企业巴斯夫集团。在民族企业中，泰国国家石油总公司是石化和塑料树脂生产的龙头，暹罗水泥集团是泰国和东南亚第一的聚烯烃类化工品生产商。

多年来，泰国政府在化工产业发展上一直起着推动作用。泰国投资促进委员会更是通过给予外国企业土地所有权、税收和机械进口税减免优惠等分区税收优惠及非税收优惠来吸引外商投资。除了政府对化工产业的监管和支持，像泰国工业联合会等非官方机构也长期致力于维护本土企业的权益。泰国工业联合会下属的化工产业分会成立于30多年前，拥有150家会员，是联合会的第二大分支机构，其下设初级化工品、染料涂料、肥皂清洁剂、农药和一般化工品等5个支部。泰国工业联合会将石化塑料产业归属石油工业分会下设的一个独立机构。

化工产业正值泰国"2004—2018发展规划"的第三阶段，业内厂商发展迅猛。泰国工业经济办公室统计的2008年全国石化销售额为4 354亿泰铢，出口占了半数以上。这得益于靠近中国庞大的石化市场的地缘优势和东盟自贸区的成立。虽然首都曼谷具备很大吸引力，但大多数石化供应商还是将生产基地设在220千米以外的泰国东海岸罗勇府马达普工业园内。

泰国化工品生产种类齐全，包括丙烯腈—丁二烯丙烯—苯乙烯共聚物、锆、粘着剂、染料、化肥、电影胶片、酸性物、涂料、防紫外线涂层以及其他种类繁多的化工品。终端产品生产商因其生产成本低廉，在行业结构里居于主导地位。相比而言，初级化工品生产就需要消耗大量能源和原材料，多从外部进口。根据工业经济办公室的数据，终端产品占泰国化工品产量的75%。

2009年，泰国二甲苯产量为306万吨，乙烯253万吨，纯苯187万吨，聚丙烯158万吨，高浓度聚乙烯128万吨，丙烯126万吨。同时，泰国聚乙烯氯化物年产96万吨，聚乙烯对苯二酸盐86万吨，乙烯二氯化合物78.5万吨，苯乙烯54.5万吨，丁二烯29.5万吨。[①]

四、建筑材料工业

在东盟国家中，泰国是一个水泥出口大国。泰国水泥不仅出口中国、老挝及东南亚其他国家，还出口美国、欧洲以及非洲的一些发展中国家。

1914年，泰国第一家水泥厂——京都水泥厂在曼谷建成投产，年生产能力2.4

---

① 《泰国化工产业》，http://resin.baidajob.com/article-90099.html。

万吨。第二次世界大战后，在政府产业政策的扶持下，泰国水泥业发展较快，很好地满足了国内建设的需求。1987年以前，泰国基本上是水泥的净出口国。80年代末到90年代初，由于泰国经济高速增长，水泥供给缺口引发了水泥行业的大规模增资扩产。泰国水泥的产量从80年代中期的800万吨左右迅速提高到1996年的3 875万吨。1997年金融危机后，建设项目大幅减少，国内对水泥的需求也从1996年创纪录的3 700万降到了2000年的1 940万吨，水泥行业陷入了困境，连续几年产量仅在2 500万吨左右，生产设备使用率有时甚至不足50%。随着泰国建筑业的复苏和国际市场的开拓，泰国水泥行业逐渐恢复活力，2003年产量已增至3 253万吨。数据显示，2011年泰国国内共有7家水泥生产商，整体产能共计5 300万～5 400万吨，比泰国国内2 300万吨的年需求量高出40%，水泥出口量为1 400万吨。[①]

水泥生产具有规模效益，属自然垄断行业。泰国政府通过对水泥行业实行审批监管，有效地减少了行业的无序竞争，保证了泰国水泥的生产质量，还增强了产品的国际竞争力。泰国规模最大的水泥厂是暹罗水泥集团（The Siam Cement Group），年生产能力高达2 300万吨，是2001年全球十大水泥生产企业之一。泰国水泥的生产技术目前处于国际领先水平，拥有3条全球规模最大的生产线。规模化的集约型生产有效地降低了生产成本，使泰国水泥能凭借价格优势抢占国际市场。例如，2000年国际水泥的平均价格为每吨40～50美元，但泰国水泥的出口价格却不到20美元，因而年出口量能够高达700万吨，约占全球总出口量的6.2%，成为全球主要水泥出口国之一。

第四节　制造工业

制造工业是泰国重要的工业部门，其中又以汽车、摩托车、电子电器、信息产品及工艺品的制造部门为重点。

一、汽车工业

20世纪60年代以前泰国的汽车、摩托车全部依赖进口。60年代初期，随着经济的迅速发展，泰国对运输工具的需求也急剧增加，每年为进口运输设备花费了大量外汇。为改变这种状况，泰国开始与国外的汽车厂商联营，在泰国设立汽

---

① 《2011年泰国水泥工业将年比增长5%》，载《建材发展导向》，2011年第8期。

车、摩托车装配厂，希望从组装起步，逐渐过渡到国产汽车、摩托车。

（一）发展概况

在政府的贸易保护措施和关税优惠刺激下，泰国汽车工业逐步由小到大，由少到多地发展起来。1964年泰国建立了第一家汽车装配厂，以后建立了几家，但规模较小。1968年泰国生产汽车1.36万辆。到70年代，泰国约有20家汽车装配厂，总生产能力为16万辆，实际生产10万～12万辆，一般尚处于进口零部件、国内组装阶段。但零部件国产化率已提高到45%，对推动与汽车相关产业的发展起了重要作用。据报道，泰国中、小汽车零部件厂多达几百家，轮胎制造厂每年能生产4万多吨。泰国汽车业在自力更生的同时，还引进外资。最先开始来泰国投资设厂的是美国和一些欧洲国家的汽车公司，日本厂商稍后也打入泰国。后来由于石油危机等原因，欧美厂商都从泰国撤走了，只有日本厂商坚持留下来。在石油危机后，欧美汽车厂商又纷纷回到泰国继续投资汽车业。经过50年的发展，目前泰国共14条汽车生产线，其中日资企业8条，欧美企业6条。

1987年以来，泰国汽车市场较为兴旺，汽车装配量直线上升，1987年年产9.81万辆，1990年增加到30.48万辆，1995年已超过50万辆。2012年泰国汽车生产量达到245.37万辆，年比增长68.32%，是泰国生产汽车51年来最高水平。经过50余年的发展，汽车业成为泰国第一大支柱产业，总产值达到国内生产总值的10%，相关出口占泰国总出口额的50%左右，泰国已经跻身世界十大汽车生产国行列。[①]

（二）发展政策

自1961年政府成立第一家汽车零部件制造企业——泰国汽车产业公司（Thai Motor Industry Company）以来，泰国汽车产业政策经历了进口替代政策向出口导向政策的成功转变。

1961—1989年泰国实施进口替代的汽车产业政策。这一时期政府对汽车工业实行了加强保护和扶持的政策，使之避开国外强手的竞争和冲击。早在1961年泰国投资委员会就对汽车工业提供了投资优惠待遇。1969年内阁专门成立了一个委员会来制定发展汽车工业的政策和规章，这时已有9家汽车装配厂在运转。此后该委员会颁布了一系列条例和规定，严格限制进口外国汽车和汽车零部件，力

---

① 孙广勇、于景浩：《汽车年产量突破200万辆——泰国跻身世界十大汽车生产国》，载《人民日报》，2012年12月28日第21版。

求使泰国装配的汽车中的国产零部件达到一定的比例，以促进国内新兴汽车工业的发展。该委员会于1971年规定，国内装配的汽车中，国产零部件必须达到25%。1973年调整了这一比例，并把轿车和货车分开制订不同的标准，轿车的国产零件率提高到54%，货车提高到62%。

1978年面对严重的贸易赤字，泰国政府将轿车生产的本地成分比例提高到50%，并全面禁止汽车和摩托车整车进口，以限制外国整车的流入。1982年，泰国政府将轿车生产的本地成分比例下降到45%，而后在1986年又提高到54%，同时规定轿车生产必须使用国内生产的发动机，以促进国内汽车零部件产业的发展。这些保护性的政策措施对于初生的国内汽车工业免受国外同行的冲击具有一定的积极意义和有效作用，但长期过多的保护也影响了幼儿的健康成长和自立，使得泰国的汽车工业缺乏不断进取和提高的内在动力，生产效率一直很低，结果生产出来的汽车价格昂贵而质量较差。同时，这些过度保护的产业政策也扭曲了国内汽车市场的价格。[1]

1990年以来，泰国逐步实施出口导向的汽车产业政策。尽管政府已经实施了30年的汽车保护政策，但是泰国国内始终没有建立起独立的汽车工业。面对越来越严重的贸易赤字和国内扭曲的汽车价格，泰国政府意识到必须要顺应全球化发展趋势，实施开放的产业政策，最终确立出口导向型汽车工业总体发展模式，即充分利用外来资金与技术，同时发挥本国的资源优势发展泰国汽车工业，逐渐放开国内汽车市场。1990年泰国政府开始从根本上改变对汽车工业的保护政策，这标志着政府的政策进入了一个新阶段。

为了消除汽车工业长期受政府特殊政策保护所产生的国产汽车质次价高的弊端，使汽车业真正成熟并自立于国内和国际市场，泰国政府于1990年8月取消了对汽车装配部件的限制，允许厂家自由选择部件进行装配。1991年7月调整了进口汽车的关税率，由过去的600%降到200%，待组装的整车部件甚至降至20%，这一新政策使国内汽车工业直接面临国际上的激烈竞争，因而产生了很大的震动。为了鼓励国产汽车出口，打入国际市场，泰国政府进一步对待组装进口车实行减税优待，规定凡是能出口1 000辆以上汽车的厂家，其进口的待组装整车部件的税率可减至10%。这一新规定使泰国三菱公司立即受益，该公司现在每年出口2万辆汽车，计划在不久的将来增加到5万辆。另外，政府正在考虑取消

---

① 孙海霞：《泰国：崛起中的汽车工业国》，载《汽车与配件》，2010年第32期。

对新建汽车组装厂的限制。泰国政府的这一政策不但吸引了大批国际厂商投资办厂，而且促使国内厂商在竞争压力下不断改进技术提高效率。泰国汽车工业很快进入了黄金时期。1990—1995年，泰国汽车生产量和国内销售量分别以每年平均16.7%和13.5%的速度递增。1996年，汽车产量已达56万辆，泰国成为东南亚最大的汽车生产国，产量占东盟总产量的一半，而内销量也创下了59万辆的历史记录。2012年泰国汽车年产量突破200万辆，总产量达240万辆，2012年泰国汽车国内销售总量（已交车）突破140万辆，出口总量突破100万辆，使泰国上升为世界第9大汽车生产国。[①]

二、摩托车工业

泰国的摩托车工业与汽车工业几乎同步发展。20世纪60年代以前，泰国摩托车全部依靠进口。但是，60年代以后，摩托车行业逐渐发展起来，以至于如今成为泰国外贸出口的支柱产业之一。

（一）发展概况

1956年，日本本田公司成为第一家进驻泰国的外国摩托车公司。60年代初，泰国开始引进国外摩托车生产线，与国外摩托车厂商联营，在泰国设立摩托车装配厂，从组装起步逐渐过渡到自制国产摩托车。1964年，泰国第一条摩托车整车装配线投产。目前，泰国的摩托车业以出口为主，年产量已达200多万辆的规模，是世界第9大摩托车出口国，已成为东南亚地区摩托车主要生产基地和出口中心，拥有东盟地区最大规模的摩托车组装能力和零部件生产能力，其摩托车零部件绝大部分由当地零部件市场供应。泰国的摩托车主要出口美国及东盟国家，现已成为泰国外贸出口支柱产业之一。[②]

1996年，泰国摩托车产量曾达到143.78万辆。1997年，因受金融危机影响，泰国摩托车产量一度下滑，到1998年产量仅为60万辆。2000年，泰国摩托车产量又恢复到112.57万辆。2003年，首次突破200万辆，达237.85万辆；2005年产量突破300万，达354.8万辆。但随着汽车销售价格降低，使摩托车销售量随之走低，进而导致产量下降。购买摩托车的消费者大部分属于购买能力低且对私人交通工具有需求。一旦汽车价格降至购买能力的范围内，就会转向购买汽车。2012

① 《排行前十名，泰国汽车生产量惊人》，南博网，http://www.caexpo.com/news/info/original/2013/02/02/3586558.html。
② 郭凌崧：《曼谷的道路交通与泰国摩托车发展特点》，载《小型内燃机与摩托车》，2014年第2期。

年6月泰国摩托车产量降至27.5万辆，同比下降11.44%，上半年（1～6月）总产量160万辆，同比下降0.99%。为此，泰国摩托车制造商进行自我调整和转向需求量较大的邻国出口，如缅甸、柬埔寨和老挝。目前摩托车出口量开始逐步增长，周边出口对象国摩托车市场增长比例和趋势都处于上涨地位。泰国摩托车销量仍在增长，但不如汽车增长的快，目前民众更热衷于购买汽车。[1]

泰国的摩托车全部是外国品牌，在国内摩托车产业高速发展的同时，自身无力对本地生产的摩托车产品的性能、品质、价格等方面进行主导。泰国现有5家摩托车装配厂，其中4家为日本摩托车品牌，即暹罗雅马哈有限公司、泰国本田有限公司、泰国铃木汽车有限公司、泰国川崎汽车有限公司，它们先后成立于1966年、1967年、1968年和1976年。除了川崎公司外，其他三家公司都享受过泰国政府为鼓励投资于摩托车业而给予的优惠待遇。1976年川崎公司成立时，泰国政府已经取消了对投资摩托车业的优待。泰国生产的摩托车95%～99%以上为家用型摩托车，1%～5%是运动型摩托车。

（二）发展政策

泰国政府从1964年开始鼓励对摩托车工业进行投资。凡是在规定的地区投资生产摩托车，就可以得到种种优惠，例如，免除机械设备的进口税；连续8年享受公司所得税豁免权；凡是在总销售值中占30%以上的出口产品所需的原材料可以免征进口税5年；公司所得税豁免期满之后可享受减半征收5年的待遇；自赢利第一年起10年之内分两次扣除交通、水电费；按投资额的25%的比例扣除安装费用；产品在国内消费者所需进口的原材料可以减征75%的进口税，为时5年，但这些原材料必须是国内没有的，而且必须是在进口后进行加工处理的原材料。

另一方面，为了保护和促进摩托车生产的本地化进程，政府也采取了一些限制性措施，如规定摩托车装配厂必须使用70%的国产部件。自1978年1月31日起禁止进口摩托车整车。

近年来，泰国政府彻底开放了摩托车市场，引入国外知名品牌进行属地化生产，并根据世界贸易组织的规定，取消了摩托车生产对当地投资及零部件国产化等方面所占比例的规定，因而提升了其国内摩托车产业的档次、质量，增加了产

---

[1]　"泰国民众爱买节能车，摩托车产量降"，中国商务部，http://www.mofcom.gov.cn/aarticle/i/jyjl/j/201207/20120708250708.html。

业竞争力。①

三、电子电器制造业

泰国电子电器业发端于20世纪60年代，不过当时只有一些小型的家用电器和电子装配厂。国内所需的简单家用电器都要靠国外进口。到70年代，随着发达国家劳动密集型产业的转移，泰国的电子电器业逐渐发展起来。最初阶段主要是进口原件到国内搞组装生产。一般规模小，厂家不多，基本上还没有电子元件工厂。其产品数量不多，组装的收音机、电视机、风扇、电冰箱等家用电器还不能完全满足国内需要。到了70年代下半期以后，西方国家为了避开国内劳动力成本高的冲击，都纷纷实行"海外生产"方式，把电子工业中属于劳动力密集的工序和生产过程，转移到发展中国家去，自此泰国才得以借助外国资本和技术开始发展电子元件的生产，特别是集成电路板的生产甚为活跃，电子公司企业应运而生。到80年代，全国约有7家电子公司，其中5家为外国独资经营。集成电路板的生产能力已达4.75亿件，1987年产量达9.44亿件。随着电子工业的发展，家电工业元件的自给率有了显著的提高，并朝着国产化方向发展。

80年代后，泰国的电子工业产品的出口有了明显发展，部分家用电器开始打进国际市场。为配合电子工业的发展，泰国政府比较重视宏观控制。国家专门成立电脑委员会，1985年科学部也成立电子工业促进委员会，加强对发展电子工业的指导。同时加强对各级专业人才的培养，在许多大学里都增设了电气工程及其自动化专业的课程，一些大学还招收电器工程专业硕士、博士研究生。为保护本国电子工业，泰国当局还提高进口电子产品的关税，同时通过跨国公司加快电子工业产品占领国际市场的步伐。当然，这个时期泰国电子工业总的来说还是低水平的，比起韩国、新加坡、马来西亚还有一定差距。80年代后期，随着东亚新型工业化经济体产业转移的推进，泰国的电子电器业进入了高速发展时期，成为泰国重要的制造业部门。电子电器业已是泰国最大的出口行业，2002年出口额为218.63亿美元，占总出口额的32.7%。

1962—1995年间，共有163家国际电器公司投资泰国，总额达18亿美元。日本投资者的投资额占了一半。日本和韩国的主要电器公司，如索尼、松下、NEC、东芝、日立、三星等均已在泰国投资办厂，近年来还逐渐将一些生产基

---

① 郭凌崧:《曼谷的道路交通与泰国摩托车发展特点》，载《小型内燃机与摩托车》，2014年第2期。

地搬迁到泰国，使得泰国家电产品生产规模不断扩大。泰国目前已成为东南亚最大的空调机生产国。2000年泰国生产电视机608.4万台，电冰箱292.2万台，空调机373.8万台。泰国家电产品除了满足东南亚市场外，还远销中东地区，并有部分返销日本。2002年泰国电器出口创汇56.71亿美元，与2001年相比增长15%。2006年泰国电子电器业的生产指数同比增长了15%，其中电子产品产量增长了22%，而电器产品产量下降了4.44%。虽然2006年电子产品产量仍保持增长，但增幅低于2005年39.49%的增幅，因为受到显示器和键盘产量出现负增长的影响。此外，电子电器业还面临着来自其他国家如印度等国的越来越激烈的竞争。

　　2011年泰国的电子电器产业占据了泰国年度总收入的24%，为泰国创收550亿美元，主要出口对象依次为东盟（17%）、欧盟（14%）、中国（12%）、美国（13%）、中国香港（12%）、日本（11%）。[①]

四、信息产品制造业

　　泰国的集成电路工业起步较晚。直到20世纪70年代中期，新加坡、马来西亚的集成电路工业迅速发展才引起泰国政府的注意。为推动本国集成电路工业的发展，泰国政府实行了税收优惠政策，规定集成电路生产厂家可以免税进口原材料，对本国生产的集成电路原材料也免征增值税，而外国投资的集成电路生产企业更可以免除8年企业所得税。在政府扶植下，泰国集成电路工业迅速发展起来，2003年集成电路产量已达82.2亿块，比上年增长43%。泰国生产的集成电路多数用于出口，且主要是美国市场，所以大部分集成电路生产厂商都与国际跨国企业建有战略合作关系，如泰国最大的集成电路生产商哈纳微电子（Hana Microelectronics）就是摩托罗拉和西门子的供应商。2002年泰国集成电路出口额89亿美元，比上年增长12.7%。尽管目前泰国集成电路生产规模与新加坡、马来西亚相比仍有很大差距，但随着欧美高技术企业投资的增加，泰国已成为东亚最具潜力的集成电路生产国之一。

　　近年来计算机的组装和零部件生产在泰国发展很快。其中最具代表性的就是计算机硬盘的生产。泰国的硬盘制造业始于1983年，希捷（Seagate Technology）公司率先在泰国投资建厂。随着国际各大硬盘生产厂商的跟进，以出口为主的泰

---

① 泰国投资委员会（BOI），Thailand's Electrical and Electronics Industry 2013, http://www.boi.go.th/upload/content/BOI-brochure2013_EE_20130314_11485.pdf。

国硬盘制造业迅速发展起来。现在泰国已是全球第二大计算机硬盘出口国，出口量占全球出口总量的18%，仅次于新加坡（占39%）。富士通（Fujitsu）、日立（Hitachi Global Storage Technologies）和西部数据（Western Digital），这三家泰国最大的硬盘生产厂商的年生产能力之和已达7 000万块。计算机整机、内存、主板、光驱、软驱等的产量和出口量近年来也在不断增长。2002年泰国计算机及其部件出口额为72.92亿美元。同时，随着社会信息化程度的提高，泰国国内市场对计算机的需求量也在迅速增加。2002年泰国国内计算机销售量为76万台，比上年增长15%，其中台式计算机60万台，便携式计算机10万台，掌上电脑（PDA）6万台。由于泰国政府对国产计算机有优惠政策，所以近年来泰国本地计算机组装企业发展迅速，现在已有3 000多家，不过规模普遍较小，能覆盖全国的国产品牌只有以BELTA为首的二三十家。当前泰国的国产品牌计算机凭借低价位的优势，占据着大约70%的国内市场份额，而惠普、戴尔、IBM等国际知名品牌的市场份额则不到30%。

泰国电子产品出口结构以计算机产品为主，占比达55.6%，由于全球计算机需求已连续第5个季度萎缩，即2013年第2季度萎缩幅度达10.9%，导致2013年1～7月泰国电子产品出口已萎缩了3.9%。目前泰国电子产业正处于调整生产结构的初期阶段，以符合全球市场需求，如增加对集成电路、印刷电路板和半导体等全球市场需要的产品的投资，且这些电子产品是智能手机、汽车电子系统和无线射频识别系统等电子零部件的组成部分。开泰研究中心认为，投资结构的调整将促使具有可满足全球市场需求实力的产品出口增长17.2%～18.4%，同时计算机及配件出口将萎缩约15.3%～17.4%，导致2013年电子产品出口总体增幅将介于萎缩2.8%至增长0.3%之间。[①]

五、工艺品制造业

泰国是久负盛名的有色宝石加工及贸易中心，也是全球珠宝首饰的重要出口国。因工艺水准高、品质精致、款式设计新颖并富创意，加上价格相对实惠，泰国珠宝首饰得到国际消费者的青睐。20世纪80年代中后期，珠宝加工业发展成为泰国的出口型产业。1985年泰国珠宝首饰的出口额仅3.14亿美元，1988年出口

---

① 《泰国电子产业结构未来的发展和调整趋向》，中国商务部，http://th.mofcom.gov.cn/article/jmxw/201309/20130900312 289.shtml。

值已高达290亿铢，相当于1980年32亿铢的9倍，仅次于纺织品出口而跃居第二位。泰国已是仅次于意大利的珠宝首饰出口大国，2003年出口额为25.2亿美元，主要出口西欧、中东、日本、中国香港和美国，其中美国占25%。根据泰国珠宝首饰协会统计资料显示，2007年泰国珠宝首饰出口总额达53.81亿美元，与2006年的36亿美元相较增长约47%。泰国是全球最重要的珠宝首饰生产国之一，年产量占全球珠宝首饰总产量的2%。目前泰国珠宝及首饰相关产品已跻身泰国前5大出口产品之列，而珠宝首饰、钻石及有色宝石出口金额，更占2007年泰国珠宝业出口总额的80%，足见该产业对泰国经贸的贡献度及重要性。[1]

自1990年起，珠宝首饰就已跻身泰国前10大出口商品之列，1997年亚洲金融危机爆发，泰国政府果断采取浮动货币政策，使珠宝首饰出口价格降低。由于该政策及时实施，化解影响泰国珠宝首饰业发展的负面因素，也促使泰国珠宝首饰出口迄今维持增长荣景。随着中国及印度经济的快速发展，挟以大量且低廉的劳动力，加上珠宝首饰生产、加工技术迅速提升，对泰国珠宝首饰业已形成直接竞争威胁。为应对这一态势，泰国珠宝首饰业者、珠宝首饰协会与泰国政府等三方持续保持密切合作，通过展览加强国际宣传，使泰国珠宝首饰出口得以在竞争环境中继续增长。另外，为了提高产品附加值，泰国珠宝首饰业近年来更是积极加强创意能力设计并发展品牌，目前该产业在泰国已发展成为结合珠宝首饰、纺织品服装、鞋类皮革等于一体的时尚制造产业。

在产业结构方面，泰国珠宝产业主要包含两大工业，一是宝石打磨切割（Gems polishing），二是首饰生产（Jewelry production）。宝石打磨又分为钻石及其他宝石加工，首饰生产则分为真品首饰及仿真首饰。2007年泰国工业部门共登记有870家宝石加工与珠宝首饰制造工厂，其中超过80%为中小型企业，全国该产业雇佣劳工人数总计达59 000人。虽然珠宝业绝大多数由真品珠宝首饰制造商所构成，但仍有为数不少的从业者投入仿真首饰制造行列，主要是因为仿真首饰进入门槛较低，所需投入资本额也较少的缘故。泰国仿真首饰是由供给当地市场的小型企业开始发展起来的，至今已有一定生产规模且出口市场也向它抛来橄榄枝。目前泰国国内有宝石切割琢磨企业250家，从业人员50多万，首饰加工企业300家，从业人员20多万。泰国珠宝加工业生产所需的原料大部分依靠进口，年进口额在10亿美元以上。泰国虽以盛产红宝石和蓝宝石闻名于世，但国内的宝

---

[1] 《泰国珠宝业跻身五大出口国》，中国商务部，http://www.mofcom.gov.cn/aarticle/i/jyjl/j/201112/20111207910434.html。

石产量早已不能满足需求，现在主要依靠从缅甸、斯里兰卡等周边国家进口。[①]

近年来由于全球主要经济体出现程度不一的经济衰退，消费者购买能力下降，无力负担昂贵的宝石首饰，因而提供多样化设计风格的仿真首饰越来越受欢迎，较真品宝石首饰更具出口潜力。2007年泰国仿真首饰出口约有18亿泰铢的规模，其熟练的技术及低廉的工资，吸引不少来自瑞士、中国台湾及日本的仿真首饰制造商将生产基地移往泰国。生产仿真首饰所需原材料主要为金属合金，诸如黄铜、铜、汞、不锈钢等，部份金属首饰再缀以人造宝石。仿真首饰制造过程不需要高超的技术及人工，只使用复杂度较低的机器设备。一般而言，仿真首饰主要需求仍来自泰国本地市场而非外销，特别是喜购低价饰品的消费者。

在进出口贸易趋势方面，自2000年起，泰国珠宝业贸易额即呈现逐年增长态势。根据泰国海关统计，2007年泰国珠宝首饰贸易总额达96.05亿美元，较2006年增加76.01亿美元，增长率达26.36%。其中，2007年出口金额达53.81亿美元，占泰国该年度所有产品出口总额的3.53%，排名第5大出口项目。珠宝首饰进口金额为42.24亿美元，占泰国2007年所有产品进口总额的3.02%，排名第9大进口产品。珠宝首饰进出口相抵，贸易金额总计出超11.58亿美元，是泰国自2004年连续入超3年以来，再次恢复珠宝业出超，详见图4-6。

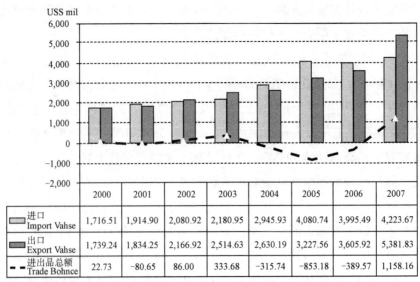

	2000	2001	2002	2003	2004	2005	2006	2007
进口 Import Vahse	1,716.51	1,914.90	2,080.92	2,180.95	2,945.93	4,080.74	3,995.49	4,223.67
出口 Export Vahse	1,739.24	1,834.25	2,166.92	2,514.63	2,630.19	3,227.56	3,605.92	5,381.83
进出品总额 Trade Bohnce	22.73	-80.65	86.00	333.68	-315.74	-853.18	-389.57	1,158.16

资料来源：泰国珠宝研究所（The Gem and Jewelry Institute of Thailand）。

图4-6　2000—2007年泰国珠宝产业进出口概况

① 《泰国珠宝业跻身五大出口国》，中国商务部，http://www.mofcom.gov.cn/aarticle/i/jyjl/j/201112/20111207910434.html。

目前泰国珠宝和装饰品的出口已跻身全球五大国家之列，年均出口价值高达3 000亿铢，整个工业共有90万个大型、中小型企业。泰国珠宝和装饰品的出口呈现趋升，尤其是中东地区的购买力较高，而且对泰国的工艺品保持兴趣。但是泰国的珠宝加工业目前面临严峻挑战，来自中国、印度的低档产品特别是银饰品和来自土耳其、黎巴嫩的中档产品正在逐渐抢占泰国的国际市场份额。尽管目前泰国的宝石热处理技术和切割工艺已达到世界一流水平，但首饰外壳工艺和设计水平却一直差强人意，面临缺乏设计师的问题，使得产品的多样化无法满足不断增加的市场要求。泰国政府正积极引导国内珠宝首饰生产向高档产品发展。为此，泰国政府不但提供贷款，支持泰国宝石及珠宝贸易商协会建立了位于曼谷的超大型钻石、宝石及首饰生产和出口中心Gemopolis工业区，还出台政策免除了在Gemopolis工业区生产的珠宝首饰产品的增值税。此外，泰国政府还在2003年推出的"时尚都市"计划中，重点培养世界一流珠宝首饰设计师，树立珠宝首饰产品的国际品牌。[1]

第五节　农产品加工业

由于受半殖民化的影响，第二次世界大战前泰国单一种植的畸形经济结构曾使农业的发展受到严重的阻碍。泰国在第二次世界大战后由过去以农产品为主的传统农业国逐步向新兴工业国转化，主要的出口产品是工业制成品，其经济结构发生了重大转变。与时俱进的农业发展战略使其形成了蓬勃发展的农业和发达的农产品加工业，取得的成就令人瞩目。农产品加工业适应了产业发展和经济转型的需要，并保持和继续发挥农业在国民经济中的基础地位和传统优势。农产品加工业在泰国政府"农业工业化"的发展方针指引下，经过50余年的发展已颇具规模，仕有效地提高泰国农产品国际竞争力的同时，也增加了农产品的附加值。泰国的农产品加工业的发展历程大致经历了三个阶段。在20世纪50年代，泰国还是落后的农业国家。到20世纪的60—80年代，农业带动了国民经济的快速发展，农产品加工业在这一时期起步发展。到20世纪后期，泰国大力发展农产品加工业，实施"农业—工业化"和农业产业化。进入21世纪，农产品加工业得到深化

[1]《泰国珠宝业跻身五大出口国》，商务部，http://www.mofcom.gov.cn/aarticle/i/jyjl/j/201112/20111207910434.html。

发展。现今泰国的农产品加工品的出口规模与额度正在超越传统的农产品出口。农产品加工业紧随发达国家水平，并在国际竞争中拥有其独特的优势。泰国的农产品加工业主要由粮食加工业和食品加工业构成。

一、粮食加工业

泰国的粮食加工主要包括稻米加工、玉米加工和木薯产品加工。

（一）稻米加工

泰国多年保持着大米出口世界第一的地位。泰国稻米加工业十分发达，大米加工公司已由过去的小企业向中大型加工企业方向发展。公司的产品包括香米、白米、蒸水、碎米、水粉、糠油、谷灰等。整个加工生产过程已经精细化和全自动化。在稻米收购入厂时，对稻米进行抽样和加工试碾，以此测定水分和精米率等。再加上外观品质，依质定价。然后再对大米进行清洁、干燥和分贮。最后进行从粗选到抛光、分级和包装的精细加工。泰国大米抛光的技术含量较高，主要是水粉和湿度控制技术十分严格，确保了大米的质量。泰国香米的加工程序有很多道，不同产品应用不同的碾制方式。生产者根据不同的市场需求，将大米加工成糙米、白米和碎米，分别包装上市。消费者对食品健康日益关注，使得泰国推出的不含化学成分的大米很受欢迎。泰国企业的一些新的加工工艺，使得泰国香米在国际市场上更富竞争力。

泰国农业部开发了 THAIAG.NET 和 THAITROP.COM 两个网站，即农业生产数据库和农业技术数据库，通过800个地区技术传授中心（TTTC）来帮助提高农民生产技能，保证大米加工的质量与生产率。泰国相关支持产业也对稻米加工业起到了推动作用。泰国香米的相关支持产业主要表现在以下几个方面：第一，泰国发达的碾米机、抛光机、光谱筛选机等稻米加工设备业，为筛选优质香米时提高整精米率提供了保障，利于香米业的发展。第二，泰国的农业生产条件限制了香米多为一年一季生产，产量较低。为了降低水稻生产成本，提高国际市场竞争力，泰国政府致力于推广和尝试应用一系列新的国家项目种植技术，大大提高了水稻生产能力。泰国大米注重综合开发利用，谷壳用于燃烧发电，壳灰供应出口，米糠提取糠油，干糠作饲料。

（二）玉米加工

自1953年以来，由于与日本的经贸关系日益密切，泰国每年需要从日本进口大量的工业品。为了维持外贸收支平衡，泰国设法增加对日本的出口。由于这个原因，泰国的玉米种植面积和产量剧增。玉米曾是泰国最重要的出口农产品之一，其出口形式以甜玉米和玉米饲料为主。泰国玉米出口量仅次于大米、木薯和橡胶。随着泰国畜牧业特别是养鸡业的兴起，国内对玉米饲料的需求猛增，甚至一度出现需求缺口。在2000—2004年期间，在泰国的北部为供加工用而种植的甜玉米发展很快，由11 100公顷增加到12 500公顷，每公顷的平均产量为9吨。泰国小甜玉米的产量在2003—2004产季达61 000吨；到2004—2005产季下降至59 200吨。

由于国外的需求量大，泰国的冷冻甜玉米发展很快。2003年泰国出口的小甜玉米达60 000吨。其中，向美国这个最大的出口市场销售的小甜玉米数量比上一年出口的2 800吨下降8%，向欧洲的出口下降30%，出口的主要国家还有荷兰、德国和英国。由于面临着中国的有力竞争，泰国的蔬菜罐头厂家正在放弃小甜玉米的加工。从而转向加工普通甜玉米，特别是冷冻甜玉米的加工。泰国小甜玉米的加工业，正处于整顿的阶段。只有那些大型的、向日本和欧洲正常供货的厂家，才能经受得住低价的竞争。小甜玉米的加工，属劳动集约型的行业。近年来，由于泰国玉米产量有所提高，因此泰国再次成为玉米净出口国，不过规模很小，2003年净出口量仅19万吨，出口额2 400万美元。2012年泰国全国玉米产量为481.9万吨。[①]

（三）木薯产品加工

木薯是泰国传统的出口农产品，木薯的加工产品又是重要的出口项目。继玉米之后，泰国木薯也得到迅速发展，而且势头更猛。泰国木薯的勃兴发展，也完全借助于国际饲料消费结构第三次变化之机遇。泰国已经成为了世界第三大木薯生产国（仅次于尼日利亚和巴西）和第一大出口国，2011年全国木薯种植总面积120万公顷，主要产区在东北部、北部和中东部，其中东北部产量占全国总产量的一半多。从事木薯种植的农户有51万户。2011年木薯产量2 510.8万吨，鲜木薯和木薯干出口373.5万吨，出口金额9.69亿美元。木薯淀粉出口271.2万吨，出口金额15.73亿美元。2010年木薯产品的出口总额为216.1亿美元，2011年为264.4

[①]　资料来源：泰国央行农业合作部农业经济办公室（the Bank of Thailand；Office of Agricultural Economics,Ministry of Agriculture and Cooperatives）。

亿美元, 2012年为282.6亿美元, 2013年为324.4亿美元。[①]

收获的泰国木薯均送入加工厂, 加工成木薯干片、木薯颗粒、木薯淀粉及乙醇, 用作其他工业的原材料, 包括生产饲料、食品、糖醇、味精、纸、纺织品等。国际市场上对木薯需求较大的国家也同样是重要生产国, 无论在非洲、拉美、亚洲, 约90%的产量主要用于国内市场, 多为新鲜木薯和加工制品。相比之下, 2012年, 泰国产出的木薯约25%用于国内需求, 另75%出口。2008年至2012年中, 泰国国内对木薯的需求平均每年减少6.48%。原因是国内产量减少, 且价格升高, 导致用于生产饲料的木薯干片和颗粒减少, 改用木薯渣替代; 用于生产糖醇的木薯淀粉同样减少, 则以饲料玉米代替。2012年木薯产量的增长, 使得国内市场和出口国外的木薯制品销量均随之提高。在泰国以木薯为原料的乙醇厂共有5家, 其增幅不大, 主要因为以木薯生产乙醇的成本高于以糖蜜为原料。[②]

2008—2012年, 木薯制品的出口总量和总额年均增幅分别为7.35%和16.20%。其中木薯干片和木薯淀粉呈增长趋势, 而基于欧盟市场谷物制品产量增加, 对泰国木薯颗粒的需求降低, 导致其出口呈下降走势。2012年泰国木薯的出口总量约为712.8万吨, 总额约777亿泰铢, 同比成长率分别为11.17%和1.13%。[③] 因为产量增加, 出口市场需求较为持续稳定, 泰国木薯颗粒出口持续下降, 木薯干片对中国的出口也因中国国内谷物产量和价格变化而给泰国产品出口带来影响, 此外, 泰国木薯干片出现的粉尘问题, 导致中国暂缓进口, 改从越南和柬埔寨进口替代泰国产品, 待问题解决后才陆续进口泰国木薯干片。木薯淀粉在工业上用途广泛, 所以对它的需求还在不断增长。中国是泰国木薯制品的最大进口国, 主要进口泰国木薯干片用于生产酒精, 进口木薯淀粉用于造纸和纺织工业。木薯颗粒的主要市场是日本、韩国及新西兰, 木薯淀粉的主要市场是中国、日本和印度尼西亚。

预计泰国国内木薯市场的需求将会逐步提高, 因多种工业以木薯为原料, 用于生产乙醇的木薯用量同样将提高。木薯价格估计将与2012年近似, 但还须关注包括柬埔寨、越南、老挝等邻国的木薯生产状况, 可能会影响泰国的木薯价格。作为全球重要木薯生产国和最大出口国, 泰国木薯不但为泰国创造大量经济

---

① 《泰国农业简况（2012年版）》, 中国驻泰王国大使馆经济参赞处, http://th.mofcom.gov.cn/article/ddgk/。
② 《泰国木薯业发展简况》, 中国驻泰王国大使馆经济参赞处, http://th.mofcom.gov.cn/article/ddgk/。
③ 《泰国木薯业发展简况》, 中国驻泰王国大使馆经济参赞处, http://th.mofcom.gov.cn/article/ddgk/。

价值，在世界供应链中也占有重要地位。泰国政府的相关扶助政策，以及出口策略对木薯农民及出口业者都有至关重要的影响。

二、食品加工业

泰国的食品加工业主要包括水果加工、制糖业、水产品加工和禽畜冷冻业。水果和水产品的一个重要出口方式，就是加工成罐头产品，以防止腐烂。水果和水产品的罐头加工已经成为泰国重要的农产品加工行业。制糖业是泰国传统的农产品加工行业，其发展至今已经成为重要的出口创汇行业。禽畜冷冻业最具代表性的就是冻鸡，泰国的冻鸡产销方式能适应消费需求，在国际市场具有竞争力。泰国的食品加工企业目前已超过10 000家，雇员人数约87万人。[①]

泰国已经成为世界上食品加工最大且最先进的生产及出口国之一。拥有丰富的农业产品资源，再加上在食品安全领域国际质量标准、科技及科研的投资，使得泰国的食品净出口位居亚洲第一与世界第五，每年的产值约为100亿美元，并以12%的速度在增长。2005年至2008年，泰国主要加工食品的出口稳步增长（详见表4-9）。泰国在金枪鱼罐头、菠萝罐头、大米、冻鸡和冻虾等几项主要食品出口中居世界第一位。2012年食品加工出口额为300亿美元，主要对象是东盟国家、美国、日本、中国、俄罗斯和欧盟。

表4-9　2005—2008年泰国主要加工食品的出口（重量单位：吨；金额单位：百万美元）

	2005		2006		2007		2008	
	重量	金额	重量	金额	重量	金额	重量	金额
渔产品罐头	661 874	1 535	697 477	1 700	644 215	1 785	697 730	2 456
果蔬罐头	1 176 159	909	1 445 007	1 069	1 260 765	1 138	1 303 579	1 356
果酱及速冻食品	248 184	327	259 114	365	307 492	483	330 235	629
总量	2 086 217	2 771	2 401 598	3 134	2 212 472	3 406	2 331 544	4 441

资料来源：泰国食品加工联合会，Thai Food Processor's Association, http://www.thaifood.org/.

（一）水果加工

泰国素有"热带水果天堂"的美誉，其水果种类繁多，主要有榴莲、芒果、山竹、红毛丹、荔枝、龙眼、菠萝、香蕉、西瓜、椪柑、柚子、木瓜、葡萄、番

---

① 资料来源：泰国国家统计局，the National Statistical Office of Thailand, http://web.nso.go.th/en/stat_theme_agrfish.htm.

石榴等。泰国农业合作部注重发展优稀名品，种植分布广，各地区都有自己的土特品种。据泰国农业部官员介绍，目前泰国水果出口额在全球排第17位，热带水果出口额排第4位，榴莲、龙眼、红毛丹等热带水果的出口量已位居世界第一。如泰国人钟爱的芒果，近年来的年产量已达4亿千克。[①]

除外销鲜果外，泰国还十分重视水果冷藏和罐装产业，以带动水果加工业等相关产业的发展。如菠萝罐头、红毛丹罐头、龙眼罐头、芒果罐头、果汁等，产品远销欧美和中东，成为创汇农业的主要内容之一。泰国的热带气候使泰国一年四季都有大量新鲜的水果供应。很多国家的气候条件导致了某种水果在某个季节短缺，而泰国四季充足的新鲜水果资源为泰国对其他各国的水果出口创造了优势。

由于水果罐装和冷藏需要果农进行额外的投资，泰国投资促进委员会制定了一些奖励措施，鼓励果农和相关企业做长水果产业链，对水果进行深加工，例如进行果片烘干、膨化以及椰果加工等，提高水果产品附加值。蔬果罐头是从60年代末开始迅速发展起来的，其中菠萝罐头的生产规模最大，90年代初产量曾一度高达100万吨，近年来有所下降，2003年产量60万吨。除菠萝外，红毛丹、龙眼、荔枝、芒果、蘑菇等蔬果罐头的产量也较大。目前泰国有100多家水果生产商从事水果罐装，年产量约100万吨，其中约60%是罐装菠萝，其最大出口市场是美国，占泰国水果出口的1/5以上。2010年泰国水果罐头的出口金额是142亿美元，2011年是172.5亿美元，2012年是154.9亿美元，2013年是162.9亿美元。[②]

泰国是生产罐装和袋装椰奶的创始者。以椰奶作为主要成分的泰式咖喱肉类食品也是其他国家很受欢迎的一种罐头产品。泰国还将水果制作成干燥果品，主要包括干果、果粉和调料粉。多种类型的干燥机在泰国获得了广泛的应用。

泰国投资促进委员会根据自身产业发展状况，把外资投资重点放在五个行业，其中农业居各行业之首。积极利用外资发展农产品加工业，推出一些新的鼓励投资政策，以吸引外国资本投资泰国的水果产业。利用先进技术进行水果保鲜、水果初级加工和深加工、利用水果生产非酒精性饮料、建立水果贸易中心等，都是泰国政府目前比较重视的投资项目。

① 陈海军、李延云：《泰国农产品加工业考察与启示》，载《农业工程技术（农产品加工业）》，2009年第10期，第14页。
② 《2013年泰国主要出口商品》，中国驻泰王国大使馆经济参赞处，http://th.mofcom.gov.cn/article/d/。

（二）制糖业

制糖业是泰国传统的食品加工行业，但近代泰国制糖业的发展却很缓慢。战后初期，由于国内食糖产量不足，泰国还一度进口食糖。60年代末到80年代初国际糖价不断攀高，从每吨90美元涨到300多美元，最后甚至高达每吨1 400美元。在价格的驱动和政府的扶持下，泰国制糖业开始迅速发展。70年代糖业生产实现了从自给型向外向型的转化。自1975年起，蔗糖每年出口量达100万吨以上，平均占总产量的50%～60%（泰国是国际糖业协会成员国，出口数量有配额规定），在世界蔗糖出口国中，仅次于巴西、古巴、澳大利亚和菲律宾，名列第5。

90年代以来，泰国制糖业保持快速发展。2003年，泰国食糖总产量达698.36万吨。同时，泰国也是全球主要的食糖出口国之一，年出口量在450万吨左右，约占全球糖出口总量的10%。2010年泰国出口糖的总额为215.2亿美元，2011年为363.5亿美元，2012年为395.3亿美元，2013年为286亿美元。[①]

值得注意的是，泰国甘蔗的出糖率只有10%左右，低于其他产糖国家，可以说在自然禀赋上并不占优势。[②]泰国食糖之所以能在国际市场的价格竞争中保持优势，与制糖业的集约化生产模式分不开。泰国制糖厂大多建在甘蔗种植区内，能有效降低运输成本，而且生产规模一般较大，能取得规模效益。此外，泰国甘蔗种植业提供的廉价制糖原料，也在客观上增强了泰国蔗糖的国际竞争力。[③]

（三）水产品加工

泰国海域广阔，沿岸滩涂312万亩，陆地上河湖星罗棋布，拥有很多发展渔业的有利条件。泰国渔业历来占有重要地位，60年代以后渔业逐步从内销转向外销经营，其重要性日益增强。从产值看，自1977年以来，渔业产值年年超过100亿泰铢。由于海洋捕捞业、淡水鱼养殖业、滩涂养殖业的发展，推动了许多相关产业的的崛起，冷冻业、海产罐头业、焙干业、鱼粉业等逐渐发达起来，成为制造业部门的重要组成部分。近几年由于外国跨国公司的投资，密集养殖法发展迅速。他们建立一个个从生产、加工到销售的综合性养殖中心，每个中心的滩涂面积往往高达几千乃至上万亩。

泰国渔业发达的一个重要标志就是以外销为主的海产罐头。80年代中期以

---

① 《2013年泰国主要出口商品》，中国驻泰王国大使馆经济参赞处，http://th.mofcom.gov.cn/article/d/。

② 巴西甘蔗的产糖率为12%，古巴是11.5%，墨西哥是11.15%，中国广西是11%。

③ 田禾、周方冶：《列国志：泰国》，北京：社会科学文献出版社，2005年版，第187页。

后随着国际市场需求量的增加，促进了海产罐头的兴起，金枪鱼罐头的发展尤其具有代表性。直至70年代末，泰国的金枪鱼罐头企业还是数量稀少，规模很小。80年代中期由于西方国家开始流行养宠物，宠物金枪鱼罐头的需求量剧增。由此，泰国金枪鱼罐头生产迅速发展，并成为全球最大的金枪鱼罐头生产国和出口国。90年代以来，泰国的金枪鱼罐头出口量一直占全球总出口量的50%左右。不过，由于泰国的金枪鱼产量不高，所以每年近90%的罐头原料需要进口。除金枪鱼外，泰国还大量生产沙丁鱼、蟹、龙虾、牡蛎、贻贝等海产。泰国的海产罐头几乎全部用于出口，2010年出口金额为411.9亿美元，2011年为504.3亿美元，2012年为522.5亿美元，2013年为482.9亿美元。[①]

泰国是仅次于日本、中国的亚洲第三大水产品的出产国，海上捕捞渔业占泰国整体渔业的90%以上。由于拥有品种丰富、质量优良的海产原料，加上完善的水产品加工设备和低廉的劳动力，泰国水产品加工以其多样化在国际市场亦占有重要地位。根据泰国渔业部门发布的泰国渔产品国际贸易数据显示，2007年泰国冷冻水产食品及水产成品的外销总额达2 000余亿泰铢，约折合51亿美元。[②]

在泰国加工出口水产品当中，鲔鱼罐头和虾类制品在国际市场上享有广大的占有率及知名度。泰国生产及出口鲔鱼罐头的产量及出口额皆居全球首位，在国际市场占有率高达50%以上，每年出口总额达6亿美元。1998年至2006年期间，泰国鲔鱼罐头出口呈连续增长态势。2005年泰国出口至美国的鲔鱼罐头高达10.6万公吨，总额为2.9亿美元，出口实力可见一斑。另一方面，泰国也是全球第一大产虾国及全球最大的虾类制品出口国；虾类制品是泰国食品产业中出口金额最高的项目，主要销往美国、日本、欧盟、中国、加拿大等地。其中，美国和日本两大市场，即占泰国虾类产品出口总额的70%以上。[③]

（四）禽畜冷冻业

冻鸡是泰国禽畜冷冻业的佼佼者，与海产加工业一样，具有强劲的发展势头，但其发展历程更为曲折。其中有两个方面的原因，一方面来自同类生产国竞争的压力，另一方面受到主要进口国日本的不平等关税待遇的压力。因此，冻鸡行业在发展初期步履艰难。随着养鸡业日趋现代化，生产成本大为降低，增强了其竞

---

① 《2013年泰国主要出口商品》，中华人民共和国驻泰王国大使馆经济参赞处，http://th.mofcom.gov.cn/article/d/。
② 陈海军、李延云：《泰国农产品加工业考察与启示》，载《农业工程技术（农产品加工业）》，2009年第10期，第15页。
③ 陈海军、李延云：《泰国农产品加工业考察与启示》，载《农业工程技术（农产品加工业）》，2009年第10期，第15页。

争力。冻鸡的产量和出口量在70年代中期以后迅速增加。1977—1981年的出口量增加2.3万吨，标志着1977年以后冻鸡业进入了发展的"黄金时期"。90年代后，由于成功地开辟了西欧市场，而日本、新加坡等传统市场的需求又有所增加，出口冻鸡以30%～40%的速度增长，1988年出口量达9万吨，出口总额为46亿泰铢。2010年泰国冻鸡的出口额为159.4亿美元，2011年为189.2亿美元，2012年为200.3亿美元，2013年为199.7亿美元。①

泰国的冻鸡产业面临着来自美国、巴西和中国的激烈竞争，但其注重适应市场需求而改进产销环节的缺点，一直备受青睐。比如按照日本人喜欢更加方便的消费品的特点，泰国由出口全鸡改为出口去骨鸡。当前的市场需求趋势仍有利于泰国的冻鸡出口。

第六节 轻纺工业

自1985年以来，轻纺工业一直是泰国出口换汇最大的产业之一，其制造水平紧随发达国家之后。泰国轻纺工业主要包括纺织服装业和鞋类制造业。泰国纺织服装业的发展是伴随着家族企业发展而壮大的。真正工业化的发展出现在战后，最初是满足国内的需要，70年代后开始出口。60年代末70年代初出现人工纤维。廉价的劳动力、巨大的出口潜力和行业的快速发展吸引了众多外来投资，如日本的Toray Group集团就是其中之一。与日本、中国台湾和中国香港合资成立公司的浪潮一直持续到80年代。泰国纺织品主要分为棉织品、麻制品、人造纤维品三大类。泰国的针织产品独具特色，很多产品使用手工染色、手工编织，受到一些国家消费者的喜爱。主要出口到美国，另外，欧洲、东南亚国家、东亚及中东地区也是其重要的出口市场。全球纺织品配额取消之后，泰国积极参与同其他国家自由贸易协议的谈判和其他优惠贸易协议的谈判。泰国纺织服装业的优势是明显的，政府欲将泰国打造成未来的服装时尚之都。鞋类制造业则是以运动鞋为主，泰国是亚洲重要的运动鞋制造国和出口国之一。

一、纺织服装业

泰国的现代纺织服装工业的发展始于1936年国防部进口纺织机器生产军用

---

① 《2013年泰国主要出口商品》，中华人民共和国驻泰王国大使馆经济参赞处，http://th.mofcom.gov.cn/article/d/。

纺织品，现已成为这个以出口为导向的国家的支柱产业之一。据泰国商务部出口促进厅的介绍，第二次世界大战后纺织品的短缺促进了私人纺织厂的建立。20世纪60年代，《投资促进法》鼓励当地及中国投资者对这些军用纺织厂进行购买和扩张。不久，出现了日本与泰国的合资纺织企业。泰国现代纺织业的发展不再有军用性质，并在东南亚国家的经济中起着重要作用。

泰国是为数不多的拥有完整纺织业产业链的国家之一。从纺织业上游、中游到下游，从化纤、天然纤维产品到织物和纺织品，泰国纺织业拥有成衣、家纺用品、科技纺织品及特殊用途纺织品的设计、生产、销售的产业能力。泰国的传统纺织业是丝绸和棉制品，现在已经取得了多样化发展，石油化工和农业公司提供合成与天然纤维和丝，用于生产纺织品织物和成衣，在泰国和全世界销售。

泰国的针织产品独具特色，很多产品使用手工染色、手工编织，受到一些国家消费者的喜爱。泰国人喜爱红、黄色，禁忌褐色，所以人们的服饰都使用鲜艳的颜色。当今泰国女子服装式样繁多，一般较讲究的女子天天换装，多穿套装，穿连衣裙的很少，不少人爱穿筒裙。男式服装较为简单，穿短袖上衣、T恤衫和猎装，下身穿长裤。在很多场合，不少泰国人喜欢穿传统的泰式服装。这些男女民族服装多选用棉、麻或丝绸材料在本国手工缝制，占泰国服装总体消费的大约40%。

虽然泰国并不富产棉花、羊毛等纺织原材料，但生产多种化学纤维，且形成了一个综合性行业，具体包括原料纤维、纺纱、织造、漂白、染布、印花、成衣、家居纺织品等。泰国大部分公司都是私有企业，其中很多是第二代或者第三代家庭产业。其中，10%到20%的服装公司属于外资企业，且大部分都是来自中国香港地区，如香港联业集团、肇丰针织等。泰国在纺织服装行业中有很大的潜力，吸引了很多外商在泰国长期投资。泰国的纺织行业具有很强的灵活性，可以进行短期或者不同的流水线生产。泰国纺织行业同时也为机织、针织及无纺布行业提供技术纺织品。除了用于服装外，这些产品还广泛用于汽车座套、安全带、防火绝缘、传送带、尿布及绷带等领域。由于现在泰国的工业纺织品主要依赖进口，因而这些工业技术纺织产品极具发展潜力。

泰国绝大多数的服装出口是由几百家企业完成，客户包括许多世界知名的品牌和零售商，如耐克、阿迪达斯、沃尔玛、K-Mart、JC Penny、Sears、联邦百货（The Federated）、五月百货（May Department Stores）、Next、Old Navy、彪马、丽诗加邦(Liz Claiborne)、Eddie Bauer、Gap、Banana Republic 和 Uniqlo。泰国已经是耐克的头号供应商。

泰国70%的纺织企业集中在车程一小时内的曼谷及周围区域,由于劳动力缺乏,政府正在积极鼓励新建企业向农村地区发展。区域的不同,最低工资差异很大。大部分新建工厂都开始远离城镇,并且规模很大,一般都有1 000~2 000名员工。[①]

位于首都曼谷的泰国纺织工业和泰国纺织制造业协会联合会主席彭萨(Phongsak Assakul)于2005年6月在由联合国亚太经社会(UNESCAP)贸易投资部赞助的区域论坛中表示,泰国纺织业已发展成为有18种人造纤维、150种纺纱和1 300家纺织企业的产业,有400家染色、印刷、成衣公司。此外,还有2 500家服装公司。这些企业有超过100万工人,占泰国整个劳力资源的22.1%。[②] 2011年,泰国纺织服装业制造商的总数为2 528家,从业人数为824 500人(参见表4-10)。

表4-10　2011年泰国纺织业制造商数量(按规模分类)

规模	数量(单位:家)
小型(少于50人)	1 492
中型(50~200人)	697
大型(超过200人)	339
制造商总数	2 528

资料来源:泰国商业部出口促进厅(Department of International Trade Promotion, Ministry of Commerce, Royal Thai Government), Thai Textile and Apparel Industry, http://www.thaitradeusa.com/home/?page_id=2081。

据瑞士国际纺织品制造商联盟(ITMF)2005年的报告,泰国纺织业的纺纱能力在2004年的总量是360万短纤纱锭和65 000长纤纱锭,位列世界第5位,排在前四位的分别是印度尼西亚、巴基斯坦、印度和中国。泰国纺织业拥有54 900台无梭织机和74 600台梭织机,位列世界第2,紧随中国。[③]泰国纺织服装业需要的机械很多都是国外进口的,其中包括德国和中国台湾。

---

① 资料来源:南博网,http://www.caexpo.com/special/economy/Textile_Clothing/。

② Thailand: Textile Industry Profile,亚洲纺织世界,http://www.textileworldasia.com/Issues/2007/March-April/Country_Profiles/Thailand-Textile_Industry_Profile。

③ Thailand's Textile Industry & the Thailand Textile Institute, Thailand Investment Review, 2008, Volume18, No.11,http://www.boi.go.th/tir/issue_content.php?issueid=47;page=0。

　　泰国纺织服装业有很多人造纤维和天然纤维生产商。桑蚕养殖业生产出天然环保且防过敏的蚕丝，让皮肤感到舒适。泰国的丝绸生产世界闻名，采用机器或者手工纺织。在高档住宅、饭店、商店甚至宫殿，都可以见到精致的泰丝。泰国还生产有机棉和无机棉，但规模不大。此外，还生产天然纱线（棉和蚕丝）、合成纱线、混合纱线和花式纱线。其纺织品生产范围包括机织物、圆筒针织及横机针织、非织造布、时装纺织品、家纺用品和科技纺织品等。泰国的精饰、染色和印刷工艺符合美国及欧盟的标准。

　　泰国纺织业的发展，也借鉴了意大利纺织业的经验，正在走小批量、多品种、周期短的路子。"集群"思路是未来泰国发展的方向。众多公司聚集在一起，发挥各自的优势，为买家提供灵活的服务满足他们的需要。实际上，"集群"思想可以扩展到整个东南亚，泰国是这个"集群"的枢纽。

　　泰国实行开放的市场经济政策。为鼓励外商投资，泰国政府采取一系列优惠政策，包括允许外国企业有权拥有土地，外商可自由将所获利润汇往国外，对进口原材料实行免税，解除外汇管制等。泰国促进投资委员会将向纺织、成衣和珠宝首饰等时尚相关产业提供最大限度的投资鼓励措施。该措施不受投资项目所在地区的限制，具体内容包括8年的公司免税期及进口机器免税，并将提供职业劳工培训和设计培训的人力资源发展计划，该委员会希望通过这些鼓励措施的实行，吸引国外知名品牌的商业者来泰投资，以实现技术转移和提升泰国时尚产品质量和设计的目标，并强化泰国当地下游产业及增加出口。泰国的投资优惠政策是以政府将泰国工业扩散到边远地区的原则来制定的。为了使投资不过分集中于曼谷地区，缩小城乡差距，达到均衡发展的目标，政府鼓励在边远地区投资纺织服装行业。

　　自从全球纺织品配额取消，泰国积极参与同其他国家自由贸易协议的谈判和其他优惠贸易协议的谈判。2005年1月1日与澳大利亚的自由贸易协议正式生效，同年7月与新西兰的自由贸易协议也签署生效。作为东盟自由贸易区的成员，2004年11月与中国签署的自由贸易协议也于2005年7月生效。东盟自由贸易协议的签署不仅对泰国具有重要的意义，对东盟的其他成员国比如越南和柬埔寨也产生了积极的影响。2007年以后，东盟内部纺织品关税将取消，泰国将成为东盟纺织品贸易的枢纽。

　　泰国纺织服装业的优势是明显的。全球纺织品配额的取消，使买家在未来数年的采购方式发生了很大变化。客户的购买力更倾向于集中在少数国家和少数公司范围内，这样便于客户进行管理。他们更加关注的不仅是价格，还包括企业的稳定、国家的政局、人权状况、环保问题、信誉度、交货期和提供的附加值服务等。泰国纺织业形成了完整的产业链，纤维加工、纺纱、织布、编织、染色、整理、家纺和成衣一应俱全，面向全球高中低不同市场可提供各类成衣产品。历史上，泰国以高质量的手工艺品而闻名于世。劳动者心灵手巧，有很高超的手工技艺。严格的管理制度也随着家族企业的发展而代代相传。这些优势使得一些企业发展规模很大，同时有很高的生产率。相比较东南亚和其他远东国家，泰国很少有环境问题，也没有社会问题和种族问题。泰国的劳动法和少数民族法确保了客户个体民族利益的相融。但泰国纺织业发展中同时存在差距，泰国纺织品50%以上用于出口，而服装用原料50%以上依靠进口。[①]

毫无疑问，泰国未来增加出口、产业升级、提高知名度的重要方面是时装。2003年5月，政府就许诺将服装出口值的1.5%用于时装产业，2004年2月正式启动的曼谷时装之都项目（the Bangkok Fashion City Project），政府为此投资了4 500万美元。此项目的目标是使泰国在2005年成为地区时装潮流引领者，到2012年成为世界时装中心之一，以扩大时装的出口。[②]

泰国纺织服装业的主要出口市场包括美国、日本和英联邦国家，占其出口市场的54%。俄罗斯近年来成为其新兴出口增长市场，占其纺织出口的39%。泰国纺织服装业位列其对美出口的前30位。在2010年第一季度，泰国对美出口成衣和贴身配饰总额为1.1 096亿美元，较2009年同比增长54%。内衣出口总额为4 046万美元，较2009年同比增长16%。婴幼服装出口总额为2 564万美元，较2009年同期略有下降。[③] 2003年至2006年，泰国纺织服装业出口额平均增长率为6.9%（参见表4-11）。纺织服装出口份额从1995年至2006年亦有所增加（参见表4-12）。2010年泰国出口成衣总额为320.6亿美元，2011年为327.6亿美元，2012年为295亿美元，2013年为287.4亿美元。2012年上半年泰国纺织品及服装出口35.83亿美元，同比下降15.6%。[④] 2011年，泰国成衣占纺织服装业出口的90.24%，

① 资料来源：南博网，http://www.caexpo.com/special/economy/Textile_Clothing/。
② 资料来源：南博网，http://www.caexpo.com/special/economy/Textile_Clothing/。
③ 泰国商业部出口促进厅(Department of International Trade Promotion, Ministry of Commerce, Royal Thai Government), Thai Textile and Apparel Industry, http://www.thaitradeusa.com/home/?page_id=2081。
④ 《2013年泰国主要出口商品》，中华人民共和国驻泰王国大使馆经济参赞处，http://th.mofcom.gov.cn/article/d/。

其次是内衣及贴身配饰（参见表4-13）。

表4-11　2003—2006年泰国纺织服装出口增长率（%）

	2003	2004	2005	2006
劳动密集型产业	5.1	8.3	9.7	6.8
主要劳动密集型产品	3.8	10.7	4.9	3.3
纺织品及服装	3.2	14.0	3.3	3.9
鞋类	3.4	-4.2	17.6	3.1
皮革及皮革制品	9.1	9.3	-1.6	-2.0

资料来源：泰国中央银行，泰国商务部，http://www.bot.or.th/thai/pages/BOTDefault.aspx，http://www2.moc.go.th/main.php?filename=index_design4。

表4-12　1995、2000、2006年泰国纺织服装出口份额（%）

	1995	2000	2006
劳动密集型产业	19.8	12.2	8.5
主要劳动密集型产品	13.2	7.5	4.5
纺织品及服装	8.5	5.6	3.5
鞋类	3.8	1.2	0.7
皮革及皮革制品	0.8	0.6	0.3

资料来源：泰国中央银行，泰国商务部，http://www.bot.or.th/thai/pages/BOTDefault.aspx，http://www2.moc.go.th/main.php?filename=index_design4。

表4-13　2011年泰国纺织服装业出口比例（%）

	占比
成衣	90.24
内衣	7.82
贴身配饰：长袜、打底裤、紧身裤、短袜	1.64
布手套	0.30

资料来源：泰国商业部出口促进厅（Department of International Trade Promotion, Ministry of Commerce, Royal Thai Government），Thai Textile and Apparel Industry, http://www.thaitradeusa.com/home/?page_id=2081。

二、鞋类制造业

泰国的制鞋业在70年代下半期开始兴起。最初是进口替代型的，产品用于满足国内消费者的需要。后来由于韩国和中国台湾的大型制鞋厂因劳动力价格上涨和本地币值坚挺等问题而被迫把其生产基地迁移到其他在生产成本上具有竞争优势的地方去，泰国就成了他们所迁入的新生产基地之一。当时泰国的有利条件是工资较低，政府向制鞋厂提供投资优惠待遇，结果泰国的制鞋业出现了高速增长，产品质量也逐步改进提高，达到了为国际市场所接受的水平。鞋类因而成为泰国十大出口物品中的很有竞争力的出口创汇产品之一。

目前，泰国制鞋业产品包括运动鞋、皮鞋、帆布鞋、胶鞋、塑料鞋及拖鞋。这些工厂中的中型和大型厂，主要生产其在国外的母公司所注册的运动鞋和帆布鞋，产品都是世界知名的，如耐克、阿迪达斯、锐步等。大工厂的产品主要供出口，因此可以享受投资委员会的优惠待遇。近年来享受投资优待的泰国同外国合资的企业日益增多。由于占有橡胶、皮革原料丰足的优势，以及引进制鞋先进技术，泰国制鞋业也出现了一些具有现代化机械操作的规模生产的工厂，因此产量剧增，产品80%用于外销，其中运动鞋、皮鞋等在国际市场占有一定地位，远销欧美和中东。泰国鞋类出口在80年代增长很快。

泰国制造的鞋类主要出口到美国和欧盟这两大市场。美国是泰国运动鞋销售的重要市场，这个市场可分为两部分，即有商标牌名鞋的市场和无商标牌名鞋的市场。目前无标牌鞋的生产厂家和出口商都面临着市场需求萎缩的问题，原因是消费者越来越亲睐耐克、锐步等名牌鞋。欧盟也是泰国鞋类销售的重要市场，其进口的数量按品种的多少顺序依次是运动鞋、皮鞋、胶鞋、塑料鞋、拖鞋和帆布鞋。欧盟重要市场是德国、英国、法国和意大利。泰国鞋类还有一些其他规模较小但很有发展潜力的出口市场，如俄罗斯、日本、澳大利亚、加拿大及东欧各国，其中特别值得一提的是俄罗斯，它认为泰国制造的皮鞋、皮靴和运动鞋在式样、质量和价格等方面很符合俄罗斯消费者的要求。

泰国是亚洲重要的运动鞋制造国和出口国之一，国内共有约50家运动鞋制造厂，注册资本总额约为50亿泰铢，雇佣了3万多名工人，年均产量及其增长率分别约为49万双和1.1%。不过，泰国的运动鞋出口额近年来呈持续下降态势，2007年上半年的出口额同比下降了8.6%，为2.56亿美元，缘于国内的一些外国鞋厂或经营商将其生产基地或出口订单转移到劳动力价格和原料成本方面更具优势的中国和越南，且中国和越南的国内运动鞋市场规模大并具有可观的成长空间，尤其是中国已成为世界最大的运动鞋市场和制造国。运动鞋生产基地和出口订单的转移给泰国运动鞋对美国的出口造成了很大的影响，美国曾是泰国运动鞋的最大出口市场，其出口额在运动鞋出口总额中曾占有高达40%的比重，但目前仅剩约30%的比重。同时，泰铢持续升值还导致泰国运动鞋在价格上更处于劣势，使运动鞋对美的出口额趋向进一步降低。[①]

为解决运动鞋对美国的出口额持续下降的问题，泰国运动鞋制造业应更加分散其出口市场，尤其是开拓出口增长良好和越来越重要的欧盟市场。2007年上半年，泰国运动鞋对欧盟的出口额达到1.134亿美元，同比增长了8.5%，在泰国的运动鞋出口总额中占有44.3%的比重，超越美国成为泰国的最大出口市场，其中出口增长良好的欧盟国家为西班牙、意大利、荷兰、英国和比利时。[②]

在国内市场方面，2007年泰国国内的运动鞋市场总值约为40亿泰铢，在国内鞋业中占有约20%的比重，增长率为6%，大幅低于以前的年均10%～15%的增长率。由于经济增长放缓削弱了消费者的购买力，2007年国内鞋厂和进口运动鞋为争夺国内运动鞋市场份额的竞争加剧。2007年上半年，泰国进口了982万美元的运动鞋，同比增长了9.1%。分析过去5年来泰国的运动鞋进口额后可发现，其进口呈持续增长态势，年均增长率高达25%。[③]主要的进口来源地为中国、越南、印度尼西亚和美国。此外，进口自巴西、英国、瑞士、德国、柬埔寨和罗马尼亚的运动鞋也呈较快的增长态势，是值得泰国运动鞋制造业关注的竞争形势。

泰国运动鞋制造业目前面临的问题是泰国接单生产型企业的典型问题，因为经营商可随时将其生产基地和订单转移到其他生产成本更为低廉的国家，从而对该产业就业造成严重影响。根据对即将停业和暂缓增雇劳工的国内运动鞋厂的调查，国内运动鞋制造业所面临的问题归结为五个方面。第一，遭遇到国外的激烈竞争。第二，运动鞋制造业是劳动力密集型产业，但遭遇到劳工短缺和最低劳动力价格不断上涨的问题。由于无法与劳动力资源丰富和劳动力价格低的中国和越南相比，因此泰国的运动鞋制造业处于劣势的竞争地位。第三，生产成本尤其是公用事业和能源的成本不断增长，如电费、油费、运费以及主要原料价格。第四，为满足贸易伙伴不断变化的需求，制鞋厂必须投资用于研发产品、改进生产

① 《泰国运动鞋制造业竞争力不敌中国与越南》：中国驻泰王大使馆国经济商务参赞处，http://th.mofcom.gov.cn/article/jmxw/。

② 《泰国运动鞋制造业竞争力不敌中国与越南》：中国驻泰王大使馆国经济商务参赞处，http://th.mofcom.gov.cn/article/jmxw/。

③ 《泰国运动鞋制造业竞争力不敌中国与越南》：中国驻泰王大使馆国经济商务参赞处，http://th.mofcom.gov.cn/article/jmxw/。

程序和改善环境，但却不能将这些费用全部转嫁给贸易伙伴，导致收入不足以覆盖生产方面的支出。第五，大部分运动鞋的出口贸易以美元作为结算货币，汇率波动起伏以及泰铢自2006年以来快速升值并长期趋向继续升值的因素严重削弱了制鞋厂的价格竞争力。泰国并不是唯一出现运动鞋订单减少的国家，印尼的运动鞋厂也遭遇到同样的问题，即运动鞋经营商将其向印尼工厂的订购量从原来每月65万双降至为20万双，因为工厂不能生产出合格的产品，尽管经营商将订单转移到印尼国内的其他工厂，但也给印尼的运动鞋制造业带来与泰国一样的就业问题。

第五章　服务业的发展和布局

服务业是泰国经济的重要组成部分，长期作为经济发展的重要推动力，在国民经济中的地位十分突出，当前服务业产值约为国民经济总量的45%，是国民经济的第一大部门，吸收了超过40%的劳动力就业人口，世界银行称泰国服务业是"创造就业岗位的主导产业"。在泰国服务业中，交通运输业、通信服务业、金融服务业、批发零售业以及旅游业是其重要的服务行业。

第一节　服务业发展概述

伴随着泰国工业化进程的推进，泰国服务业也取得较大发展。总体来看，泰国的服务业发展速度仍然稍逊于工业的发展速度。同时，泰国服务业部门发展不均，以传统服务业为主。此外，服务业的地区发展也不平衡，主要集中在曼谷及其周边各府，尤其是过于聚集在曼谷大都市。

一、服务业发展历程

上世纪60年代以前，泰国还是一个90%的人口都从事农业生产的农业国家，国家收入的50%来自于农产品。1961年，泰国开始实施第一个社会经济发展计划，大力推动工业的发展。在工业化的带动下，泰国服务业体系逐步建立，金融、运输以及批发零售等服务行业迅速发展起来。1962年，政府出台强调银行作用的立法，曼谷银行等一些大银行开始为货物贸易提供融资。1960—1980年期间是泰国服务业发展最快的时期，服务业平均增长率达到7.40%，高于GDP7.31%的总体增长速度；1980年后，泰国服务业仍旧保持较快的增长，但增长速度逐步放缓，并越来越低于GDP的增长水平，1980—2000年期间泰国服务业平均增长率为5.47%，同期GDP的增长率为5.96%，2000—2010年期间泰国服务业平均增长率降为3.70%，而同期GDP的增长率为4.22%。[①] 总体上，从90年代开始泰国服务业

①　Donghyun Park, Kwanho Shin, *The Service Sector in Asia: Is it an Engine of Growth*, ADB Economics Working Paper Series, No. 322, December 2012, p.10.

发展速度呈现缓慢下滑的趋势，与农业、工业的增长速度相比，服务业在多数年份高于农业的增长水平而低于工业的增长速度，如图5-1所示。

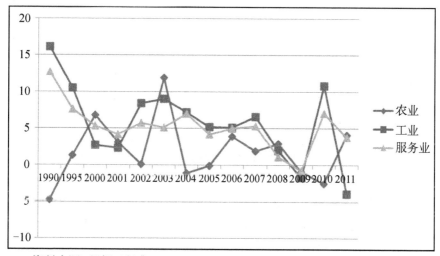

资料来源：根据亚行《Key Indicators for Asia and the Pacific 2012》p.177~179的数据进行编制。

图5-1　1990年以来泰国服务业增长速度与农业、工业的比较

泰国服务业在国民经济中具有极其重要的作用，其产值在GDP中占有一半比例。从1980年至2000年，泰国服务业产值占GDP的比重始终在50%上下波动，不过2000年后，泰国服务业产值的比重出现一定幅度的下滑，从2000年的49%下降到2010的43%，2012年又上升至44%，如图5-2所示。泰国服务业产值比重的下降与其劳动生产率增长缓慢有关。1980年至2000年，尽管泰国服务业产值占据了GDP的半壁江山，但其劳动生产率平均增长率仅为1.05%，明显低于农业和工业部门的劳动生产率的增长速度（分别为2.01%和3.29%）。进入21世纪，泰国服务业的劳动生产率增长更为缓慢，仅为0.08%，而同期农业和工业的劳动生产率增长分别为2.94%和2.71%。[①]同时，1997年东南亚的经济危机、2004年印度洋海啸，以及2006年以来出现的泰国国内政局的剧烈动荡、美国次贷危机引发的全球经济危机和希腊等欧洲国家债务危机等一系列不利因素，使泰国服务业一次次被延缓发展。

① Donghyun Park, Kwanho Shin, *The Service Sector in Asia: Is it an Engine of Growth*, ADB Economics Working Paper Series, No. 322, December 2012, p.10.

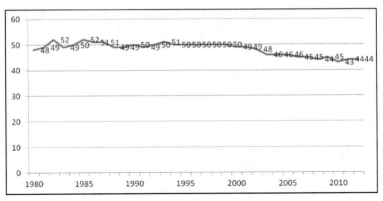

资料来源：世界银行，http://data.worldbank.org/indicator/。

图5-2　1980年以来泰国服务业产值占GDP比重的变化（%）

泰国服务业对本国就业的贡献是相当明显的，其吸收的就业劳动力始终保持稳步增长，就业比重不断提高。1960年，泰国服务业的就业比重为13%，1970年达到16%，1980年泰国服务业就业比例约为21%，90年代该比例超过25%，进入21世纪超过了40%，如图5-3所示，目前是泰国吸引就业的第一大部门，超过了农业的就业比例。借助政府政策导向和优惠举措，泰国服务业已经形成吸收约1 260万从业人员，就业需求以每年5%速度递增的发展规模。[①]

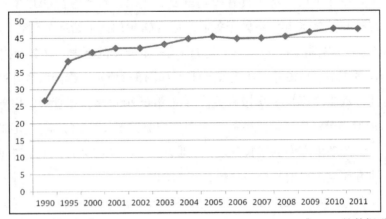

资料来源：根据亚行《Key Indicators for Asia and the Pacific 2011》p.146的数据进行编制。

图5-3　1990—2011年泰国服务业就业比重（%）

当前旅游业是泰国服务业中的支柱产业，泰国因其热带景色和气候、海滩森

[①] 《泰国服务业（2011年版）》，中国驻泰王国大使馆经济商务参赞处，http://th.mofcom.gov.cn/article/ddgk/zwdili/201202/20120207948710.shtml。

林、多元化民俗文化、舒适的购物环境、丰富的夜生活成为备受欢迎的东南亚热点旅游地区。其他服务行业也发展迅速，航空业不断提高工作效率、银行业不断推出新型业务、移动通讯市场在全国范围内铺设宽带网络和3G网络等。泰国政府努力推进服务业更加开放，投资促进委员会提供一系列税务和非税务优惠以鼓励跨国公司在泰国设立地区营运总部，希望在东盟2015年走向一体化自由贸易投资市场中赢得先机。

不过，泰国服务业尚未全面开放，外资在泰国经营服务行业和提供服务方面仍受各种措施和法律法规的限制，如有的服务行业受到外资持股比例的限制，外资经营某类服务行业还须获得泰国政府的准许，等等。除了对外资在泰国建立企业设置了条件外，《外国人工作法（1979年）》还规定了禁止外籍人士在泰国从事的39项职业，其中与服务行业相关的有关容美发及理发业、工程业、建筑业、设计业、导游业、旅行社、律师和法律服务业等。目前泰国正面临着全面开放金融、运输及电信业的重大压力。泰国服务业正在加快调整步伐，以应对根据多边贸易体系及双边自由贸易协议而实施的服务业自由化。政府部门也加紧建立公平竞争的监管规定，包括修订《贸易竞争法（1999年）》，以防止市场垄断、减少或限制竞争及促进自由公平的竞争，并提高该法律的实施效率。同时，对"不合理市场支配力"和"企业并购"的标准做出明确规定，以免未来全面开放服务业后造成外国公司垄断泰国服务业的局面，并确保消费者能从贸易自由化中受益，从自由公平竞争中获得廉价有效的服务。此外，泰国政府将加快培育本土人才和提高教育水平以满足服务业的需求，增强泰国有竞争潜力行业人才的知识、技巧和专业知识，成为泰国与外国企业竞争的主要力量，并可通过对外输出技术劳工为国家创造外汇收入。在泰国政府刺激经济措施扶持下，众多服务业项目获得政府陆续下拨专款，促使行业升级，大力发展整合知识、技术、技能和文化资源于一体的创新经济，倡导推出具有更高附加值的产品和服务。

二、服务业部门结构

根据泰国国家经济与社会发展委员会（NESDB）的分类，泰国服务业包括水、电和煤气的供应服务业，建筑业，批发、零售和修理行业，酒店与宾馆行业，运输、仓储与通信行业，金融业，房地产业，教育，健康与社会服务行业，公共管理与国防安全服务业，其他社区、社会与个人服务业，雇佣人员的家庭服务业等

12大部门。① 近年来，泰国各服务部门发展形势总体良好，除2009年受全球金融危机的影响，金融、房地产以及运输、仓储与通信等服务部门出现负增长外，其他服务部门均保持稳步的增长势头。据泰国国家经济与社会发展委员会公布的统计数据，到2011年泰国水、电和煤气的供应服务业产值为3 047亿铢，建筑服务业产值为2 819亿铢，批发、零售和修理服务行业产值为16 302亿铢，酒店与宾馆服务业产值为3 386亿铢，运输、仓储和通信服务业产值为7 438亿铢，金融服务业产值为6 410亿铢，房地产服务业产值为7 420亿铢，教育服务产值为4 358亿铢，健康与社会服务产值为1 661亿铢，公共管理与国防安全服务产值为7 034亿铢，其他社区、社会与个人服务业产值为1 862亿铢，雇佣人员的家庭服务业产值为107亿铢，如表5-1所示。

表5-1　2004—2011年泰国服务部门的产值（单位：亿泰铢）

	2004	2005	2006	2007	2008	2009	2010	2011
水、电和煤气的供应	2 133.5	2 223.6	2 411.3	2 499.4	2 654.3	2 828.7	2 986.8	3 046.9
建筑	1 970.1	2 266.5	2 452.2	2 633.9	2 669.4	2 713.0	3 030.1	2 818.8
批发、零售和修理	10 570.1	11 352.4	12 193.1	13 111.4	13 883.2	14 307.0	15 688.9	16 302.3
酒店与宾馆	2 299.4	2 313.2	2 552.4	2 777.8	2 988.7	2 855.4	3 113.5	3 386.4
运输、仓储与通信	5 465.9	5 668.2	6 206.1	6 907.1	7 017.8	7 012.0	7 348.8	7 437.9
金融	3 673.6	4 171.6	4 486.4	4 930.4	5 236.1	5 438.4	5 613.9	6 411.0
房地产	5 155.5	5 635.5	6 208.2	6 427.2	6 671.1	6 427.4	7 036.3	7 419.6
教育	2 616.6	2 892.3	3 190.7	3 496.2	3 721.0	3 917.0	4 104.7	4 358.0
健康与社会服务	1 148.5	1 253.3	1 358.9	1 437.8	1 498.3	1 521.8	1 569.9	1 661.1
公共管理与国防安全	3 933.8	4 379.8	4 825.6	5 300.4	5 774.0	6 148.5	6 524.6	7 034.5
其他社区、社会与个人服务	1 584.0	1 710.4	1 718.6	1 580.6	1 643.8	1 583.2	1 705.9	1 862.1
雇佣人员的家庭服务	82.2	85.3	87.4	92.1	96.8	101.4	101.5	107.3

---

① 这与世界贸易组织（WTO）1994年公布的《服务贸易总协定》（GATS）中确定的服务行业有所不同，GATS所指的服务行业包括商业服务、通信服务、建筑及相关的工程服务、分销服务、教育服务、环境服务、金融服务、健康及社会服务、旅游及旅行相关服务、娱乐文化和体育服务、运输服务、其他未包括的服务等12项。

续表

	2004	2005	2006	2007	2008	2009	2010	2011
服务部门合计	40 633.2	43 952.1	47 690.9	51 194.1	53 854.5	54 853.8	58 824.9	61 844.9

注：各部门是以当时市场价格衡量的产值。

资料来源：泰国经济与社会发展委员会（NESDB），http://eng.nesdb.go.th/Default.aspx?tabid=96。

　　在泰国12类服务行业中，批发、零售和修理行业是其中最大的服务部门，在泰国服务业中占1/4强，2011年其产值占泰国服务业总产值的26.36%，运输、仓储和通信服务业以及房地产业也是泰国较大的服务部门，2011年这两部门的产值占泰国服务业总产值的比重分别为12.03%和12.0%，这三项服务部门占泰国服务业总产值的50.39%。公共管理与国防安全服务业及金融业也是泰国主要的服务行业之一，2011年两者的产值分别占泰国服务业总产值的11.37%和10.36%。而雇佣人员的家庭服务业、健康与社会服务业以及其他社区、社会与个人服务业是泰国较小的服务部门，其中雇佣人员的家庭服务业是泰国最小的服务部门，2011年产值仅占泰国服务业总产值的0.17%，详见图5-4。

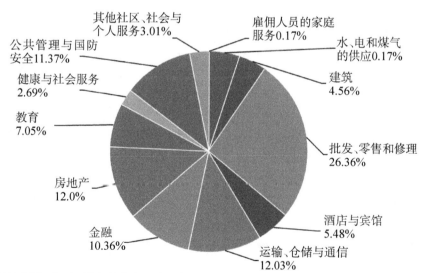

资料来源：泰国经济与社会发展委员会（NESDB），http://eng.nesdb.go.th/Default.aspx?tabid=96。

图5-4　2011年泰国各服务部门的构成比例（%）

　　同时，这些服务行业也为泰国劳动力创造了大量的就业机会。2009年，批发、零售和修理行业约创造600万个劳动力的就业机会，酒店与宾馆行业就业人数达到270万，建筑行业创造的就业机会达240万个，公共管理与国防安全服务行业以及教育服务也是吸纳劳动力和解决就业问题的重要服务部门。①

三、服务业发展布局

泰国经济与社会发展委员会在对服务业进行统计的时候将全国划分为7个地区，即曼谷及周边地区、中部、东北部、北部、东部、西部和南部。② 近年来，泰国各个地区的服务业稳定增长，到2011年，曼谷及周边地区的服务业产值为35 219亿铢，中部地区的服务业产值为2 163亿铢，东北部地区的服务业产值为6 365亿铢，北部地区的服务业产值为4 537亿铢，东部地区的服务业产值为5 870亿铢，西部地区的服务业产值为2 012亿铢，南部地区的服务业产值为5 680亿铢，如表5-2所示。

表5-2　2004—2011年泰国服务业产值的地区分布（单位：亿泰铢）

	2004	2005	2006	2007	2008	2009	2010	2011
曼谷及周边地区	23 610.0	25 601.5	27 638.1	29 809.9	31 380.7	31 466.7	33 670.1	35 218.8
中部	1 553.5	1 665.8	1 726.2	1 880.8	2 049.7	2 081.5	2 190.2	2 162.9
东北部	3 970.1	4 257.7	4 663.8	4 925.5	4 983.3	5 587.2	5 964.8	6 364.8
北部	3 124.6	3 429.2	3 635.1	3 786.1	3 943.1	4 126.0	4 335.7	4 536.5
东部	3 392.0	3 795.1	4 208.7	4 656.1	5 016.2	4 924.8	5 378.1	5 870.3
西部	1 481.3	1 572.2	1 667.9	1 728.2	1 858.0	1 939.1	2 037.1	2 011.9
南部	3 501.8	3 630.6	4 150.6	4 407.4	4 623.6	4 728.5	5 248.9	5 679.6
服务部门合计	40 633.1	43 952.1	47 690.4	51 194.0	53 854.6	54 853.8	58 824.9	61 844.8

注：各部门是以当时市场价格衡量的产值。

资料来源：泰国经济与社会发展委员会（NESDB），http://eng.nesdb.go.th/Default.aspx?tabid=96。

---

① Pracha Koonnathamdee, *A Turning Point for the Service Sector in Thailand*, ADB Economics Working Paper Series, No. 353 June 2013, P.4.

② 这里的地区划分与第一章的行政区划略有不同，曼谷及周边地区是指曼谷直辖市，及其周边的北榄府、暖武里府、巴吞他尼府、佛统府和龙仔厝府5府，这5个府在行政区划中属于中部地区；北部地区是指除行政区划中的9府外，还包括中部地区的北榄坡府、甘烹碧府、乌泰他尼府、素可泰府、披集府、彭世洛府、碧差汶府7府及西部地区的达府；东部地区是指除行政区划的7府外还包括中部地区的那空那育府；西部地区仅包括呵丕府、北碧府、佛丕府、巴蜀府4府，及中部地区的素攀武里府和夜功府2府；而中部地区仅有大城府、红统府、华富里府、信武里府、猜那府、北标府6府。

从全国来看，泰国服务业的地区发展非常不平衡，服务业过于集中于首都曼谷及其周边地区。2011年，曼谷及其周边5府的服务业产值占全国服务业产值的一半以上，达56.95%；东北部其次，占比10.29%；东部地区居第三位，占比为9.49%；南部、北部、中部和西部等地区的服务业产值占泰国服务业总产值的比重依次为9.18%、7.34%、3.50%和3.25%，如图5-5所示。可见，其他地区的服务业发展与曼谷及周边5府的差距十分显著。其中，首都曼谷是泰国全国服务业的发展中心，其服务业产值在曼谷及周边地区服务业产值的比重超过了70%（2011年该比重为72.93%），在全国服务业总产值的比重约为45%（2011年该比重为45.91%），曼谷的酒店与宾馆行业产值及房地产产值均已经占到全国的50%以上，金融服务业产值更是占全国的60%以上。[①]

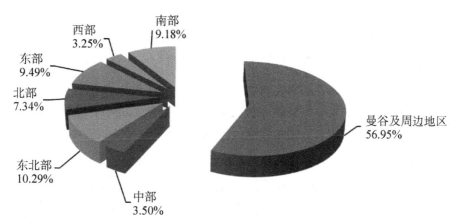

资料来源：泰国经济与社会发展委员会（NESDB），http://eng.nesdb.go.th/Default.aspx?tabid=96。

图5-5　2011年泰国各地区服务业在全国服务业中的比重

第二节　交通运输业

泰国交通运输系统由公路、铁路、内河航运、海上运输以及空运5个部分组成。泰国交通以曼谷为中心，拥有通往全国各地的公路、铁路、水运、航空等立体交通网，海港和航空事业发达，曼谷是全国的交通枢纽。泰国共有7个国际机场、8个深水港，公路网络超过17万千米，曼谷市区内有100千米长的高速公路，

---

① 根据泰国经济与社会发展委员会（NESDB）的数据计算。

铁路已有4 000余千米。

一、交通运输业发展历程

随着西方文明的到来，在近现代科学技术的影响下，泰国的交通运输业有了新的发展，但限于国力的状况，泰国交通运输业的发展一直比较缓慢。由于河流众多的地理特征，自古以来泰国的水路交通就十分发达。进入近代以后，随着新技术的产生和发展，以铁路为主的陆路运输便对传统的水路运输产生了巨大的冲击，人们开始注意陆路运输的时效、快速和便捷。第二次世界大战以后，泰国政府为了国家的强大致力于经济的发展，大力兴修铁路和公路，使原有的北线、东北线和南线的公路和铁路都得到了发展，规模进一步扩大，交通网更加密集。20世纪70年代末，泰国政府着手发展航空业，不断地开通泰国到世界各地的航空线路。到了80年代，随着国际贸易的发展，泰国政府重新把目光放在了传统的海上交通事业，泰国进出口货物的运输能力得到进一步加强。

近些年来，泰国基本完成了较为发达的海陆空交通网络建设，形成了公路、铁路、航空、内河航运、海运的立体交通网络，其中公路网络超过17万千米，7个国际机场，8个深水港。首都曼谷是全国交通枢纽，市区内有100千米长的高速公路，同时拥有通往全国各地的公路与铁路交通网。时至今日，泰国形成了以曼谷为中心，辐射全国以及世界各地的交通运输网络。泰国内阁设交通委员会和交通部来管理全国交通事务，交通部又分设公路、铁路、内河航运、海运和交通管理厅。

目前，泰国国内货运以公路为主，占全国货物运输总额的84%左右，出口货物则主要以海运为主，占全部出口货物的90%以上。2011年泰国遭受特大洪灾后，政府计划投入3 500亿泰铢进行灾后重建和基础设施建设，并计划在10年内投入730亿美元完成高速铁路网、城市运输系统和全面防洪工程等。

二、陆地运输业

（一）铁路

19世纪末，在拉玛五世朱拉隆大帝在位期间（1868—1910年），为了加强对泰国东北地区的控制，抵制法国对其东北边境的蚕食，泰国成立了皇家铁道机构筹建曼谷通往东北部的铁路。1892年，在皇亲国戚、外国使团的陪同下，朱拉隆亲自主持了开筑仪式，并亲手持铲破土，为铁路安下了第一根枕木。这条铁路从曼谷到呵叻，全长264千米，于1900年全线竣工。铁路从泰国中部的平原出发，途径丘陵地带，到景溪县以后进入大山，跨过山后抵达呵叻高原。呵叻为东北第一大站，东可到乌汶，北可到廊开。这条由朱拉隆大帝亲自主持修建的铁路，被称为"呵叻线"，时至今日仍为泰国铁路主要干线之一。但是，泰国第一条铁路的历史可以追溯到1893年。这条铁路是由一家名叫"北榄铁路公司"的私营企业修筑的，全长仅20多千米，它把首都曼谷和著名的海滨避暑胜地北榄连接起来，是一条专供旅游的铁路专线。

泰国的铁路早期很多是私人投资修筑的，1957年后就统一收归国有，现已经没有私人投资兴建的铁路了。暹罗皇家铁路办公室成立于1890年10月，最初隶属于公共工程部。泰国国家铁路局（SRT）在交通与通讯部监管下运营，负责铁路的建筑、运营和维护。

目前泰国境内共有4 000余千米的铁路，覆盖了全国47个府，并与曼谷的大众交通系统相连接，形成以曼谷为中心向北部、东部、南部及东北部延伸的4条铁路干线，其中北部到清迈，东部到老挝边境，南部到马来西亚国境。泰国铁路均为窄轨。[①]

东北线是指曼谷至呵叻，共264千米，于1900年建成通车，当时称为呵叻线，该铁路从吉拉站向北分叉，一条向东到乌汶市，于1930年建成通车，从曼谷到乌汶为575千米；另一条则向东北，经孔敬和乌隆，最终到达廊开府，于1955年建成通车，该线从曼谷起全长624千米。此后又在北标府英莱县起点向北再向东北经过华富里府东部和猜也奔府南面，在呵叻府北端的巴艾县再并入曼谷至廊开线，该线约280千米。

北线是指自曼谷至东北线90千米处向北经华富里、北榄坡、披集、彭世洛、程逸、帕府、南邦、南奔8府后到达清迈的铁路线，该线是曼谷至呵叻东北线建成后开工的，于1923年建成通车，从曼谷为起点到清迈全长751千米。

南线是指曼谷至呵叻段的东北线开建后，朱拉隆御批建设以春武里站为起点至佛丕的南线，全长152千米，该线开建于1899年，于1903年建成通车。后来该线又沿泰国湾西岸延伸到泰国南部与马来西亚交界处，是泰国同马来西亚联系的

---

① 国际标准规矩是1 435mm，大于这个标准的，称之为宽轨，小于这个标准的称之为窄轨。我国铁轨采用标准轨距。

重要陆上通道。南线又于1923年从合艾站继续向东南延伸到素恨高老进入马来西亚境内。该线以曼谷为起点,经佛统、龙仔厝、叻丕、佛丕、巴蜀、春蓬、素叻、博达伦、宋卡、北大年、也拉和陶公府,全长1 144千米。另外,为方便南部交通,从头顿到董里和洛坤都另外建有专用铁路。

东线是于1905年开始计划建设,1926年完工,从曼谷直到泰柬边境原巴真府亚兰巴泰县站(现为沙缴府亚兰巴泰县站),此后经泰柬双方合作,于1955年双边接通,可以通往金边。东线有一些分线,如北柳到色桃邑段,于1981年开工,1984年建成通车,长134千米。

西线铁路始于第二次世界大战期间,由日本人全权负责修建而成,但当时仅用于战争的需要,因属小轨战后利用价值不高而被废弃。现存下来的仅有从叻丕府他玛县到北碧继续北上到素攀。1990年泰国内阁提出重修西线,1991年批准重修计划,南起北碧府经达府到夜丰颂进入缅甸,使整个西部连通与缅甸的交通往来,该线基本沿原第二次世界大战期间日本人所修的路线。

迈格隆线是指连通位于泰国湾他金河的龙仔厝和夜功两府与曼谷的交通,最初是由迈格隆火车有限公司建成管理,该线于1902年开工,1905年建成通车,1945年收归国有。[①]

此外,为了缓和曼谷的交通堵塞状况,政府在曼谷市修建了轻轨电车,并已于2000年开通。曼谷拥有2条轻轨线路,即素坤逸线和西隆线。它们覆盖了城市中心的大部分商业区、住宅区和旅游区。列车于早6点至晚12点运行。至2011年底,曼谷已经运行了近80千米的轨道交通,另外83千米正在建设中。到2016年泰国计划将轨道交通扩大到236千米。

近年来,根据运输和交通规划署提出的铁路和高速列车发展总体规划,到2025年将铺设3 039千米铁路,共分三期工程,其中,第一期(2010—2014)铺设767千米轨道,速度为120千米/小时;第二期(2015—2020)将在更长的路线上建设1 025千米铁路,供高速列车以120~250千米/小时行驶;第三期(2020—2025)将增加1 247千米铁路。预计在第三期完成时,列车速度将从60~80千米/小时提高到100~120千米/小时。[②]除此之外,泰国国家铁路局还有铁路双轨计划,既将泰国境内的873千米从单轨升级到双轨,这些工程将有效地提高铁路的

---

①　费力:《泰国铁路运输状况》,载《东南亚南亚信息》,1994年10月第20期。

②　泰国投资促进委员会(BOI):http://www.boi.go.th/index.php?page=railways&language=zh。

运输能力。

泰国政府正在计划建设4条高速铁路线路，均从首都曼谷出发，分别到中部罗勇府、北部清迈、东部廊开府、南部泰马边境城镇巴当勿刹，其中后3条线路分别可与老挝、柬埔寨和马来西亚相连。泰方有意邀请中国帮助泰国修建两条高铁，一条是横贯南北约600千米的曼谷至清迈高铁，另一条是连接泰国东西450千米长的曼谷至廊开府高铁。

目前泰国铁路在货运方面主要承担长途大宗货物运输，例如运输石油制品、大米、水泥等。泰国铁路运输的具体情况如表5-3所示。

表5-3 近年来泰国铁路运输统计

	2007	2008	2009	2010	2011
准备运营的机车数量（辆）	276	274	274	272	265
乘客车厢数量（节）	1 265	1 263	1 260	1 238	1 238
货物车厢数量（节）	6 692	6 690	6 797	6 069	6 069
总旅客数（百万）	45	48	48	45	44
货物（千吨）	11 055	12 807	11 133	11 399	10 864
国内总货物运输量（千吨）	11 055	12 807	11 133	11 399	10 864
进口货物总量（千吨）	77	70	24	14	13
出口货物总量（千吨）	685	296	164	158	133

资料来源：泰国投资促进委员会，http://www.boi.go.th/index.php?page=railways&language=zh。

（二）公路

公路运输是当前世界上十分通用而且十分便捷且高效的运输方式。每个国家都非常重视，泰国亦是如此。早在1954年泰国政府就对陆上运输做出具体的法律规定。到1963年政府成立陆上运输厅具体负责整个国家公路运输秩序。陆上运输厅拥有控制和制定公路运输规则的职权。泰国的公路发展较快。20世纪70年代初，公路取代铁路成为国家最重要的运输部门。

泰国的陆路交通系统由交通部陆路交通管理厅、公路厅、高速公路管理局等机构分别负责规划、建设、经营、管理。泰国被公认为拥有最广泛的交通网络，通车里程超过180 053千米，其中包括450千米的高速公路（2006年）[1]，覆盖全国

---

[1] 《世界概况》，中央情报局，https://www.cia.gov/library/publications/the-world-factbook/rankorder/2085rank.html。

各府县地区，其中98.5%铺了混凝土或沥青。① 曼谷市内高速公路总长度近100千米，环城高速公路长度165千米，城际高速公路总长度超过200千米，同时规划中的城际高速公路总长达4 150千米。全国公路分布最广泛的地区是东北地区。2004年泰国签署了亚洲公路网协议，使泰国与欧亚32个国家的交通运输系统相互连接，泰国境内的亚洲公路全长5 111千米。

按1992年《公路法》，泰国公路划分为6大类，并由中央、地方分管，即特别公路、国道、专营公路、市政道路、SUKHAPICAN道和乡村公路。特别公路是指对进入道路进行管制、对周边发展活动予以特别管理的高等级道路，如快车道（MOTORWAY），此类道路须由部长指定；国道是指连接各区、重要场所的一级道路，国道须由公路厅认定；② 专营公路指按照泰国有关法规、政府签约并将经营权转让予民间进行运行的道路；市政道路是指覆盖城市区域的道路；SUKHAPICAN道，由主干道通往郊区道路的一种，由内务部公共工程厅厅长批准，按照卫生委员会主席指令经过卫生机构登记；乡村公路是指各府市以外的公路，府行政公署为建设者，公路厅长有权批准，在府行政公署注册登记。按照泰国行政部门职责分工，前3类由泰国交通部公路厅负责，后3类由其他机构负责。如：乡村公路由公共工程厅、加速农村发展办公室、皇家厅等机构负责；市政道路则由各市政部门负责，而维护道路由市政下属部门负责。③

在对公路的命名上，泰国早期是以纪念性的形式来进行命名，诸如采取人物、事件、地名和友好的外援机构等。后来为了方便起见，改采取公路始至取名。1963年取消所有原命名，采取国际标准的《泰国国家公路号码系统命名规则》进行命名。1968年国务院总理办公室公布新的国家公路和府公路编号系统，重新编号注册命名。1974年交通部公路厅根据形势需要，取消国务院总理办公室1968年公布的编号系统，重新制定公路数字编号系统。④ 目前泰国的公路名称具体有两种：按照地域划分，"1"打头的属北部公路；"2"打头的属东北部公路；"3"打头的属中部、东部公路；"4"打头的属南部公路；按照道路分类划分，一位数的是连接各府的主干道，现有1、2、3和4号公路，两位数的是连接府与府之间的一级公

---

① 泰国投资促进委员会（BOI）: http://www.boi.go.th/index.php?page=highways。

② 对于泰国的公路种类也有认为分为7类，如果将国道详细分类，还可分成国家公路和府级公路。国家公路是指国家经济、政治和国防的重要交通要道，是全国重要地区的公路，公路厅负责主建、维护和管理，交通部长为批准人。而府级公路则是府与县及其重要场所的连接公路，公路厅为建设管理者。

③ 中国驻泰国大使馆经济参赞处, http://th.mofcom.gov.cn/aarticle/ddgk/zwdili/200305/20030500088761.html。

④ 费力:《泰国公路交通运输状况》, 载《东南亚南亚信息》, 1994年第19期。

路，三位数的是指某府的二级公路，四位数的是指南部、北部分离于道路系统的通往重要场所的支线公路。①

　　泰国连接与邻国的国际公路主要有4条，分别连接老挝、柬埔寨、马来西亚和缅甸，有3条主干线3条副干线的国际公路经过泰国境内，即A-1、A-2、A-12、A-14、A-15 和A-18 号国际公路。这6条亚洲国际性公路在泰国总长4 462千米，其中A-1号国际公路北起泰缅边境的达府迈束县，经中部到泰柬边境的沙缴府亚兰县，长703千米；A-2号国际公路北起泰缅边境的清莱府迈晒县，然后顺势南下经西部在宋卡府沙刀县进入马来西亚，长2 254千米；A-12号国际公路在北标府恨贡分叉，向东北在廊开府进入老挝，长524千米；A-14号北起达府迈束县，向东南再向东，在乌汶府披议芒沙罕县进入老挝，长870千米；A-15号国际公路从乌隆府到那空帕农府，再入老挝，长254千米；A-18号国际公路起自春蓬府向东南到陶公府的素恨高老县入马来西亚，长870千米。从上述国际公路可以经缅甸、孟加拉国、印度、尼泊尔、巴基斯坦、阿富汗、伊朗、伊拉克和土耳其到达欧洲大陆。为保证公路的行车安全，公路厅和警察厅于1960年联合成立公路警察局，全权负责公路安全执法。②于2008年开通的全长1 800多千米昆曼公路，成为泰国通向中国西南最便捷的通道。

　　泰国公路建设与养护的资金主要来源于国家财政拨款。交通部每年提报一次国道、省级公路建设与养护的建设计划及投资预算。经泰国国家经济及社会发展委员会的综合分析与评估后，由中央政府根据财政情况确定投资额度。由于泰国公路的建设与养护实行分类分级管理，交通部只负责国道、省级公路的投资与建设，县乡公路则由国家财政根据地方政府和其他管理部门提出的投资预算，直接拨给地方及其他管理部门掌握。另一个资金来源是利用外资，主要是贷款。此外，泰国还鼓励私人投资道路建设。值得一提的是，泰国目前运行的公路中，尚无一条以回收建设投资为目的的收费公路。③

　　2012年，泰国政府筹划建设总里程为4 150千米的高速公路。新公路最终将成为东西经济走廊(连接中国南海与孟加拉湾)和南北走廊(连接新加坡与中国昆明)的一部分。

---

① 中国驻泰国大使馆经济参赞处，http://th.mofcom.gov.cn/aarticle/ddgk/zwdili/200305/20030500088761.html。
② 费力：《泰国公路交通运输状况》，载《东南亚南亚信息》，1994年第19期。
③ 刘浩：《发展中的泰国公路》，载《公路》，1993年6月第8期。

　　泰国的公路遵循靠左行驶。在首都曼谷拥有大约有250条公交线路，总长5 000千米，为曼谷及其郊区的各个区域提供服务。在各省府，数百家企业经营着曼谷郊区线路及其他全国线路。有3个主要的公共汽车站，即北部和东北部总站、南部总站以及东部总站。乘公共汽车旅行廉价方便，使用 VIP 公共汽车尤为如此。还有定期的空调公共汽车和无空调公共汽车。快速公交系统（BRT）是曼谷新的运输系统。泰国已批准建设5条公共汽车线路的计划。第一条线路于2010年5月29日向公众开放，由沙吞至花卉博览会。另外4条线路分别是廊曼—明布利—素旺那普；慕七—北革；明布利—Si Nakharin—素坤逸；邦纳—素万那普；5条BRT 线路超过110千米，花费近130亿泰铢。这些项目已于2012年竣工。票价范围为12至20泰铢之间，具体取决于距离。预计每天可接送 50 000 名乘客。[①]

　　泰国的公路交通安全也是一个值得关注的问题。根据亚洲发展银行统计数据显示，自2000年至2006年，由交通事故引起的受伤由120例增长至175例（每10万人中）。2009年，在交通事故中死亡的人数为15.8例（每10万人）。相比而言，中国（不包括港、澳、台）在2009年交通事故引起的受伤率和死亡率分别为17.9和5.1（每10万人）。

三、水上运输业

　　泰国河网密布，自古以来水路运输就是泰国重要的交通方式。泰国东南临泰国湾，西南濒安达曼海，海岸线漫长而曲折，又拥有许多优良的港湾。近代以来，水路运输曾一度被铁路的光芒所掩盖。但随着第二次世界大战后国际贸易的发展，各种国际产品的不断输入输出，水上运输业再度复兴，并发挥出重要的作用。

（一）内河航运

　　泰国内河航运历来比较发达，湄公河和湄南河是其两大内陆水运干线。泰国国内许多货物，如大米、玉米、建筑材料等都是靠内河水路运输的。泰国河运集中在中部平原地区，北到披集，东至那空那育和巴真，西到叻丕，南到北榄和龙仔厝。这一地区汇集了北榄坡的宾河和难河，猜那的金河、脑河，大城的威巴沙河、帮巴功河、那空那育河、巴真河和西部的迈格隆河。泰国的27个府可以用河运相互联系。雨季可通航的河流有1 750千米，其中有1 120千米为天然河道，

---

①　泰国投资促进委员会（BOI），http://www.boi.go.th/index.php?page=highways。

630千米为运河，全年均可航行的河道有1 100千米。内河运输主干之一的湄南河，雨季时，吃水2米以内、载重80吨以下的船只可由泰国湾沿湄南河上溯约700千米到达乌达拉迪；旱季时，只能从入海口通航到那空沙旺，其里程大致是入海口至乌达拉迪的一半。

泰国主要的内河航运线在中部、东部、西部、东北部和南部都有分布。

中部：湄南河的汇流河有宾河、难河、他真河、脑河和巴沙河。这一区域是泰国大米生产和淡水屯积地，该地区河流分三段，上段指猜那府至北榄坡，可以常年行船；中段是从猜那府到大城府和素攀府，中间含巴沙河、脑河和他真河，也可以终年行船；下段指大城府和素攀府至曼谷段，除湄南河和他真河外，其他河流有那伊恨—召寨河、帕亚班乐河、帕披门—帮巴通河、玛哈沙瓦河和帕西乍仑河都是一些支流或小河，均可常年行船。

东部：东部河流走向复杂，主要有帮巴功河、那坤那育河和巴真河等，都可以与湄南河相连通，终年通航。但由于陆地交通的方便，一般不用于大型长途运输，只供地方性使用。

西部：该地区河流运输距曼谷较远，但用途很广，像迈格隆河和他真河，均可终年通航，而且作用较大。

东北部：东北部主要有湄公河、门河和锡河，这些河流均可常年航船。其中湄公河是中国和东南亚地区各国共同开发的航运大河，在泰国东北部的货物出口方面有着巨大作用。通过湄公河—澜沧江国际航运水道可直达中国云南的景洪港和关累港。

南部：泰国南部由于其地形较为狭窄，没有较长的河流，主要有打毕河、北大年河和晒武里河，这些河都可常年行船。[1]

泰国内河航运的主要船只是木质船只，一般为15～30吨。船只大部分为私人所有。为了方便工业的发展和运输的便利，也出现了一些金属船只，但船型基本没变。由于路上运输的快捷和便利，泰国大多数的内河航运船只主要是运输货物，客运船只较少。

曼谷地区的水路运输码头和车辆过往点共有60多处，基本是私人所有。曼谷市区码头共有12个，所用40～120马力船只600余艘，基本是客运，私有性质。

---

① 费力：《泰国水路交通状况》，载《东南亚南亚信息》，1994年第22期。

1969年湄公河快船有限公司在湄南河建立78个码头，使用7～12吨的快船来进行客运，平均每艘船只可载客70～90人。

（二）海运

泰国海岸线漫长而曲折，拥有众多的优良港口，长期以来政府和民间非常重视港口的建设。

泰国共有122个港口码头，包括8个国际深水港，分别位于曼谷、东海岸的廉差邦、马达普，及南海岸的宋卡、沙敦、陶公、普吉和拉农等府。[①]

泰国所有主要的深海港口的发展和管理由泰国港务局（PAT）负责，目前PAT负责曼谷和5个深水港口；[②] 其他港口，包括2个较小的深海港口由港口部门负责。目前，8个国际深海港口都投入运营，有4个私营港口允许处理集装箱货物。

曼谷港是泰国最大的港口，它既是河港，又是海港，是泰国进出口商品最多最大的集散地。曼谷港位于湄南河流域西边，现由东西两部分组成，西岸码头全长1 660米，有36个泊位，其中深水泊位可以同时停泊10艘吃水8.5米以内的万吨级货轮。东岸码头是集装箱码头，有21个泊位，其中深水泊位可以同时停泊万吨级货轮6艘。曼谷港是泰国第一大国际商用港，每年可处理大约1 340万标准箱。曼谷港也是泰国海军的主要军事基地。[③] 90年代，泰国为了减轻曼谷港的压力，在春武里府建立了一个新的大型深水商用货运港，即廉差邦港（Leam Chabang）。该港1992年正式投入使用，每年可处理大约800万标准箱，该港口处理泰国总进出口的54%。港口长2 000米，宽800米，水深为12米，码头数9个，能停泊10万吨大型船舶。到目前为止，廉差邦港已经开发了两期工程，现在正在进行第三期工程建设。扩建工程包括2 000米长的新码头，宽900米，深度为15米，可直接为大型船舶服务。还计划修建将连接港口东门的双轨铁路，并扩建通往港口的道路和大门来缓解交通。来自东北的双轨铁路将从北标府的景德区延伸通过北柳府到廉差邦，同时将扩建通往港口的4条道路。第三期工程将使港口的最大处理能力提升至1 800万标准箱。扩建可于2019年投入运营，以满足泰国

---

① 《泰国基础设施（2011年版）》，中国驻泰国大使馆经参处，http://th.mofcom.gov.cn/article/ddgk/zwjingji/201202/20120207948992.shtml。

② 泰国港务局（PAT）是运输与通讯部全面监管的公用事业国有企业。它是根据泰国港务局法案B.E. 2494（1951年）建立的，目标是与经营与港口有关的业务，以便实现国家和公共利益。

③ 费力：《泰国水路交通状况》，载《东南亚南亚信息》，1994年第22期。

的国际海运贸易的快速增长。扩建旨在将廉差邦改造为大湄公河次区域贸易的主要港口，以便与新加坡的港口竞争。

自古以来，海上运输就是国际贸易的重要手段，泰国通过海上交通来与世界各国进行贸易和交流。时至今日，虽然交通运输业迅速发展，但鉴于运量巨大以及运输价格低廉，海运仍是当今世界重要的运输方式。泰国政府也十分重视本国的港口和航道建设，并在政策上对泰国航运的公司予以鼓励支持。1962年泰国根据国际组织和世界银行的提议对航运业进行了大规模现代化的投资改造，加强国际海上商贸运输。此后几年中，经政府批准，泰国海运公司先后开辟了日本、美国等航线。[1] 而后，泰国先后出现了泰海运商业公司、泰国国际投资海运公司、泰海洋运输公司等国际性海上运输公司，拥有5 000～30 000吨位级的各类商船。另外，泰国政府于1978年成立国际商贸促进委员会办公室，拥有加强促进国际海运商贸的职权，主要从事建立国际商贸联合中心的工作，研究分析有关国际商贸计划和措施，以便提高国际商贸促进委员会对国际航运、遇险、海运、通信、船坞和港口设施的技术处理、资料收集、交换和散发，促进国际海运商贸条约产生良好的效果。

泰国现拥有海上航运能力的公司40多家，多数属于小型航运公司。泰国各类商船363艘，其中：散装货船31艘，货船99艘，化工船28艘，集装箱18艘，液化气运输船36艘，客轮1艘，客货共用船10艘，油轮114，冷藏集装箱24艘，滚装船1艘，车辆运输船1艘。外国所有船只共有13艘（中国1艘，中国香港1艘，马来西亚3艘，新加坡1艘，中国台湾1艘，英国6艘）。在其他国家注册船只46艘（巴哈马4艘，伯利兹1艘，洪都拉斯2艘，巴拿马6艘，新加坡33艘）。[2]

四、航空运输业

在东南亚地区，泰国航空业比较发达，首都曼谷是东南亚地区重要的航空枢纽。航空运输对泰国经济起着十分重要的作用，航空客运已成为外国游客入境泰国的主要运载方式，约占80%。2011年，泰国的航空运输共运输乘客6 630万，

---

[1]　泰国海运公司成立于1940年，为泰国政府所有，主要办理曼谷至新加坡、马来西亚、印度尼西亚等地的货运。

[2]　中央情报局，https://www.cia.gov/library/publications/the-world-factbook/geos/th.html

货物140万吨，航班44.1万次。^①

　　泰国各种大小民用机场（包括直升飞机机场）共109个，其中国际机场7个。泰国的国际机场包括素旺那普机场、廊曼国际机场、清迈国际机场、清莱国际机场、合艾国际机场、普吉岛国际机场、乌泰豪国际机场。素旺那普国际机场（Suvarnabhumi Airport）是泰国最重要的国际机场，位于曼谷以东约25千米，2006年9月28日正式启用，占地面积32平方千米，该机场号称拥有世界上最长的跑道，60米宽，4 000米长。其客运大楼为现今全球第三大单栋航站楼，共7层，有360个报到柜台、124个入关窗口及72个出关窗口。机场设有2条跑道和120个停机位，其中8个用于空客A380（其中5个有登机口）。每小时可供76班航班起降。素旺那普机场能为100条定期航线提供服务，其中88条是客货混合航线，12条是纯货物航线。素旺那普国际机场投入使用后，取代原先的廊曼国际机场，成为东南亚地区重要的空中交通枢纽，共53个国家80家航空公司设有赴泰固定航线，89条国际航线可达欧、美、亚及大洋洲40多个城市，国内航线遍布全国21个大、中城市，从曼谷飞往国内各城市仅需一小时左右。2010年，素旺那普机场有98条固定航线，其中包括13条货运航线。2011年机场旅客出入量为4 752万人次，年货运量达300万吨，在亚洲地区排名第六。2012年，素旺那普机场凭借"机场的大小"当选为2012年全球前十大最佳机场。素旺那普机场已规划第二个开发阶段，以支持乘客数量的预计增加。第二阶段包括新的卫星航站楼，其可以接送2 000万人次。机场的下一个扩建阶段预计于2017年完工，将使机场容量提升至6 400万人次。普吉岛国际机场和清迈国际机场也是泰国重要的国际机场。普吉岛国际机场在泰国的客运和货运量中排名第二，每年迎接数以百万计的乘客。共有36家航空公司在使用普吉岛机场，航线覆盖23个国家或地区的60个城市。为了应对日益增加的乘客，政府批准了1.8亿美元的机场扩建计划，包括新的国际航站楼，该项目计划于2015年竣工。清迈国际机场是通往泰国北部的大门，多年来该机场大大促进了北部的旅游。目前泰国有关部门正在制订改善和扩建机场的计划。2011年上半年至2012年上半年泰国国际机场的航班和乘客统计如表5-4所示。

---

① 泰国投资促进委员会（BOI），http://www.boi.go.th/index.php?page=airports。

表5-4　2011年上半年至2012年上半年泰国国际机场的航班和乘客情况

	国际				国内			
	航班 （次）	变化 （%）	乘客 （万人次）	变化 （%）	航班 （次）	变化 （%）	乘客 （万人次）	变化 （%）
素旺那普	115 269	7.93	2 021	7.56	51 509	34.48	720	38.31
普吉岛	15 788	11.26	250	12.77	14 206	0.05	225	9.05
清迈	2 396	22.56	25	35.63	15 894	11.88	193	17.17
廊曼*	16 214	-27.56	116	-42.95	—	—	—	—
合艾**	—	—	—	—	6 361	3.63	94	11.99
清莱	—	—	—	—	3 521	12.82	48	16.58

*洪水之后重新开通的航班；** 主要是国内航班。

资料来源：泰国投资促进委员会（BOI），http://www.boi.go.th/index.php?page=airports。

　　此外，泰国分布在各地区的国内机场也很多。北部和中北部的机场包括南邦机场、罗姆赛克机场、夜丰颂机场、美赛机场、北榄坡机场、难府机场、彭世洛机场、帕府机场、达府机场、程逸机场；东北部的机场包括武里南机场、猜也奔机场、孔敬机场、黎府机场、那空帕农机场、呵叻机场、黎逸机场、沙功那空机场、乌汶机场、乌隆机场；中西部和东部机场包括华富里机场、佛统机场、巴蜀机场、梭桃邑机场；南部机场包括春蓬机场、甲米机场、洛坤机场、陶公机场、北大年机场、拉农机场、宋卡机场、素叻机场、董里机场。[①]

　　目前，在泰国境内投入营运的主要航空公司有泰国国际航空公司（Thai Airways）、曼谷航空公司（Bangkok Airways）、飞鸟航空公司（ Nok Air）、泰国亚洲航空公司（Thai Air Asia）等。泰国国际航空公司可飞往全球35个国家或地区的76个城市，并因其食物的质量和乘务员的效率获得高度赞誉，是最受欢迎的航空公司之一，在国际航空业的竞争中保持优势地位。

　　泰国绝大部分机场由交通部下属的泰国机场股份有限公司经营管理。[②] 该国的航空运输基础设施的规划和管理则由泰国机场股份有限公司（AAT）和运输与通讯部下的民用航空部门（CAD）共同负责。

---

① 泰国投资促进委员会（BOI），http://www.boi.go.th/index.php?page=airports。
② 泰国机场股份有限公司，前身为泰国机场管理局（AAT），是泰国交通运输部监管下的国有企业。

第三节　通信业

通信行业是泰国经济发展的重要支撑部门。20世纪80年后期由于泰国经济的快速发展，对通信的需求越来越迫切。泰国通信业虽然起步晚，但发展较快。如今各种形式的通信业务已经覆盖到泰国全国各地。

一、通信业发展历程

20世纪80年代后期，泰国经济开始起飞，至90年代中期，泰国经济一直保持快速的发展势头。为适应经济的快速发展，泰国制定发展计划，大力支持通信业的发展。1990年，泰国电话主线达132.4万线，普及率为2.36%；1993年泰国电话主线增至218.4万线，普及率提高到3.71%；泰国电话主线的年均增长率达到了18.2%。[1] 为满足社会对通信业务迅速增长的需求，泰国政府充分利用移动通信使用方便、经济效率好的优点，积极鼓励并大力支持移动通信的发展，移动通信得到迅速发展。1993年初，泰国移动电话用户为248 720户，1994年末，增至80.9万户，1995年底达到115.2万户。[2] 亚洲金融危机期间，泰国通信市场受到较大冲击，通信业务受到影响，移动电话公司TAC（Total Access Communications）原计划1998年下半年开放的CDMA移动电话业务也因市场不景气而延期开放。在泰国第八个国家经济社会发展计划期间（1997—2001年），泰国政府为促进电信业的发展采取了新措施，包括新安装了600万门的固定电话，超过过去安装固定电话的总量，充分满足城乡居民对固定电话的需求；将泰国电话机构（TOT）和泰国通信机构（CAT）改制为大众公司；使更多私营企业参与电信市场；建立独立的电信监管机构，即国家电信委员会（NTC）对泰国电信市场进行管理。

21世纪初，泰国经济强劲复苏，民众对通信服务的需求不断膨胀，有效带动了通信产业的发展。据泰国国家经济和社会发展委员会统计，2002年通信及交通产业占GDP的比重已达10.2%。2003年4月，泰国固定电话用户数量约860万，普及率为13.5%；移动电话用户数量约1 907万，普及率为29.8%。可见，移动通信业务的发展大大超过了固定电话业务，固定电话业务面临着很大的竞争压力。

---

① 尉淑琴：《发展中的泰国电信》，载《现代电信科技》，1996年第6期。
② 尉淑琴：《发展中的泰国电信》，载《现代电信科技》，1996年第6期。

2009年，泰国固定电话业务发展成熟，此后用户一直保持平缓的发展趋势；2010年，泰国移动通信市场的发展也开始走向成熟。

二、通信管理体制

目前，泰国主要的通信服务商包括国有的泰国电信机构CAT（The Communications Authority of Thailand）和泰国电话机构TOT（Telephone Organization of Thailand）以及私营的AIS（Advanced Info Service）、DTAC（Total Access Communications）、True Move等。CAT和TOT是泰国两大国有运营商，以政企合一的形式经营电信业务，在泰国电信运营市场中占据支配地位。其中CAT拥有泰国的国际电话基础设施，包括国际网关、卫星和海底电缆网络连接，可经营国际通信业务、移动通信业务和邮政业务，国际业务几乎直达任何国家，TOT拥有超过200万条电话线的电话网络，具备最新的数字交换和长途电话设备，可经营国内固定电话业务、移动通信业务以及通往邻近国家的国际长途电话业务，涉及基本电话服务及许多其他增值服务，如电传、传呼、手机、在线数据、投币或磁卡公共电话、常见无线电话、可视图文和ISDN。除这两个国有运营商之外，泰国电信服务市场还有一些私营的电信运营商。私营运营商主要经营移动通信业务、互联网业务以及其他增值电信业务。

2000年10月，泰国国家通信委员会NTC（National Telecommunications Commission）建立，负责电信频率资源的分配、电信经营许可证的审批发放和对电信企业的监管。而泰国信息通信技术部负责国家信息电信网络的规划、促进、开发和管理，对电信业进行宏观指导。泰国信息和通信技术产业的标准多为美国标准，通信设备须符合国际电信联盟的产品标准。

为了加快电信业和国民经济的发展，在未来的国际竞争中占领战略制高点，以及为了响应WTO关于开放电信市场的号召，20世纪90年代末泰国政府对本国电信市场进行了一系列改革，一方面推行电信经营主体改革，实行政企分开和民营化；另一方面进行市场准入制度改革，打破垄断、引入竞争。

第一，对电信经营主体进行改革，逐步实现民营化。经营主体性质不明、政企不分，已严重阻碍了泰国电信市场的健康发展。长期垄断泰国电信市场的两大国有企业TOT和CAT于2002分别被改制为大众公司，2003年CAT实现邮政和电信业务的分家，两家国有大企业都逐步走上民营化道路。第二，进行市场准入制度改革，让更多中小企业参与市场竞争。由于历史原因，泰国的电信运营商仍然行使部分管制机构的职权，政企尚未分开。泰国中小企业进入通信市场的准入制度主要采用合同特许制。在通信管理主体缺失的情况下，国有电信运营商TOT和CAT在经营电信业务的同时（TOT占固定电话领域一半以上的份额，CAT则在国际电信业务方面占垄断地位），还行使了一部分管理市场准入的职能，包括通过与电信经营企业签订BTO（建设、转让、经营）合同，允许其投资和经营电信网络提供电信服务，同时征收合同特许费，合同特许费收入分别占到TOT和CAT年收入的30%和10%。多年来，CAT和TOT一直与私营电信公司竞争，以政企合一的形式在电信运营市场占据支配性的地位，使私营电信运营商听命于他们的指挥，这种制度大大制约了电信业的发展。随着泰国电信市场体系的改革，将由国家电信委员会负责电信市场准入，特许合同制度将被取消。这意味着，将有更多的私营企业，特别是中小企业进入电信服务市场，运营主体更加多元化。第三，加快电信市场的对外开放。根据1997年达成的WTO《基础电信协议》，泰国逐步开放包括基础电信业务和增值电信业务在内的电信服务业市场，允许外资经营。1999年泰国政府开始允许外资通过合作的形式参与电信市场，但开放程度有限。提供基础服务的外资股比不得超过50%，提供增值服务的外资股比不得超过40%。目前，电信市场上的AIS和DTAC公司均有外资背景。

经过一系列的改革，泰国电信市场的活力增加，经营效率提高。但是，泰国电信市场的改革仍然有限，至今电信业的特许经营制度并没有得到全面改善，国有电信运营商TOT和CAT仍然拥有向私营电信企业行使特许的权力，造成了电信行业的不公平竞争。三家私营运营商AIS、DTAC、True Move与两家国有电信运营商CAT和TOT签订特许经营合同来开展电信服务，所建造的网络所有权归属国家。近几年来，泰国政府继续试图解决这一问题。早在2009年，负责频谱管理的电信监管机构泰国国家电信委员会（NTC）多次尝试打破这种制度，通过拍卖的形式发放3G牌照，却因政治局势以及国有运营商的阻挠而屡屡延期。2010年，3G牌照拍卖前，CAT以NTC无权颁发3G频谱为由突然将该机构告上了法庭，泰国行政法庭最终裁决取消3G拍卖，3G频谱分配需等到新的超级监管部门泰国广播和通信委员会NBTC（National Broadcasting and Telecommunication Commission）成立后进行。2011年，NBTC筹备成立，新成立的NBTC监管范围扩大，涵盖电信、广播和媒体三个领域，共有11个委员，2名副主席，1名主席。目前，NBTC正在着手制定行业发展的总体规划，主要方向在于确保电信运营商在一个自由、公平的竞争环境下发展，重新设计牌照发放流程，促进电信资源的有效利用，出台国家突发事件和灾难应急计划等。

三、主要通信业务

目前，泰国各种形式的通信网络已经覆盖全国各地，包括固定电话（提供低价国际直拨电话服务）、移动电话、ADSL宽带互联网、卫星调制解调器及拨号入网服务等。

（一）固定电话业务

固定电话服务是泰国电信基础设施的重要部分，有38%的家庭连接至3个固定电话营运商之一的电话网络。国有TOT是泰国第一大固定电话运营商，在全国有660万用户，约占固定电话市场份额的一半。1954年2月，在运输通信部的支持下，TOT宣布成立，代替了当时泰国邮电总局（PTD）成为泰国国家的公众电信运营商，接手PTD公司的所有电信业务。1977年2月，CAT宣告成立，经营电信和邮政业务。在国际通信业务方面，CAT公司占有绝对垄断地位。此外有2个私营企业也提供此服务。True Online是True的子公司，为广泛的曼谷都市区域提供服务，其大约有200万个用户，是第二大固定电话营运商。TT&T是Loxley Group的一部分，是泰华农民银行的联营公司，其服务范围覆盖曼谷之外的所有郊区，客户数量达到120万。

泰国电信服务达国际标准，特别是在曼谷市区，向住宅和办公室用户提供足够的固定电话线。固定电话线网络容量共超过800万线，其中约700万线正在使用。此外，还设有遍布全国各地的公用电话。国际通信业务由泰国通信机构（CAT）提供国际直拨电话服务。自2004年来，泰国国际电话费率逐渐下降，尤其是拨打到美国、英国、澳大利亚和中国等国家的电话率下降较多。泰国信息与通信科技部称，为了增强竞争力，固定电话运营商应该实行以每分钟计费的方式来代替目前实行的市内电话每拨一次付3铢的计费方式。

如果这种新的计费方式被泰国三大固定运营商采纳的话，将与目前泰国的移动电话计费方式相同，并与世界其他大部分国家的固定电话运营商实行一样的计费方式。由于AIS、DTAC等泰国移动电话运营商实行价格低廉的、按照每分钟计算电话费用的方式，因而大量消费者选择使用手机，使泰国三大固定电话运营商——泰国电话机构、亚洲电讯大众有限公司和泰国电话通讯大众有限公司已经失去不少的市场份额和收入。

(二)移动通信业务

1986年泰国电话机构开办了第一个蜂窝式移动电话服务网——CMTS470系统,其服务范围包括曼谷及其附近各府。次年,该系统扩大到东部沿海,1991年成为泰国第一个全国性的蜂窝式移动电话服务网络,其中包括5个移动电话交换台、144个无线电基地站和3 611个无线电通道,总容量为10万个用户。泰国第二个移动电话系统是泰国通讯管理局1987年在曼谷开设的AMPS800网络,该网络共有5个交换台,可为4.5万个用户服务。泰国第三个在国内经营的移动电话系统是泰国电话机构1991年开设的蜂窝式900网络,1992年面向全国服务。[①]之后,泰国电话机构不断扩大现有的蜂窝式移动电话470系统和900系统,并逐步开办新的数字式蜂窝移动电话业务。

从1996年发展到1999年底,泰国的移动电话普及率大约为4.3%。2000年以来,泰国移动通信发展迅猛,对外资的吸引力增大。截至2004年底,泰国CDMA用户达到65万,CAT电信在泰国25个省份建有CDMA网络,已覆盖100万用户。2005年6月,诺基亚和泰国第二大移动运营商DTAC电信公司(Total Access Communications PLC)延长了此前签署的框架协议。根据协议,诺基亚帮助DTAC电信公司为其在泰国的GSM/GPRS/EDGE网络扩容。2005年10月,泰国最大的移动运营商AIS(Advanced Info Service)与西门子签订合同扩展其GSM无线和核心网络。超过100万的用户将能够在AIS的网络上拨打电话、使用通信业务。此外,西门子还提供多业务处理平台,这将使运营商的网络为数据传输做好准备,这是能够提供数据业务如互联网接入或者MMS等的第一步。AIS通过扩展其GSM移动网络,将能够满足泰国移动用户快速增长的对移动通信的需求。2006年,泰国AIS表示,将投资3.13亿美元用于第三代数字通信3G服务网络的第一阶段建设。如果第一阶段3G业务推出顺利,那么公司将投入相同资金进入第二阶段3G网络建设。AIS在2006年中期在泰国推出其第一阶段的3G业务,网络容量为100万户。

通过几年的发展,泰国移动电话的渗透率从2001年的13%增加到2007年末

---

① 俞亚克:《泰国通讯业发展概况》,载《东南亚》,1996年第4期。

的80%，并且持续增长。移动领域的增长一方面是由于竞争机制的引进，另一方面则来自于手机话费的降低与其他限制措施的取消。2008年，泰国手机市场继续快速扩张。2008年移动用户达到5 730万，移动电话渗透率达到87.4%。移动电话的普及率超过固定电话，移动电话的使用率大约相当于固定电话的5倍。2010年，泰国移动通信市场的发展走向成熟，移动号码普及率已占总人口的114.06%。[①]

自2010年12月5日起，泰国移动通信服务商必须提供带号转网服务，同时在全国范围内实行网内与跨网通话统一收费标准。由于泰国移动电话市场竞争十分激烈，每家移动电话服务供应商不断推出各种优惠服务套餐，使得泰国的移动电话通话费率相差不大，费用较低。交费系统分为两种，即预付费系统（Prepaid）和后付费系统（Postpaid）。预付费系统的移动电话芯片处处可见，容易购买。后付费系统的移动电话芯片必须在其服务供应商的专卖店购买及登记，需要的文件包括护照原件与复印件和工作证。

2011年下半年，泰国主要私营移动通信服务商在原手机信号频谱上提供的第三代数字通信（3G）服务陆续开通，带动泰国移动通信迈入高速宽带时代，同时开辟了新的数据传输方式。用户利用手机上网可使用看电视、听歌曲、玩游戏等各种在线娱乐服务。实际上，泰国私营移动通信服务商从2009年就已开通3G通信试运营。泰华农民研究中心曾就使用3G通信服务的主题对曼谷地区的消费者进行了意见调查。调查发现，36.6%的受访者已使用3G服务，而目尚未使用3G服务的受访者中有89.5%表示日后会使用3G服务。消费者对3G服务需求如此之高，加上智能手机市场的兴旺势头，必将推升移动数据通信业务出现大幅增长。

2012年泰国移动通信服务业增长强劲，缘于充分受益于在原有频段上提供3G服务的网络向全国各地扩大及客户基础增加，同时得到智能手机和平板电脑市场持续增长的拉动。2012年泰国移动通信市场值增长11.5%，与2011年的11.8%增幅相近，其中数据通信出现跨越式增长，市场值增幅高达44.1%，高于2011年的34.7%；语音通信增速则进一步放缓，市场值从2011年的7.1%降至2012年的3.0%。[②]

---

① 《泰国移动电信发展走向成熟，延长4G LTE网络试验至年底》，中国通信网，http://labs.chinamobile.com/news/lte/66576，2012-02-27。
② 《泰国新频段3G服务拉动移动数据通信市场增长47%》，南博网，http://www.caexpo.com/news/info/number/2013/04/24/3592442.html，2013-04-24。

2013年泰国移动电话使用率超过120%，是世界上互联网用户平均年龄最小的国家之一，近一半的用户在15～24岁之间，3/4的用户在35岁以下。

(三)互联网业务

2005年，泰国互联网用户数量仅占总人口的12%，互联网普及率尚与美英等发达国家的55%、韩国的60%、马来西亚的逾34%相距甚远。近几年泰国互联网业务增长较快。2008年泰国互联网用户增至1 540万人，占到总人口的24.3%。泰国宽带互联网市场激增的原因一方面是供货商为争夺更多的市场，纷纷降价抢客户，另一方面则是政府支持扩大宽带互联网的政策和新技术提高了服务质量所致，泰国国家电讯委员会(NTC)开放互联网服务提供商以及国际互联网入口的经营自由化。不过，仍存在一些阻碍互联网市场发展的因素，例如接入网络资源不足，需要扩大投资；国家电讯委员会的频率分配政策及经营许可证的申请对无线宽带互联网，尤其第三代移动通讯系统技术(3G)带来影响。而且大部分互联网使用者集中在城市地区，由于受到与互联网连接技术和网络方面的限制，网络在连接速度上存在差别。泰国拥有许多私营公司为个人和企业客户提供服务，如泰国电话机构(TOT)、TRUE公司、泰国通信机构(CAT)等。用户可自由选择价格合理的预付或后付的支付方式。宽带互联网由于比传统窄带网更能满足用户需求而日益受到欢迎。2009年注册用户数量飙升至229.5万户，而传统窄带网注册用户仅剩74.2万户。同时，已经使用宽带网的用户也趋向于从速率3Mbps以下的网络转向更快的4～5Mbps网络。当前，泰国互联网使用量持续增加，互联网接入技术发展迅速，互联网服务费趋向降低，互联网内容更加多元化。2012年泰国互联网用户总数约2 400万。互联网服务遍布泰国的大多数区域，并正在扩展至全国，只有太远无法连接电话线的乡村除外。

(四)邮政业务

1977年以前，泰国邮电总局(PTD)既是对泰国通信进行管理的政府职能部门，也是通信的经营实体。1977年，泰国国会批准实行政企分开，邮电总局成为纯粹的政府职能管理机构，专门负责制定发展方针政策和处理国际通信联系的事务。同时，单独成立一家国营通信公司，即CAT，负责经营邮政业务、电报和国际长话及800兆赫的移动电话业务，但盈利的主要是电信业务，邮政业务基本处于亏损状态，以电补邮在所难免。而当时经营国内电话业务的国营通信公司TOT则经营国内电话、与泰国周边国家如新加坡、马来西亚等的电话业务和900兆赫的移动电话业务。CAT和TOT既是合作伙伴又是竞争对手，两家电信公司同属于交通部管辖。1997年泰国邮政业务从通讯事业体制中分离出来，2003年CAT分解为两个公司，即CAT电信公司和泰国邮政，形成了单一的邮政事业单位，自此泰国邮政从原来每年亏损10亿铢的困境中扭转过来，建立了泰国邮政品牌，经营基础日益稳固。目前，泰国邮政所有的邮局实现联网，邮政业绩和收入不断提高，泰国邮政正朝着物流巨头的目标迈进，全力打造"全程物流"供应商。

泰国邮政业务主要分为邮务、物流、金融和零售四大板块，其中邮务业务包括函件、速递EMS（文件类）和明信片等业务；物流业务主要包括包裹、速递EMS（包裹类）、物流运输等业务；金融业务主要包括汇兑、汇款、Pay at Post等业务；零售业务包括邮政商品、收藏品、邮品、佛像和风油精等药品的零售业务。至2010年3月，泰国邮政共有1 195个邮局（其中包括16个邮件处理中心，6个大宗邮件处理中心，955个投递局，200个非投递功能的邮局，6个邮政所，12个移动邮局），66个服务柜台，34个邮政商店，3 421个特许加盟邮局，2 200个邮票代售点，28 776个邮筒。①

泰国邮政投递的产品可谓五花八门，除了传统的信件和包裹，从摩托车到各种食品，泰国邮政都可运送。泰国邮政十分注重与其他金融公司、物流公司、航空公司及私人企业的合作。2008年末，泰国邮政与泰京银行合作，泰京银行的储户可以通过邮局的柜台存取现。2008年9月，泰国邮政与移动电话运营商True Move合作，将1 200名员工作为True Move的业务代理，为其客户进行手机账户充值。此外，泰国邮政还与廉价航空公司Thai Air Asia联合，为曼谷的客户运送著名餐馆的食品。

第四节　零售业

零售业在泰国有着举足轻重的地位。亚洲金融危机前，泰国批发零售的产值占GDP的16.5%，从业人数也占总就业人数的15%。经济危机过后，泰国经济复苏缓慢，零售业总体迟滞不前。近些年来，泰国的零售业的发展出现了新的势头和新的现象，其中以大型超市的迅猛发展最为典型。2012年泰国零售业累计销售

---

① 张洪芬：《泰国邮政发展对中国邮政的启示》，载《邮政研究》，2011年第1期。

价值约为14 000亿铢。

一、零售业发展历程

早在1855年，暹罗与英国签订的《鲍林条约》中规定：允许英国人买卖或租用曼谷附近的土地；同时开放暹罗市场，英国商品进口税率不允许超过其价值的3%。1856年春，两国又签订了该条约的补充特别协定，允许英国公民可以自由出入暹罗。[①]《鲍林条约》的签订使暹罗政府失去了商品买卖的垄断权力，同时也使首都曼谷成为了一个开放的城市，外国商人自由出入泰国，并可以经营各种进出口商品。但从总体上看，泰国的小型零售商店最初是在19世纪末20世纪初由中国的移民建立的。到第二次世界大战末期，大部分的商品交易都是由中国商人控制的。[②]

根据泰国经济的发展情况，可以大致将泰国零售业的发展划分为四个阶段。第一阶段是从第二次世界大战后到50年代。第二次世界大战前泰国就是个农业国，经济水平不高，以水稻为主的农业依然在国民经济中占主导地位，工业水平低，许多日常生活用品依赖从国外进口。这一时期泰国从事零售行业的以泰国华人和中国商人为主。由于战后中国政局不稳定，随后爆发了解放战争，许多商人便来到泰国避难，而后留在了泰国发展。当时泰国生产力低，关税也低，大量消费品都涌入泰国。进口商品是通过外国企业输入泰国，然后中国商人再批发或者零售。这一时期，中国商人拥有定价权。

第二阶段是50年代末到70年代中期。这一时期，泰国开始实行进口替代工业战略，着手发展工业，实现工业化，从而带动国家的经济高速增长。国家经济的发展，工业化程度提高，基础设施建设的完善，人民收入的增加，这些因素都直接促进了零售业的发展。60年代，泰国虽然调整发展战略，但进口替代效果并不明显。日用工业品依靠进口的状况依然存在。这一时期零售业出现了许多新的元素。首先，进口商品的种类增加，商业区面积越来越大。其次，电视广告宣传等等诸多新的营销手段被运用到零售行业。再次，信用支付的出现，允许先消费，后付款。最后，供应商发展到了农村地区。现代的服务、技术、展示和管理系统的首次使用是在20世纪50年代中期。一个非常重要的里程碑就是1956年中心百

---

① 《东南亚历史词典》，上海辞书出版社，1995年版，第449页。
② ［泰］Burim Otakanon, Tyan Bliss：《大型购物中心对泰国小型零售商影响的比较研究》，载《管理学报》，2004年第2期。

货公司的成立，它的一个非常明显的特征就是使用固定的价格。[①]

第三阶段从70年代中期到90年代。这段时期，泰国经济快速发展，消费能力也不断提高，泰国政府对零售业和金融实行自由化，为了追求高额的利润，外商零售企业大量进入泰国。外商零售业的大量涌入带来了先进的管理理念和技术。其实早在1964年，日本的Daimaru公司开设的一家综合性的百货公司就已经运用新的理念和技术来进行经营管理。它把商品分开划入不同的部分，同时还大量运用现代技术，实行促销。但Daimaru对小型零售商店没有产生什么影响，因为它把自己定位在一个高档消费商场。泰国现代商业得到推动，引进了新技术，大规模装配空调、自动扶梯、电梯和电话系统等。中心百货公司建立了几个分店，成为行业的领军者。70、80年代，泰国城市生活节奏加快，逐渐催生了大型的综合性购物商场，向泰国消费者引入了"一站式"购物的概念，并开始取代过去的孤立的百货公司形式。

第四阶段是90年代至今。80年代末至90年代是泰国的经济繁荣期，零售业的竞争也变得非常激烈，零售业进入了新的时代。一个主要的改变是在1989年出现的，当时Chareon Pokphan集团（C.P集团）将大型购物中心的概念引入泰国，首先建立了美国品牌便利店"7-eleven"。而后C.P集团与一家荷兰批发商SHV集团合资，成立了Asia Makro有限公司，并于1998年改名为Siam Makro有限公司。1998年，Siam Makro在曼谷开了第一家"现金购物，自行运送"（cash-and-carry）的巨型购物中心。Makro作为批发商来运作，它提供全线的商品，目标是销售给零售商。1990年，C.P集团引入了卜蜂莲花（Lotus）大型超市，目标群体是中低收入的消费者。1994年5月，中心零售集团（经营中心百货公司）引入了第二层次的大型超市，名为Save One，1996年6月，更名为Big C大型商业中心。中心零售集团与Robinson集团合并，成立中心零售公司（CRC）。到1996年，大型购物中心的外资参与程度增加了。CRC将它在Big C中的大部分股票卖给了法国零售业巨头Casino集团，并与法国公司家乐福（Carrefour）建立合资公司，经营Carrefour巨型超市。C.P集团将其在Lotus的大部分股份卖给了英国零售巨头Tesco Plc，其超市业务也卖给了比利时的Delhaize集团；其在Makro的大部分股份则卖给了SHV集团。[②] 总之，90年代泰国零售业的快速发展得益于国内和国外两方面的原因。一

---

① Burim Otakanon, Tyan Bliss:《大型购物中心对泰国小型零售商影响的比较研究》，载《管理学报》，2004年第2期。

② Burim Otakanon, Tyan Bliss:《大型购物中心对泰国小型零售商影响的比较研究》，载《管理学报》，2004年第2期。

方面，科学技术的进步和贸易全球化带来的变革深刻影响了人们的生活状况，改变了人们的消费观念和消费对象；另一方面，泰国国内经济的发展，人民收入的提高，城市生活节奏加快都是促进泰国零售业发展的重要原因。1997年亚洲金融危机对泰国形成了巨大的冲击，零售业也难逃厄运。之后泰国经济复苏缓慢，而泰国零售业的总体水平停滞不前。近年来，泰国零售业出现了新的发展势头，主要表现是大型超市发展迅速，尤其是跨国公司扩大投资。面对外国公司的强势进入，当地传统零售业市场则逐步缩小并不得不调整经营战略。从1998年到2001年，Makro、Tesco Lotus、Carrefour等近百家大型超市的销售总额增长了52%，所占的市场份额从24.19%增加到29.87%；而泰国国内数千家百货公司和超市的销售总额只增加了13.9%，所占市场份额从75.81%下降到70.13%。[①] 到了2008年，由于泰国政局的不稳定，以及国际金融危机的冲击，泰国经济持续走低，首当其冲受到影响的就是商品、服务和旅游业，泰国零售业受到较大冲击。2012年泰国零售业表现较好，累计销售价值约为14 000亿铢，被认为是零售业的黄金年份，这主要源自农产品价格较好，尤其是大米、甘蔗和木薯的价格乐观，而且还得益于2012年来泰旅游的海外游客数量大，推动消费增长。[②]

二、零售业构成

　　泰国的零售业可以分成传统的贸易经营和现代商店。传统零售业主要是以"妈妈店"、流行商店和当地的商店街等为代表。这些商店通常规模非常小，由当地人经营。在泰国的零售业中，传统的市场比现代贸易市场更倾向于拥有最大的市场份额。主要原因是泰国不同于其他发达国家，相比而言，泰国的城市化水平和居民收入水平要远远落后于其他发达国家，菜市场就是典型的例证。在泰国，中低收入者依然占整个泰国人口的大多数。同时，泰国人保持着每天买菜做饭的生活习惯。菜市场可以为居民每天提供新鲜的蔬菜和水果，这是便利店和大商场无法比拟的。菜市场便宜、便捷，可以讨价还价，到处都有，并且菜市场的摊主和消费者保持着一种长时期的买卖关系。这些都是现代商场无法取代传统菜市场的重要原因。

　　现代商场主要有大型综合商场（Superstore or Hypermarket）、超市（Supermarket）、

---

① 李瑞霞：《泰国零售业的新发展》，载《东南亚》，2003年第2期。
② 中国驻泰国大使馆经济商务参赞处，http://th.mofcom.gov.cn/article/jmxw/201208/20120808296730.shtml。

便利店（Convenience Store）、百货商店（Department Store）、专业店（Specialty Stores）、"部门大全店"（Category Killer）。

泰国的大型综合商场以Tesco Lotus和Big C为代表。这类商场具有规模非常大的交易空间，一般为面积1万～2万平方米。采取自选销售的方式，以销售大众化使用品为主，并且将超级市场和折扣店的经营优势合为一体，一次性满足顾客包括食品杂货、百货在内的各种消费需求。Tesco Lotus是经营大型综合商场最大的企业，Big C次之。2010年，Big C取得了家乐福的商业经营权，一跃成为泰国大型商场的领军者。大型综合商场大部分销售的是国产商品，主要面向中层阶级，一般实行最低价定位，主要的经营战略是为消费者开立信用卡、会员卡、举办减价活动、开设分店等。

超市可以为居民提供众多的食品和生活用品，以销售生鲜商品、食品以及日常必需品为主，同样也是采取自选销售的方式。超市的规模一般比较大，面积一般1 000～2 000平方米，经营范围比较广泛，可选择的商品比较多，但是其规模小于大型综合商场。超市由于销售产品多，因此是面向整个社会的所有阶层，产品主要是国产商品，实行混合定价。在泰国的超级市场的主要代表有Central Food Retail（CFR），Foodland and Villa Market。

便利店主要是坐落在繁华的商业街区道边的小商店，面积一般16～100平方米，可以满足顾客便利性的需要。一般便利店售卖的商品有快餐、冰淇淋、饮料、香烟、熟食、杂志、报纸、化妆品、保健商品等，主要是国产商品。一些商店还支持分期付款，价格略高于超市。泰国这类商店主要有7-eleven、V shop Express、108 Shops、Family Mart和Tesco Lotus Express。

百货商店的店面一般都是一整栋建筑。在建筑内，根据不同的商业部门设销售区，开展各自进货、管理、运营的零售业态。泰国百货商店主要的代表是中心零售集团（Central Retail Corporation，CRC）经营的中心百货公司。

专业店一般经营规模比较小，面积1 000～2 000平方米，专门出售某些特定的商品，有国产商品也有进口商品，档次较高，销售范围也比较集中，商品比较专业，服务也比较好。销售人员一般具有丰富的专业知识，而且可以提供适当的售后服务，面向所有社会阶层。在泰国这种专业店主要的代表有Body Shop、Watson、Boots等，主要是销售医药、营养保健品等，类似于中国的同仁堂药店。

"部门大全店"这类商店销售的商品种类比较少，但是出售的商品的样式非常多，价格低廉，大部分是国产商品，主要是面向中层阶级。在泰国，这类店销售的商品主要有办公用品、电子用品、运动商品、家居用品等，经营面积在1 000～2 000平方米，主要代表有Makro Auto、Office Power Buy、Super Sport。

三、零售业发展问题

大型购物中心的大量兴起改变了泰国零售结构，加剧了零售业的竞争。随着泰国经济的复苏和购买力的增强，国外投资者纷纷加大向泰国零售业的投入，他们的经营战略主要是降低商品价格和扩大商品经营项目。一方面，大型购物中心的进入改变了传统的物流和服务流。在传统的生产贸易链条中，生产者在物流和服务流方面起着重要的作用，他们可以控制价格，把他们的商品以一定价格销售给批发商。批发商从工厂以较低的价格大批量的买进货物后，再以较高的价格转卖给零售商，从中赚取利润。然后，零售商根据消费者的需要，将大宗货物拆散，销售给需要的消费者。零售商的利润源自他们支付给批发商和他们转卖给消费者的差价。大型购物中心的出现代替了从前的批发商和零售商，创立了低价格基础上"一站式"购物的理念。分销渠道越短，利润越大。他们控制价格，将商品价格压在比较低的状态以取得价格优势。另一方面，外国投资者也加大投资规模，扩大经营范围。2001年，泰国零售业新注入的投资达110亿铢。其中 Big C 和Tesco Lotus投资40亿铢，Carrefour投资30亿铢。而其他便利店、超市及专卖店投资占的比重很小。当年，Big C建立了5个新店，3个在曼谷，1个在芭堤雅，1个在乌汶。Carrefour在 2001年共开设了4个分店。到2001年底，泰国有102个折价商店，其中国外投资者有100家，而在1997年仅为50家。

外国大型购物中心的崛起促进了经济的发展，就业的增加，科技的进步以及人们生活水平的改变，但同时给泰国经济带来了许多不利的影响。[①] 由于外国大型零售商店已经在很多地方扩张开立分店，从而使当地的商店业主面临着破产的危机。2007年3月30日至4月5日，一项调查发现，在外国现代超市不断扩张后，88%的当地店主表示他们面临着严重的销售危机，另外12%的当地店主的销售额有轻微的下降。从2001年到2006年，90 681家本土商店中有60 529家已经破产倒闭。同时，大型购物中心的垄断地位也使生产商和供应商处于无利润经营状态。

---

① 研究表明，外国大型购物中心的大量出现虽然可以在局部或者短期内带动就业，但从更长的周期看来，大型购物中心导致本土的商业大量倒闭，实际上会对就业产生反作用。

　　大型购物中心扩张所带来的消极影响也引起了零售行业从业者和泰国政府的不安。从2006年9月的Biz 5th了解到，来自不同省份的50多名当地的破产业主的代表前往首都要求政府的帮助。政府为了帮助中小企业，特别是夫妻店能与外资企业竞争，推出了"ART"计划（Allied Retail Trade Co. Ltd）。ART是由政府提供低利息的贷款，所有参加ART计划的商店利用共用的物流系统降低成本，实现现代管理系统。①

　　当然，面对外国零售企业在泰国投资的压力，泰国本土的零售企业也进行全面的改革，改变经营战略和经营方向，提高经营效益。一般企业主是集中力量发展优势的经营项目，同时适当地减少非主要的经营项目。如中央集团卖掉了它的超市，转而集中全力发展另外两家有发展潜能的商店Power Buy和Super Sport，同时计划另外开设4个专卖店。正大集团也取消了部分零售业经营项目，集中力量经营"7-eleven"便利店。如今"7-eleven"这种便利店已成为泰国零售业的重要组成部分，遍布全国各府、县，分店达两千多家，仅曼谷就有900家连锁店。"7-eleven"便利店每天接待的顾客数高达170万人次，每个商店的商品种类达2 500项。目前零售业中的家庭式的经营方式已经广泛利用IT技术进行专业化管理。近几年来的实践证明，在泰国零售业激烈的竞争环境下，传统零售业只要改进管理方式，充实服务内容，避开现代零售业的优势，向民众提供物美价廉，有特色的商品，发挥出自身的特点和优势，依然可以保持广阔的前景和发展空间。

第五节　金融业

　　泰国经济的发展对金融业的发展产生了极其深远的影响，而且促进了金融市场的变革和对外开放。华资银行在泰国金融业中占有较大份量，发挥着重大作用。

一、金融业发展历程

　　泰国金融体系自20世纪40年代建立之后，经历了60年代、70年代的政府严格保护时期和80年代末、90年代初的金融自由化时期。至1997年金融危机爆发

① ［泰］陈仙如：《利用外资发展中国零售业——泰国和美国的国际视角》，对外经贸大学2003年硕士学位论文。

时，泰国已逐步形成了由 15 家泰资商业银行、14 家外资银行、几十家金融公司以及 4 家政府专门金融机构组成的比较完善的现代金融体系。金融危机之后，泰国逐步重组本国金融体系。

其实，泰国的金融业并非在20世纪中期才开始发展。早在19世纪末，西方殖民者便在泰国进行资本输出，建立外资银行分行。1888年英国人在曼谷开设汇丰银行分行，这是泰国的第一家银行。1894年，伦敦渣打银行也在曼谷开设了分行。随后，法国人于1897年在曼谷开设了法属西贡东方汇理银行的分行。这些西方银行吸收着大量的存款资金，其客户不仅包括外国企业，甚至包括泰国国王。[①] 西方银行的到来为泰国带来了先进的金融理论、思想和体制，对泰国金融业的发展起到了一定的促进作用。但此时的西方银行终究是为本国利益服务，对泰国民族经济的发展起到消极的影响。事实上，1896年，玛希亲王曾考虑建立泰国银行的可能，但由于当时泰国情况和大多数殖民地国家一样聘用外国人做经济顾问，政府的经济活动受到西方人的掣肘，只能秘密建立银行，并取名为"书吧"（Book Club）。此后，泰国金融业的发展依然举步维艰，直至第二次世界大战，外国资本都一直控制着泰国的经济命脉。

第二次世界大战后，泰国的财政金融业进入一个新的时期，并获得长足的发展。其主要特征是产业金融发展迅速，并逐步走上国际化与多元化的道路。在实施"面向出口"为导向的发展战略时期，资本需求骤增，为适应这一新形势，银行等金融机构大幅度增加营业额，不断扩大业务范围，开始形成自己的特点。此外，泰国还借鉴亚洲"四小龙"金融业的发展经验，提出将曼谷逐渐建成亚太地区与中国香港、新加坡齐名的国际金融中心。泰国的非银行金融业，如证券交易的发展也相当迅速。

1997年亚洲金融危机之后，泰国以处理银行不良资产、增强金融机构的实力为中心改革金融体系。具体措施包括：（1）设立专门机构，即金融重组局、资产管理公司及中央资产管理机构等，专门负责落实银行重组、解决金融系统不良贷款问题；（2）通过全面修订已有的金融法规（包括银行法、金融公司法和专业金融机构法）、制订新的呆账准备金标准、限制商业银行的最高贷款等一系列措施，加强金融监管；（3）制定重组计划，通过关闭、国有化、并购和政府注资等

---

① 赵永胜：《近代泰国银行业的兴起》，载《东南亚》，1999年第4期。

多种方式，拟把80多家银行和金融公司合并压缩成两种类型——零售银行（Retail Banks）和全能服务银行（Full-Servce Banks），该计划完成后，金融机构的数量将减少为40家左右；（4）鼓励外资银行与本国银行合资、合并，新加坡发展银行、荷兰Amro银行、英国渣打银行等已相继拥有部分泰国银行超过50%的股权；（5）逐步确保金融机构按照市场机制和商业银行规则运作，以主要的政策性金融机构——泰国工业金融公司为例，其发放贷款的范围除政府规定的农村地区和中小企业外，已扩展到具有较高效益的科技产业、证券业和房地产业；（6）同步实施企业的重组发展，增加企业融资渠道。

通过以上措施，泰国金融市场得到了快速恢复。根据亚洲开发银行（ADB）2006年公布的一份关于新兴东亚国家和地区的金融市场调查报告，指出该地区金融发展水平已经超出了人们普遍认为的发展水平，"包括泰国、马来西亚、中国香港和中国等在内的东亚新兴国家和地区的金融市场发展水平超过了世界平均水平"。[1]

二、金融体系构成

泰国金融体系由商业银行、资本市场、国营专业金融机构和非银行金融机构等四大部分组成。泰国金融行业以总资产为标准来考察，主要以商业银行为主，然后依次为金融公司、专业银行和地产信贷公司。

（一）商业银行

商业银行系统是泰国金融体系的支柱，提供现金管理、资金运营、投资、大中小企业业务、零售业务金融服务，还涵盖证券、保险、租赁、租购、保理、基金管理和私人财富管理金融产品等全能金融服务。截至2009年12月，泰国商业银行系统包括14家全能银行、2家零售银行、15家外国银行分行和1家外国银行子银行。[2] 全能银行中又以盘谷银行（DBL）、泰京银行（KTB）、泰华农民银行（KBANK）和汇商银行（SCB）规模最大，该四大银行占据了2/3的资产份额，而全部14家全能银行在泰国金融体系中占有62%的资产份额。[3] 零售银行仅能向中小

---

① 《东亚金融市场的发展现状》，网易，http://money.163.com/06/0711/16/2LP12M0O00251HH2.html。

② 在15家外国银行分行之中，中国银行曼谷分行于1994年正式设立，2012年1月中国银行设立拉差达分行，2月设立罗勇分行。2009年中国工商银行收购泰国ACL银行99%股份，成立中国工商银行（泰国）股份有限公司（简称"工银泰国"），其19个分行遍布泰国的曼谷、清迈、普吉等大中城市和旅游胜地。

③ 《泰国金融体系（2011版）》，中国驻泰王国大使馆经济商务参赞处，http://th.mofcom.gov.cn/article/ddgk/zwjingji/201202/20120207948991.shtml，2012-02-02。

企业或零售客户提供有限的金融服务，不允许经营诸如衍生金融产品和风险管理产品等业务。外资银行分行在分行数量、国内融资等方面有较多的限制，最多可设立3家分行。外资银行子银行仅允许设立4家分行，其中一家可设在曼谷及邻近地区，其余须设在外府。

银行系统是泰国金融业的主体，在国民经济中起着举足轻重的作用。泰国国内商业银行中较著名的有曼谷银行（亦称盘谷银行）、泰华农业银行、泰京银行（国营）、汇商银行、大城银行、京华银行、曼谷商业银行等，而泰国军人银行、泰国第一银行、京都银行、亚洲银行、联合银行、兴业银行、簧利银行、金国银行等银行规模较小。在商业银行中，又以盘谷银行、泰京银行、泰华农民银行、汇商银行、大城银行为主，这几大银行既受泰国主要大家族控制，其资产又大部分归政府所有。它们拥有的银行办事处占全国的70%左右。此外，它们还与泰国大家族控制的工业集团关系密切。例如盘谷银行与Saha统一集团公司，汇商银行与Mah Boon Krong集团公司的关系都很密切。

与泰资商业银行相比，外国银行在泰国金融业中势力不大。目前在泰国的外国银行中实力较强的是日本的东京银行和三井银行，其他外资银行按实力排名依次是：万国宝通银行、德意志银行、大通银行、法国东方汇理银行、香港上海汇丰银行、美国银行、渣打银行、马来亚合众银行、印度海外银行、太平洋亚洲银行、中国国际商业银行、四海通银行等。

长期以来，泰国的银行特别是商业银行作为泰国金融系统的主体和中坚力量，一直在泰国经济发展中起着关键性的促进作用。然而，泰国的银行系统特别是商业银行在长期的发展过程中由于受各种因素的制约，也存在着很多问题和不足之处。随着时间的推移，这些问题越来越突出，已成了阻碍其自身进一步发展的障碍。首先，银行的数量受到限制。泰国政府于1955年颁布银行法，严格限制开设新的银行。由于设立新银行受到限制，商业银行便逐渐朝集中化的方向发展。其次，银行的功能受到限制。由于官方限定了银行存贷款利率的最高数值，导致存贷款利率长期缺乏变化，不利于刺激储户的存款兴趣。再次，在风险管理方面，由于银行发放贷款时承担着收不回贷款的风险，商业银行便把注意力集中在缩小贷款风险上，严格要求客户提供担保资产，这就把小贷款者拒之门外。另外，银行在资源分配上也存在问题。官方自1984年起要求商业银行为农业、制造业、矿业、农产品批发贸易业和出口业等重点经济部门提供贷款，向这些重点部门贷款所收取的利率被定为1.5%，低于一般借贷者所付的利率。在银行开设地方分行方面，要求那些申请批准的商业银行必须持有相当于存款额16%的政府公债，而如果要在曼谷及周围地区开设分行，就必须同时在边远地区也设立分行，而且新设立的分行必须以不低于其在当地吸收存款的60%的比例发放贷款。上述要求给商业银行增加了负担，不仅造成其资产分配上的扭曲，也不利于整个银行业务的正常发展。

20世纪90年代，由于国内和国际上政治经济形势的变化，泰国开始实施一系列的改革。主要内容包括实行外汇交易自由化，放宽国际资本流动；取消银行的存贷款利率的限制；扩大银行业务经营范围，提高服务现代化水平；以及开展国际化金融服务等。1997年金融危机后，泰国银行体系进行进一步的改革，加强资本金管理是其重要内容，主要包括成立资产管理公司，成立信贷局，完善审慎性框架，鼓励商业银行发行次级债券以补充银行资本金，在新巴塞尔协议下的资本金管理变革等等。经过几年的改革，泰国银行的资本管理取得了初步的成效，资本充足率得到提高，资本结构开始改善。[①]

在管理体制上，银行业均受泰国银行（即泰国中央银行）监管，后者又受财政部监管。财政部是泰国金融的决策主体，负责制定银行必须遵守的法规条例，以及批准新的外资银行进入。泰国银行于1942年12月10日成立，作为泰国的中央银行，其主要职责为发行货币并对其进行管理，根据实际需要，执行相应的货币政策等。泰国银行履行中央银行的功能，即作为银行的银行、政府的银行，实施货币发行清算系统的管理等等。

值得注意的是，泰国商业银行存款担保机构法已于2008年8月11日生效，在该法律实施前，客户在商业银行存款得到金融机构发展基金（FIDF）的全额担保。根据该法，2011年8月11日前，客户存款仍受到全额担保。2011年8月11日至2012年8月10日，个人客户每户在每家银行存款担保额减至5000万泰铢。2012年8月11日起，个人客户每户在每家银行存款担保额减至100万泰铢。

（二）资本市场

泰国资本市场包括股票市场、债券市场以及相关的证券公司、基金管理公司等。证券公司和基金管理公司占泰国金融体系10%的市场份额。

---

① 2001年新巴塞尔资本协议修订草案通过，对资本的构成、风险加权资产的计算提出了更准确和全面的定义，使泰国商业银行面对一个更加严格的外部资本金管理环境。

　　20世纪60年代泰国开始发展资本市场。1962年7月1日成立第一家证券交易所——曼谷证券交易所。限于当时国内条件较差，经验又不足，证券交易所的业务活动和发展不尽人意，1975年便宣布停业。而在曼谷证券交易停业的当年，泰国证券交易所正式挂牌成立。泰国证券交易所是非盈利性法人机构，受财政部监督管辖。交易所由9名理事组成的理事会管理，其中4人为内阁任命，4人由公司从会员中选出，专职主席1人。多年来，泰国证券交易所一直是股票交易中心，同时又负有股票交易的监督职责。交易所为上市证券交易提供必要的证券交易系统，从事与证券交易有关的业务，如票据交换、证券保管、证券登记及其他服务等，以及从事证券委员会批准的其他业务。

　　泰国证券交易所成立后，泰国的股市行情几起几落，经历了剧烈波动。1976—1979年是泰国股市的第一个繁荣期，证券交易量由1976年的17.6亿铢激增到1979年的400亿铢。而后，泰国国内出现能源危机、高通货膨胀率等问题，导致经济增长速度放缓，股票价格下跌，投资者对股市缺乏信心，致使泰国股市进入了第一个衰退期。1981年，证券交易量减少到29亿铢，证券交易指数也由1979年的266点下跌到了106.62点。第一个衰退期一直持续到1982年上半年。[①] 随后的几十年里，泰国资本市场的状况并不稳定。在东南亚的国家中，泰国股票市场的交易量不仅低于新加坡，更低于马来西亚。回顾泰国证券市场的发展，其总体发展趋势是向上的。

　　为规范资本市场的交易活动，政府在泰国证券交易所成立的头一年即1974年5月就制订了《泰国证券交易法》。该法明确规定，泰国证券交易市场应该是一个有组织的证券市场，证券交易手续必须完备，未经泰国证券交易所批准认可，任何证券公司不得从事证券买卖或与证券买卖有关的业务。关于泰国证券交易所的组成成员，该法规定，成员仅限于经财政部批准经营证券买卖的证券经纪公司，数量不得超过30家，如有必要，可酌情增加。非成员身份的证券公司必须通过成员公司为其客户买卖证券。

　　1992年，为了适应形势发展的需要，泰国政府制订新的《证券交易法》，以统一规范资本市场的经营管理。新法令规定：建立一个证券交易委员会，把资本市场的监督职能从泰国证券交易所手中接管过来，成为唯一监管证券交易的机

---

① 俞亚克:《泰国金融业的发展》，载《东南亚》，1997年第1期。

构，以提高工作效率，保持政策的统一性和连续性。泰国证券监督管理委员会是泰国资本市场的监管机构，负责制定证券市场监督、促进、发展及运营等方面的法律法规，以确保资本市场的公平发展，提高运营效率，保持长期稳定发展，及增强泰国证券市场的国际竞争力等。新法令中最引人注目之处是允许证券公司管理任何个人或基金会的剩余资金，并授权各商业银行承担某些类型的证券交易，如认购债券等。更重要的是，该法令对建立交易所外市场作出了规定。新的证券交易法颁布实施后，泰国于1995年11月14日设立了第一个交易所外市场——曼谷股票交易中心，目的是让那些未能在泰国证券交易所上市的中小型公司也能进行股票交易，融通资金。当年共有74家证券公司加入这个市场，启动资金为5亿铢。交易的项目包括普通股、优先股、投资股以及认股证书等四类。交易必须经过有资格的经纪人进行，这些经纪人都是来自上述74家成员公司，而且他们中的大多数人还在泰国证券交易所兼任经纪人。[①]

此外，泰国新兴股票投资市场是从属于证券交易所的二板市场，主要为中小企业提供有选择的资金渠道、为债转股的债务重组提供方便、鼓励风险基金向中小企业投资并提供更多的投资机会和分散投资风险。泰国债券交易中心自1998年起从原来从属于证券商协会的债券交易系统吸收银行等机构加入而形成，是债券市场投资者的交易平台，提供各种债券交易信息并形成较强自律性的债券交易管理机构。

（三）专业金融机构

除了泰国（中央）银行外，泰国还有许多专业金融机构。这些机构是支持政府落实经济政策、向特定群体提供金融支持的政策性金融机构。其主要由财政部监管，其中全部或大部分归政府所有。包括政府储蓄银行、农业合作银行、政府房屋银行、泰国进出口银行、泰国中小企业发展银行、次级抵押公司、泰国伊斯兰银行、泰国资产管理公司和小型企业信贷担保公司等。在接受存款方面，它们可以从社会公众接受几乎所有类别的存款，与商业银行没什么区别，但专业金融机构能够为各类客户服务，特别是无法从商业银行获得信贷的低收入客户群体。其金融服务范围涵盖了住宅信贷、中小型企业信贷、进出口信贷以及小额信贷等，这些都是商业银行无法比拟的。此外，泰国设有工业金融公司，这是一个专业化

---

① 俞亚克：《泰国金融业的发展》，载《东南亚》，1997年第1期。

的金融机构，主要是动员和提供该国工业发展所需的长期资金，其通过发行证券、票据、债券或从国外信贷来募集资金。而小型工业金融公司是一个政府机构，设在财政部的工业促进委员会下面，不是法人实体，它的大部分资金来自政府，其主要目的是为小型工业企业提供资金和技术帮助。截至2009年底，专业金融机构在泰国金融体系中约占16%的资产份额。[①]

（四）非银行金融机构

非银行金融机构包括由泰国中央银行监管的财务公司、房地产信贷公司，由保险业监管委员会和财政部监管的人寿保险公司以及由农业部监管的农村信用合作社，以及消费信贷公司、金融租赁公司等组成。20世纪80年代后，泰国的非银行金融机构激增，并迅速发展起来。主要原因之一是政府在很长一段时间内控制颁发新的银行许可证。由于这一限制，本国和外国有意进入金融业的投资者不得不建立各种类型的非银行金融机构，如金融公司、地产信贷公司、租赁公司、保险公司和证券公司。经营形式采取独资或合资的方式，这些非银行金融机构的业务范围和经济作用各不相同。截至2009年底，非银行金融机构在泰国金融体系中占约12%的资产份额，其中人寿保险业占有绝大部分份额。[②]

三、华资金融业

在泰国金融体系中，值得一提的是华资金融业。早在20世纪初，华人便在泰国从事金融行业并且具有一定的规模和影响力。现在华资金融已成为泰国经济的重要支柱之一。在泰国16家商业银行中，有8家为华人经营。[③]在泰国，有五大财团对其经济的发展起着重要作用。一是以陈弼臣、陈有汉、陈智深领导的盘谷银行为核心的金融财团；二是以伍班超领导的泰华农民银行为核心的金融财团；三是以李木川领导的大城银行为核心的金融财团；四是以郑午楼领导的京华银行为核心的金融财团；五是泰王室财团。在这五大财团中，除了泰王室财团外，其余四家均为华资金融财团。

① 《泰国金融体系（2011版）》，中国驻泰王国大使馆经济商务参赞处，http://th.mofcom.gov.cn/article/ddgk/zwjingji/201202/20120207948991.shtml，2012-02-02。
② 《泰国金融体系（2011版）》，中国驻泰王国大使馆经济商务参赞处，http://th.mofcom.gov.cn/article/ddgk/zwjingji/201202/20120207948991.shtml，2012-02-02。
③ 盘谷银行由陈弼臣、陈有汉家族财团掌管，京华银行由郑午楼家族财团掌管，泰华农民银行由伍班超家族财团掌管，大城银行由李木川家族财团掌管，亚洲银行由刘锦坤家族财团掌管，簧利银行由陈守明家族财团掌管，泰国第一银行由米商财团胡玉麟掌管，退罗京都银行由钟表财团吴多禄掌管。

泰国华资金融业的发展特征可概括为五个方面。第一，随着金融业务的发展，客户范围逐步扩大，业务分支机构不断增加。京华银行在泰国各地的分行已有110多家，在纽约、旧金山和中国香港设有国外办事处，在柬埔寨设有国外分行。大城银行创办后不断开设分行，至1985年8月已开设分行151家。第二，业务经营范围广泛，业务种类繁多，经营方式多样化。随着泰国金融体制的深化改革，华资金融机构与泰国其他的金融机构一样，服务范围有机会进一步扩充，商业银行不再只是提供存贷款业务服务的金融中介，而是变成"金融百货业"或"综合性银行"。第三，华资金融业与外国金融业之间衔接紧密。这种衔接是双向型的，既有泰国华资金融企业到外国市场以发行债券与股票的方式集资，也有外国人对泰国华资金融企业投资，并可以与外国金融企业建立合资机构和联营公司等。当前，华资金融业与外国金融业的紧密联系主要表现为到国外广设分支机构和代理处，如盘谷银行在纽约、洛杉矶、伦敦、汉堡、东京、大阪、雅加达、中国香港、中国台北、新加坡、吉隆坡等地设有分行，这种方式有利于华资金融企业接受更多的外来新鲜事物，能更快更好地与国际金融市场接轨。外国融资作为国内不足资金的补充或作为国内剩余资金的出路，也对泰国经济发展发挥着重大作用。从1990年开始，政府逐步放宽外汇管制，开放离岸金融服务机构的设置等。近年来，泰国当局实行金融开放政策，采取一系列金融自由化的措施，如取消存贷款上限，准许国内利率自由浮动，允许私营机构以多种渠道进行集资，或发行商业票据，或向国内外贷款等。这些自由化政策的实施，有利于泰国华资金融业进一步与国外金融业衔接。第四，使用各种金融科技，运用先进的通讯。通讯和信息系统为客户提供准确、快捷的服务。1987年初泰华农民银行在泰国首先开创"录影银行服务"，即凡是安装有电脑的客户，可将其电脑系统与银行的"录影银行服务"系统连接，客户可通过其电脑探询有关金融动态，查询其账户收支情况及请银行办理发给支票簿和签发信用证等业务。为了提高服务水准和让更多的客户享受"录影银行服务"，泰华农民银行为欲购买电脑的客户提供80%的贷款。此项创新对于推动泰国金融服务的现代化起到了积极的作用。此外，银行还加速改革账务清算制度，使用电子清算支票制度和电子汇款制度。第五，泰国华资金融业注重人才的培养。一方面注重现有职员的培养，提高业务素质；另一方面广泛招揽卓越的金融管理人才，改变"非吾族内绝不任用"的旧观念。在资本聚集方面，也突破亲缘和地缘的范围。

第六节　旅游业

旅游业是泰国的支柱产业，对泰国经济发展具有重要作用。泰国政府十分重视旅游业的发展，从"旅游立国"高度来促进旅游业的发展。泰国旅游亦深受世界各地游客的喜爱，是世界最受欢迎的旅游目的地之一。

一、旅游业发展历程

泰国旅游业起步于20世纪60年代初，经过70年代的发展，到80年代进入黄金时期，特别是1987年开展"泰国旅游年"之后，旅游业得到了更快的发展，在东南亚国家中独树一帜。

20世纪80年代以来，泰国对外贸易和加工制造业持续高速增长的同时，旅游业也获得迅速发展。1980年，泰国旅游宾馆客房4.6万间，接待外国旅游者185.9万人次，旅游收入4.3亿美元，占GDP的1.3%，占出口总额的6.6%。1982年，泰国旅游客房增至7.4万间，接待外国旅游者增至221.8万人次，旅游收入达到9.7亿美元。1983年，泰国国际旅游收入成为仅次于大米和橡胶出口的第三大外汇来源。旅游业逐步成为泰国的支柱产业。1987年，"泰国旅游年"取得成功，到泰旅游的人数大增，突破300万大关，达到348万人次。1988年和1989年泰国旅游势头仍然不减。1989年游客人数达481万人次，平均年递增18.5%。旅游收入从1986年的373.2亿铢增加到1989年的963.7亿铢，平均年增长38%。这种势头保持到1990年，该年接待外国旅游者猛增至536万人次，旅游收入高达41.7亿美元，占GDP的4.9%，占出口总额的17.4%。旅游业已连续多年创汇收入超过稻米出口收入，成为泰国创汇最多的行业。旅游业与对外贸易和外商投资一起成为泰国经济新的三大驱动力。泰国旅游业的创汇收入，在东南亚国家中位居第一，在亚太地区中也居于前列，泰国成为了世界十大旅游市场之一。1991年，泰国的外国旅游者人数有所降低，为508万人次，没有达到预期的600万人次的目标。主要原因有世界上经济总体不景气；受海湾战争的影响；国内发生了一些重大事件；此外和交通安全上的偶发事件，饭店价格有所上扬以及环境污染严重和艾滋病蔓延也有一定的关系。尽管如此，国际旅游业仍然是该国外汇主要收入来源之一。

1997年金融危机之后，特别是进入21世纪后，泰国旅游业遭遇了许多灾难性事件，如2001年的"9·11"恐怖事件、2003年美伊战争和亚洲地区SARS事件、2004年南部暴乱和禽流感疫情及印度洋海啸暴发、2008年至2009年的全球金融危机等，旅游业发展受到一定的影响，泰国入境游客和旅游收入出现不同程度的负增长，但旅游业依旧是泰国稳定经济的重要行业，表5-5显示2000年以来泰国国际旅游业的发展状况，到2012年，泰国接待的外国旅游者人数已超过2 000万，创造的旅游外汇收入达到300亿美元以上。

表5-5　2000—2012年泰国接待国际旅游者人数和国际旅游收入

	国际旅游者人数（万人次）	国际旅游者人数增长率（%）	国际旅游收入（亿美元）	国际旅游收入增长率（%）
2000	951	—	71.1	—
2001	1 006	5.82	67.5	-5.15
2002	1 080	7.33	75.3	11.62
2003	1 000	-7.36	74.5	-1.01
2004	1 165	16.46	95.6	28.20
2005	1 152	-1.15	91.3	-4.42
2006	1 382	20.01	127.3	39.32
2007	1 446	4.65	158.7	24.68
2008	1 458	0.83	172.5	8.69
2009	1 415	-2.98	148.8	-13.72
2010	1 594	12.63	187.1	25.71
2011	1 923	20.67	254.6	36.10
2012	2 235	16.24	316.6	24.35

资料来源：泰国移民局。

　　旅游业发展不仅推动了泰国服务业总体水平的提高，每年为国家创造价值约4 000多亿泰铢的外汇收入，在国民生产总值中所占比重在6%~7%之间；旅游业的发展还大大促进了各项社会和文化事业的发展，解决了大批社会闲散劳动力，为国家创造了许多就业岗位，现从事与旅游业直接相关职业的人员达到200多万人，为泰国社会的安定作出了积极贡献。此外，泰国旅游业的发展带动了相关产业，尤其为交通运输、能源、食品、酒店业和旅游商业的发展注入了活力。而所有这些行业的发展都有助于缓解泰国现代化过程中不可避免的大批农村和城镇富余劳动力的就业问题，培育出庞大的就业市场。总之，泰国旅游业已成为对泰国经济贡献最大的产业。

二、旅游业市场

在国际旅游市场上，泰国是备受推崇的旅游目的地，深受世界各地旅游者的喜爱，近几年来自亚洲、欧洲、北美的旅游者不断增长。总体而言，泰国的国际旅游者主要来自亚洲地区，其中来自东亚的旅游者约占一半以上，以中国、马来西亚、日本、新加坡、韩国、中国台湾、中国香港的游客居多；其次为欧洲地区，以俄罗斯、德国、英国、法国游客等为主；来自美洲、大洋洲地区的旅游者也较多，以美国、澳大利亚为主。据统计，2012年赴泰国旅游人数居前十位的客源国分别是中国、马来西亚、日本、俄罗斯、韩国、新加坡、印度、老挝、澳大利亚和英国，如图5-6所示。

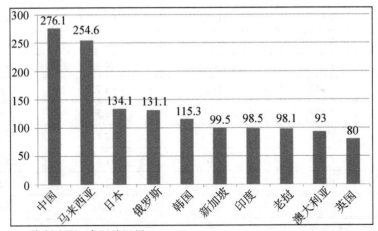

资料来源：泰国移民局。

图5-6　2012年泰国前十大旅游客源国（单位：万人次）

据统计，2012年泰国国际旅游者平均在泰的停留天数为11.7天，人均消费为151.9美元，详见表5-6。从国别来看，平均在泰逗留天数最长的是瑞典游客，近19.75天，最短的是马来西亚游客，只有4.9天；而人均开支最多的是中东的阿联酋，达183.1美元，开支最少的是老挝游客，为106.1美元。

表5-6　2012年国际旅游者平均在泰国逗留天数和泰国国际旅游收入

	平均停留时间（天）	平均停留天数增长率（%）	人均消费（美元）	人均消费增长率（%）
东亚	6.76	0.39	147.3	4.15
欧洲	16.47	0.84	127.9	1.35
美洲	15.08	0.79	144.7	1.29
南亚	7.23	0.30	164.2	4.79
中东	11.69	0.71	158.5	3.76
大洋洲	13.40	0.65	160.8	4.79
非洲	11.40	1.16	159.7	2.91
总平均	11.7	0.69	151.9	3.29

资料来源：泰国移民局。

三、旅游业发展政策与策略

随着旅游经济的发展，泰国政府对旅游业的管理不断加强，管理职能由单一的市场促销逐渐扩展到行业管理，从上到下形成了一套集权式的旅游管理体制。

（一）旅游业管理体制

早在1960年泰国政府便成立了旅游管理局，把旅游业作为一个重要的发展部门，拨专款发展旅游事业，开辟新的旅游城市和旅游景点，鼓励国内外企业投资建设旅馆、饭店和各类旅游服务设施，对旅游投资给予优惠待遇。为进一步加快旅游业发展，泰国政府于20世纪80年代对旅游管理机构进行较大调整，在总理府下设立旅游管理委员会，这是泰国最高层次的旅游管理机构，由内政部、交通部、外交部、国家环境委员会、国家经济和社会发展委员会、立法委员会的高级官员和泰国航空公司总裁、泰国旅游局局长以及行业工会领袖等人工组成。委员会每月召开一次例会，研究解决旅游规划、法规制定、景点开发等重大问题。泰国旅游局是旅游管理委员会领导下的旅游行政管理机构，其职责包括市场促销、投资引导、信息统计、教育培训、行业管理、景点开发、受理游客投诉、制定年度计划等。泰国旅游局每年都要制定年度计划和发展战略，通过广泛的宣传，引导企业的投资方向和经营方式，并对旅行社、饭店等旅游企业实行严格的管理，保证了旅游行业的服务质量。泰国旅游局下设9个大区办事处集中管理全国各地的旅游业和旅游经营活动。大区办事处的行政级别相当于司局级，经费由国家拨款，其主要职能包括协调与地方政府的关系，组织地方性的旅游开发项目和大型的旅游活动，制定地方性的市场规则并维护市场秩序等。由于大区办事处的工作直接促进了当地旅游业的发展，增加了地方税收，因此，地方政府总是尽力协助大区办事处的工作，双方利益一致，管理集中而有效。此外，泰国旅游局直接在各省府设置地方旅游机构，并派驻人员和提供经费支持。

泰国政府历届首脑都非常重视旅游管理委员会工作和旅游业发展，政府总理亲自参加旅游发展规划制定，经常对旅游工作提出一些指导性意见，亲自参加扩大影响和吸引客源的重大活动。如1987年泰国旅游年活动，总理炳廷素拉暖不但亲自出席旅游年庆祝活动，还亲自率团去欧洲各国开展旅游促销及外贸谈判工作。针对2008年下半年的政治动乱和全球金融危机对旅游业的较大冲击，2009年6月，泰国总理阿披实来中国广东推广旅游，亲临"推广泰国旅游新形象及泰国品质旅游论坛"，并介绍泰国旅游的最新情况，表示"泰国已经重回正轨，有决心恢复'自由国度、微笑国度和机遇国度'的美誉"。

(二)旅游业发展政策

第二次世界大战后，西班牙等一些西方资本主义国家，根据本国优越的地理位置和丰富的旅游资源及便捷完善的交通通信设施等特点，制定和实施"旅游立国"的发展策略，并取得巨大成功。泰国政府借鉴和吸取西班牙等国旅游业发展的成功经验，明确提出要走"旅游立国"的发展道路，通过制定规划、加强领导、增加投资和扩大宣传来加快旅游业发展，以旅游业迅速发展来加快引进外资，保持市场繁荣，促进相关产业发展和落后地区开发，把旅游业建成关联效益大，先导作用强的支柱产业，把泰国建成亚洲和世界的重要旅游市场。[①] 泰国政府发展旅游业的宗旨就是持续促进和发展泰国的旅游事业，提升泰国在国际的地位和造就一个在经济、社会和环境等各方面都得到平衡发展的国家。泰国政府从第五个五年计划(1982—1986年)开始把旅游业正式列入发展计划，并对旅游业的各类发展目标和增长指标作了具体规定。2001年6月，泰国旅游局发布《2002年泰国旅游业行动纲领》，明确了中长期旅游发展目标，其中中期目标是使泰国成为质量上乘的旅游目的地，长期目标是使泰国成为世界级的旅游目的地，实现旅游业

---

① 陈恩:《泰国的旅游业发展策略》，载《东南亚研究》，2007年第8期。

的可持续发展。同时，泰国旅游局还制定了旅游业的长远发展规划，主要内容包括四个方面：通过旅游局驻国内外办事机构加大宣传力度，积极开展促销活动展示泰国自然与人文景观的魅力；适应人们日趋崇尚绿色、回归自然的需求，增开新的度假休闲类旅游景点，推出各种特色旅游项目；通过宣传教育增强全民环境和文化保护意识，增建扩建旅游基础设施，并在全国100多所大学设立旅游专业课程，培养旅游业急需人才，提高服务质量；与邻国加强合作，开辟新的跨国旅游专线，作为泰国旅游外交的重要内容。[①]

2001年，泰国国民经济社会发展第九个五年计划（2002—2006年）将"高质量旅游目的地"作为一个全国性目标列入其中。同时，政府出台《可持续旅游国家议程》，将可持续旅游作为国家议程的优先项目之一。泰国《可持续旅游国家议程》包括五项政策：一是旅游应该是所有泰国公民有权享受的一项基本权利；二是应该对旅游进行统一、综合的管理，以便为子孙后代保护好泰国的旅游资源遗产；三是必须把旅游作为教育年轻人和向泰国人民提供不断学习的一种手段，同时也是保护而不是破坏民族文化的方式；四是旅游业必须建立一套创造就业机会、增加收入以及赋予农村社区以权利的办法；五是必须利用现代技术保持泰国旅游业在国际舞台上的竞争力，提高公有和私有部门的服务与管理标准。[②]

（三）旅游业发展策略

为了提高服务水平，增强竞争力，树立良好形象，泰国政府在旅游行业中特别重视科学管理和优质服务，把它作为旅游服务质量的主要内容和旅游市场竞争取胜的基本手段，制定和实施了一系列旨在优化旅游管理，提高服务质量的策略措施。

1. 注重旅游基础设施建设

泰国政府旅游业开发策略的成功之处，在于坚持"基础先行，开发同步"的方针，在实现优先、超前发展旅游设施同时，大力开发旅游资源，建设旅游景点，并较好地把旅游资源开发、旅游景点建设和弘扬民族文化紧密结合起来。泰国政府坚持把旅游交通、通讯建设放在优先、显要的位置来考虑，大幅增加投资，积极组织实施，努力以安全、便捷的交通、通讯条件吸引游客。自70年代以来，泰国已陆续修建了首都曼谷通往各主要旅游点的高速公路和曼谷、清迈等机场。

① 王玮琳：《泰国旅游业可持续发展的管理措施研究》，昆明理工大学2009年硕士学位论文，第52页。
② 《泰国旅游业发展战略介绍》，旅交汇，http://www.17u.net/wd/detail/4_217356。

泰国的高速公路四通八达，海河航运非常便捷，国际列车可从泰国直通马来西亚和新加坡。由于先后引进各种现代化设备，泰国的电讯通讯也基本实现了程控化和普及化。顺畅便捷的交通通讯设施，为泰国旅游业发展创造了基础条件。

2. 加强人才培养

泰国政府适为应旅游业发展对专门人才的紧迫需求和全面提高旅游员工素质的需要，建立了从本科、大专、中专到旅游职中的配套旅游人才教育培养系统。1988年6月成立的旅游学院是泰国培养旅游专门人才的高等院校。泰国另一旅游中专学校芭堤雅桑班旅游学校对新生素质要求很高，每年从2 000多名考生中仅录取240名。为提高旅游从业人员的专业素质和知识水平，泰国政府在加强对旅游院校教学管理，严格要求学生的同时，对旅游从业人员规定明确的专业学历标准，规定酒店经理原则上必须受过高等酒店专业教育，导游必须具备中等以上导游专业学历水平，旅馆服务员则必须具有中专成人职业旅游学校毕业水平。泰国政府还注意加强对旅游从业人员的文化补习和业务培训，建立起分行业、多层次的旅游员工培训体系。泰国的酒店协会培训教育中心和旅游培训中心每年都开设专门培训经理、导游和一般服务员的专业和班级。泰国曼谷东方饭店每年用5%的营业收入用于职工培训。由于重视和加强对旅游从业人员的教育和培训，使泰国初步建立起一支具有较高素质的旅游业人才队伍。在泰国，不但导游人员和宾馆服务员能讲流利英语，而且在各旅游点值勤的警员也一般能讲英语。

3. 加强旅游质量管理

泰国旅游业坚持为游客提供多层次、全方位的优质服务，其酒店能提供多种服务，如国内外长途电话、电报、电传、邮件寄送、资料复印、图文传真、兑换外币、定购船票、帮助提取或托运行李，代客寻找出租车、代客购物、代客寻医等。泰国国都大酒店的服务人员达2 000多人，服务项目齐全，不但在泰国位于前列，而且在东南亚国家也处于领先水平，被誉为"旅游服务城"。泰国另一家以优质服务闻名于世的酒店——泰国东方饭店，要求服务人员仪表整洁、态度和蔼、主动热情、手脚勤快、有问必答，在业务中能熟练使用英语，甚至对服务员头发长度及鞋子式样都有具体规定。如发现服务员对客人傲慢无礼、态度粗暴、伤害客人自尊心，立即解雇，并不准重新录用。由于严格管理和优质服务，泰国东方饭店曾连续3年被评为世界十佳饭店之首，使泰国旅游业也由此而获很好的声誉。

4. 开发新旅游项目

为广辟游客来源，开发新的旅游市场，泰国不断推出新的旅游项目，以增强对游客吸引力。泰国于1987年举办"泰国旅游年"活动，又宣布1988年为"泰国手工艺年"，开展盛况空前的庆况活动。此外，泰国还利用各地民族风情风俗，每年都推出许多少数民族节庆活动，如水果节、荔枝节、龙眼节、农产品展销会、国王耕耘仪式、禽类集会、赛龙舟、赛象会等丰富多彩的旅游项目，吸引观光旅游者。随着社会经济发展，国际商务旅游、教育旅游、会议旅游蓬勃发展。由于参加国际会议和国际会展的旅游者一般身份较高，停留时间长，消费水平高，因而各国都争相开发。泰国政府也及时抓住这一机遇，积极开拓国际会议旅游、商务旅游这一新的旅游项目。泰国于1984年成立国际会议促进会，争取国际性会议和大型展览会在泰国举行，并取得显著效果。进入90年代，泰国为实现1992年接待入境游客600万的指标，又进一步推出一系列旅游促销措施，举办不少新的旅游节庆，如抓住1992年泰国王后60寿辰的时机大力宣传推销女性旅游，举办"92泰国妇女观光年"，丰富和增加传统的庙会、文化和美食节活动；开放曼谷王宫和反映特殊生活风情的水市场等。

5. 加大宣传力度

为了做好旅游宣传，广辟游客来源，泰国政府每年都投资500多万美元用于旅游宣传。除了常用的广告、报刊、电影、录相等宣传手段外，还每年用泰文、英文出版30多万本精美的旅游手册，发行100多种录相带和幻灯片，100多万张招贴画。泰国政府还在伦敦、巴黎、法兰克福、悉尼、东京和纽约、旧金山等世界性大都市设立专门的旅游办事机构，同所在国和地区各大旅行社和旅游公司建立关系，开展客源市场调查，介绍旅游景点和旅游环境。1992年，泰国旅游局拨出12.55亿铢作为旅游宣传推销费，其中6.14亿铢（约2 456万美元）作为海外旅游市场的推销经费，并在汉城、福冈和中国台北新设旅游办事处。为进一步扩大影响，树立形象，泰国政府在1987年旅游年还特邀22个国家和地区的政府领导人、国际知名的专家、学者、大企业家到泰国参观、考察，为他们支付一切费用，事后请他们发表文章、谈话，替泰国开展旅游宣传。

6. 搞好旅游治安

为有效保护游客安全，泰国政府制定和颁发不少专门法令，在全国各旅游点共建立约1 000人的旅游警察部队，他们身穿警服，配带武器，且在左上臂佩戴专门的旅游警察臂章，这些专职的旅游警察不仅训练有素、面貌姣好并受过良好职业教育，擅长处理如夜总会纠纷、追缉侵扰游客案犯，以及处理"的士"司机多收费、不法商贩敲诈游客等行为。泰国旅游警察部门还总结和摸索出一套保护旅游者的措施，如加强对廊曼国际机场和重要景点的无牌出租车和强拉生意的小贩进行整治，24小时昼夜巡逻等。由于加强警力和实行综合联防，使泰国的旅游游客受侵害事件发生较少，成为东南亚地区旅游安全系数较高的国家。

第六章　对外经济合作的发展和布局

上世纪60年代初，泰国实施第一个社会经济发展计划。经过几十年的发展，泰国对外经济合作取得了令人瞩目的成就。对外贸易和外来投资的规模不断扩大，市场日趋多元化。在泰国政府的努力下，全国各地已设立了40多个工业园区，吸引了世界各地的成千上万的企业入驻。同时，泰国政府重视"成长三角"区域的发展，"金三角"和"翡翠三角"都取得了不同程度的发展。

第一节　对外贸易的发展

对外贸易是泰国经济的重要组成部分，是驱动泰国经济发展的重要因素，对泰国外向型经济的贡献很大。泰国政府一直十分关注对外贸易领域，对出口和进口都制订了一系列政策措施，以推动对外贸易良性快速的发展。在工业化的推动下，泰国对外贸易取得较大成就，贸易结构不断改善，对外贸易市场日益朝着多元化方向发展。

一、对外贸易发展历程

泰国大规模的对外贸易是伴随着近代西方殖民者的到来而发展起来的。虽然古代暹罗早就与周边国家或地区开展贸易活动，但从规模、程度以及影响来说，都远远不及在资本主义世界体系下的全球性的贸易。近现代以来，泰国对外贸易的发展可以概括为五个阶段。

（一）第二次世界大战前的对外贸易

19世纪前，暹罗是一个主要由皇室和中国商人控制的贸易国家。出口的主要商品是大米，进口的主要商品是中国产的各种奢侈品。1826年，亨利·伯尼代表东印度公司到暹罗进行游说，国王拉玛三世同意实行有限度的贸易自由化，准予西方个体商人开展商业活动，并签订了《伯尼条约》。在整个殖民统治时代，暹罗是东南亚地区唯一一个保持着独立的国家。然而，1855年英国驻香港总督J·鲍林代表英国政府以武力相威胁，迫使国王拉玛四世签订了《鲍林条约》。根据该条约对自由贸易的要求，国王将进出口税固定在一个很低的水平，并废除了大部分的贸易垄断权及货物和贸易的国内税项。[①]《鲍林条约》使暹罗卷入到更加广大的世界经济当中。此后，暹罗的稻米种植面积扩大了3倍。1860年至1930年间，暹罗的稻米出口量增长了25倍以上；而在进口方面，为满足小自耕农的需要，消费品占整个进口商品的70%以上。

总的来讲，大约自19世纪中期到20世纪30年代，泰国的经济活动主要是围绕着为世界市场提供粮食和原材料展开的。到了20世纪30年代，"大萧条"的到来摧毁了包括泰国在内的整个东南亚赖以生存的国际商品市场。国际商品价格暴跌，出口下滑，这严重影响了泰国的收入和经济活动。在遭受了"大萧条"的重创后，泰国经济发展在第二次世界大战中降到了近代以来的最低水平。

（二）第二次世界大战后至20世纪60年代中期的对外贸易

第二次世界大战后，随着冷战帷幕的拉开，东南亚各国纷纷选择了自己的道路，有的投身于社会主义阵营，有的选择了资本主义道路。学术界通常会把资本主义政权战后经济恢复发展划分为三个阶段：第一阶段是在殖民地经济模式上对初级产品出口经济的恢复和重建；第二阶段是始于20世纪50年代的进口替代工业化发展阶段，这一时期通常伴随着明显的经济国有化；第三阶段始于60年代中期，各个国家开始由进口替代工业化向出口导向工业化转变。[②] 这种情况在战后东南亚的资本主义国家具有广泛的一致性，泰国也不例外。

1950年，泰国先后与美国签订了《美泰经济技术援助协定》和《美泰军事援助协定》。协定的签订虽然使泰国获得了美国的援助，但是并没有改变泰国对外贸易的基本格局。整个50年代，除了1950年至1951年由于朝鲜战争西方国家抢购"战略物资"的原因而导致短暂的出超外，泰国对外贸易基本处于入超状态，而且入超额逐渐增大。自1952年至1962年10年间，泰国出口额由45.51亿铢增长到95.29亿铢；进口额由54.56亿铢增长到115.04亿铢。[③]泰国的对外出口主要以大米、橡胶、锡砂、木材（柚木）为主，这四项商品的输出占总出口额的80%左右。其中，大米约占总出口额的35%～50%，橡胶约占20%～30%，锡占5%～7%，

---

① ［新］尼古拉斯·塔林著，贺圣达等译：《剑桥东南亚史》（第二卷），昆明：云南人民出版社，2003年版，第117页。
② ［新］尼古拉斯·塔林著，贺圣达等译：《剑桥东南亚史》（第二卷），昆明：云南人民出版社，2003年版，第374页。
③ 李滋仁：《泰国的对外贸易》，载《南洋问题研究》，1978年第2期。

木材占3%～5%。[1] 进入60年代以后，情况发生变化，玉米和木薯粉的出口比重上升，大米出口量开始下降，这其中的原因是多方面的，有大米进口国的因素，也有泰国政府限制大米出口措施的影响。

泰国的主要物产有大米、橡胶、锡矿和木材，大米产量最高，其他农产品有玉米、麻、棉花、豆类等；矿产有钨、金、银、锌、铜、煤、铁、宝石、石油等。在整个20世纪50至60年代，泰国的外贸依旧是以输出农矿等原材料为主，而进口的是工业产品。这一时期，泰国出口商品的主要市场依次是美国、马来西亚、新加坡、日本、中国香港等。[2] 但是根据出口商品的不同，出口市场排名也会发生变化。泰国大米的最大出口国是日本，每年出口日本的大米不少于30万吨，60年代后这一情况发生改变。其次是新加坡，每年出口新加坡大米不少于20万吨。继而是马来西亚、中国香港、印度尼西亚、印度。除此之外，菲律宾、巴基斯坦、荷兰、沙特阿拉伯、法国等国家也购买泰国大米。泰国橡胶的主要出口市场是美国，同时日本、英国、马来西亚、新加坡、澳大利亚也进口大量的泰国橡胶。泰国柚木出口的主要国家和地区是中国香港、新加坡、伊朗、锡兰、巴基斯坦、日本等。20世纪50、60年代，泰国还是个农业国家，工业发展落后，一向是发达国家工业品的销售市场，泰国进口产品主要以消费品为主。随着泰国轻工业的发展，消费品的进口量呈下降趋势。同时，由于国家工业化建设的需要，机器和其他设备的进口比重有所增加。从输入商品类别来看，轻工业产品依旧是占第一位的，第二位的是机械产品，石油等能源产品排在第三。从各国的输入总量看，美国位列第一，日本位列第二（1956年以后，日本赶超美国位列第一），英国第三，中国香港第四。[3]

第二次世界大战后到60年代的十几年中，虽然泰国的对外贸易一直处于入超状态，但国家的工业化水平逐步提高，为随之而来的经济战略转型奠定了基础。1961年泰国开始实行第一个社会经济发展五年计划（1961—1966年）。该计划的第七项目标是：扩大出口贸易，力求对外贸易平衡，并使对外贸易额每年增长4%。[4]

（三）20世纪60年代中期至70年代的对外贸易

20世纪60至70年代，泰国的对外贸易依旧呈扩大趋势，出口依旧以农矿产

---

[1]　徐善福：《泰国对外贸易概况》，载《东南亚研究》，1963年第1期。
[2]　徐善福：《泰国对外贸易概况》，载《东南亚研究》，1963年第1期。
[3]　徐善福：《泰国对外贸易概况》，载《东南亚研究》，1963年第1期。
[4]　徐善福：《泰国对外贸易概况》，载《东南亚研究》，1963年第1期。

品为主，进口仍是本国需要的燃料和工业制成品。

到了70年代，泰国对外贸易的商品结构开始发生变化，这主要体现在两个方面。第一，泰国对外贸易出口商品结构发生变化，大米出口比重下降，其他农产品出口比重增加。众所周知，亚洲人一向以大米为主食，泰国的大米也主要销往亚洲国家，部分输往西欧。60年代后，由于一些国家的粮食市场发生了变化，泰国的大米出口数量和价格逐年下降。大米占总出口额的比重由1950年的46.6%下降到1960年的29.8%，到1970年更是达到17%。[①]60至70年代，世界一些国家和地区的家禽家畜饲养业的发展，泰国开始出口木薯、高粱、玉米等过去已有种植但很少出口的农产品。到了70年代，玉米和木薯出口数量之和逐步超过大米，占出口贸易额比重从1955年的3%上升至60年代13.7%和70年代的19%。[②]虽然出口商品结构发生变化，但泰国依然是世界上主要的粮食出口国。第二，轻工业产品的贸易比重增加，尤其是纺织品。70年代以来，泰国纺织工业比过去有了更大的发展。过去长期依赖进口的纺织品，开始改为进口棉花，织成布并制成成衣后出口。过去长期进口的多是消费方面的制成品，如纺织品。由于工业的发展，这些产品的进口比重逐渐下降直至取消。同时，原材料、机器、能源（石油为主）等占进口产品比重迅速扩大。1961年这三项进口总额为36.73亿铢，占进口比重的35.7%；到了1971年增长到134.27亿铢，所占比重为50.1%；1976年为432.08亿铢，所占比重为59.2%。[③]

20世纪60、70年代，泰国的贸易伙伴依旧以美国、日本和西欧等国家为核心。虽然泰国进出口商品的结构发生了变化，但没有从根本上改变泰国作为发达资本主义粮食和原料供应地和商品销售市场的地位。由于资本主义各国实力的消长变化，日本已经成为泰国的第一贸易大国，美国居第二，西欧各国位居第三，且对泰国的贸易呈稳定增长的趋势。在与周边国家和地区的贸易中，马来西亚、新加坡、印度尼西亚、中国香港、中国台湾等一直都是泰国重要的贸易伙伴，但在70年代，泰国与这些国家和地区的贸易比重呈不断下降趋势。1967年东盟区域组织正式成立后，泰国主要贸易对象依旧是马来西亚和新加坡，与东盟其他成员的贸易相对较少。总体来讲，1970—1975年间，东盟各国之间的贸易一直徘徊在12%～

---

① 谢志鹏:《战后泰国对外贸易商品结构和市场结构的变化》，载《南洋问题研究》，1986年第2期。
② 谢志鹏:《战后泰国对外贸易商品结构和市场结构的变化》，载《南洋问题研究》，1986年第2期。
③ 李滋仁:《泰国的对外贸易》，载《南洋问题研究》，1978年第2期。

15%左右，合作并不理想。1976年东盟领导人在印度尼西亚巴厘岛召开了第一次峰会，希望加强彼此间的贸易和经济合作，1977年通过了《东盟特惠贸易安排协定》(PTA)。然而，PTA的落实并没能促进东盟内部贸易的发展，头5年仅增长了0.7个百分点，10年后也只增长了2个百分点。[①] 1975年，中国和泰国正式建交，中泰贸易得到了迅速的恢复和发展。1975年，中泰贸易总额仅仅为7.2亿铢，短短两年时间，贸易额便增长到33亿铢，占泰国贸易总额的2%。[②] 70年代中期开始，泰国对外贸易扩展到苏联、东欧、中东等地区，虽然贸易额不大，但已有了明显的发展。

总体来看，20世纪60、70年代泰国的对外贸易呈现出崭新面貌。在本国工业化的影响下，改变了过去对外出口产品单一的情况，产业结构和贸易结构正朝着多层次、多元化发展。不过，泰国对外贸易仍存在较大问题。一方面泰国出口商品和外贸市场过于集中的问题非常突出，这对泰国对外贸易和国内的生产影响十分巨大；另一方面，泰国的对外贸易虽然一直在快速发展，但依然没有改变自己作为发达国家原材料和粮食的输出地以及产品销售市场的地位，依然受到不合理的国际经济秩序的制约。

（四）20世纪80年代至90年代的对外贸易

进入80年代，泰国强调社会和经济综合平衡发展。这一时期工业发展的目标是进一步发展面向出口工业，扩大制造业产品的出口范围，同时以重化工业和基础工业作为工业发展的核心，通过产业"升级"，实行"第二次进口替代"。第一个目标可以说已经达到了，不仅劳动密集型的轻纺工业产品的种类增多，出口范围扩大，出口继续增长，技术密集型的集成电路工业和资本密集型的汽车装配工业产品也进入国际市场，集成电路在80年代初就已成为重要的出口商品。至于第二个目标，因为工程浩大，需要巨额投资，因此进展较慢。[③]

80年代，泰国工业化程度提高，经济发展迅速，对外贸易也持续增长。1980年泰国进出口贸易总额为4 085亿铢，至1987年，进出口总额达6 100亿铢。在贸易额增长的同时，进出口商品的结构也发生了明显的变化。80年代初期，泰国工业品出口已占出口额的34%，其中多为劳动密集型的初级加工产品。由于生产技术水平相对落后，技术密集产品贸易额不大，但自70年代中期以来正迅速发展，1970年占工业品出口比重为2%，1975年增长到9.2%，1981年增长到22.4%。尽管

① 王玉主：《东盟40年：区域经济合作的动力机制（1967—2007年）》，北京：社会科学文献出版社，2011年版，第78页。
② 李滋仁：《泰国的对外贸易》，载《南洋问题研究》，1978年第2期。
③ 王文达：《浅析泰国外向型经济发展的原因》，载《东南亚》，1990年第2期。

此类产品大多是进口原材料和零部件进行加工或装备出口的，但仍可视为泰国工业品出口正从劳动密集产品向资本与技术密集产品过渡的一种趋势。[①]

90年代上半叶，泰国对外贸易继续呈现快速发展的态势。1995年进出口总值达到了31 699.02亿铢，占GDP的76.16%。90年代以后，东盟自由贸易区（ASEAN Free Trade Area，简称AFTA）筹划与运作极大推动了泰国与东盟各国的贸易发展，1995年东盟已经超过美国成为泰国第二大贸易伙伴。此时，中国也已经成为泰国十大贸易伙伴之一。然而好景不长，1997年下半年，东南亚金融危机首先在泰国爆发，印度尼西亚、马来西亚、菲律宾等国受到严重打击，各国货币币值大幅下降，出口严重受阻，泰国GDP增长率从5.9%下降到-1.4%，经济陷入倒退。

（五）21世纪以来的对外贸易

21世纪初，世界经济形势发生变化，美国经济放缓，日本经济也陷入低迷，过分依赖国际市场的泰国经济基本停滞不前。2001年泰国GDP增长仅为1.8%，对外出口出现负增长。2002年后泰国经济开始稳定增长，2004年至2007年GDP增长率保持在4%～6%，进出口也呈现快速增长之势。2009年受全球金融危机的影响，泰国经济发展放缓，对外贸易出现较大幅度的负增长。2010年泰国经济形势开始好转，进出口总额逐年递增，至2012年，泰国进口额达到2 475.9亿美元，出口额达到2 295.2亿美元，从2011年始泰国对外贸易出现赤字，2012年贸易赤字进一步扩大，如图6-1所示。

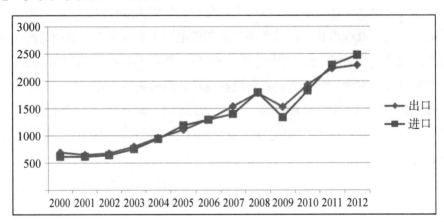

资料来源：世界贸易组织（WTO），http://stat.wto.org/StatisticalProgram/WSDBViewData.aspx?Language=E。

图6-1   2000年以来泰国对外贸易的发展变化（单位：亿美元）

① 谢志鹏：《战后泰国对外贸易商品结构和市场结构的变化》，载《南洋问题研究》，1986年第2期。

　　近些年来，泰国进出口产品的结构已发生重要变化。出口产品以汽车及其零部件、计算机及其零部件、珠宝首饰、成品油、天然橡胶、橡胶产品、化工品、集成电路等为主，大米虽仍是泰国传统的主要出口商品，但在出口总额中的比重已逐年下降，近几年来泰国主要出口商品的金额及其比重如表6-1所示。在进口商品中，原油多年来稳居泰国第一大进口商品地位，机械设备及零配件、电动机械及零配件、钢铁、汽车零配件、钻石、宝石、银条及金条等也是泰国主要的进口商品，泰国主要进口商品及其比重如表6-2所示。

表6-1　2009—2012年泰国主要出口商品额及其比重

		出口额（单位：亿美元）				比重（%）			
		2009	2010	2011	2012	2009	2010	2011	2012
1	汽车及零配件	111.2	177.1	169.8	229.1	7.30	9.16	7.63	9.98
2	电脑及零配件	160.2	188.4	170.6	190.7	10.51	9.74	7.67	8.30
3	珠宝首饰	97.6	116.5	123.0	131.5	6.40	6.03	5.53	5.73
4	成品油	63.0	78.0	100.9	129.0	4.13	4.03	4.53	5.62
5	天然橡胶	43.1	79.0	127.0	87.5	2.82	4.08	5.70	3.81
6	塑胶粒	44.6	63.4	88.0	85.3	2.92	3.28	3.95	3.72
7	化工品	44.7	57.8	82.9	85.2	2.93	2.99	3.73	3.71
8	橡胶产品	44.9	64.3	83.9	84.1	2.94	3.33	3.77	3.66
9	钢铁	49.5	46.5	49.9	70.5	3.25	2.40	2.24	3.07
10	集成电路	64.4	80.7	79.1	66.9	4.23	4.17	3.55	2.91
11	机械设备及零配件	33.3	48.8	61.1	62.4	2.18	2.52	2.75	2.72
12	海鲜罐头	37.2	41.2	50.4	52.3	2.44	2.13	2.27	2.28
13	电器及零配件	33.4	44.9	50.2	47.1	2.19	2.32	2.26	2.05
14	大米	50.5	53.4	64.3	46.3	3.31	2.76	2.89	2.02
15	手机及零配件	31.7	40.3	42.4	42.3	2.08	2.08	1.90	1.84

资料来源：中国驻泰王国大使馆经参处，http://th.mofcom.gov.cn/article/d/?2。

表6-2 近几年来泰国主要进口商品额及其比重

序号		进口额（单位：亿美元）				比重（%）			
		2009	2010	2011	2012	2009	2010	2011	2012
1	原油	190.5	243.0	328.0	358.4	14.25	13.34	14.38	14.48
2	机械设备及零配件	120.3	167.3	199.7	261.8	8.99	9.14	8.73	10.57
3	电动机械及零配件	94.0	121.6	133.5	170.1	7.03	6.65	5.84	6.87
4	钢铁	73.8	117.3	139.1	151.7	5.52	6.41	6.08	6.13
5	化工品	86.6	125.9	148.2	147.7	6.48	6.88	6.48	5.97
6	钻石、宝石、银条、金条	54.8	98.8	199.2	130.3	4.10	5.40	8.71	5.26
7	汽车零配件	32.7	59.1	65.3	126.1	2.44	3.23	2.85	5.09
8	电脑及零配件	67.0	81.5	86.1	98.3	5.08	4.45	3.76	3.97
9	集成电路	81.1	107.6	101.1	91.8	6.06	5.88	4.42	3.71
10	废旧金属	47.5	75.1	89.5	81.3	3.55	4.11	3.91	3.28
11	家用电器	34.7	45.4	55.5	69.1	2.60	2.48	2.43	2.79
12	植物	35.7	46.8	58.3	68.0	2.67	2.56	2.55	2.75
13	天然气	28.2	37.7	51.6	57.3	2.11	2.06	2.26	2.31
14	科学用具、工具	26.8	37.2	42.8	47.0	2.01	2.03	1.87	1.90
15	金属产品	24.9	36.8	39.8	44.8	1.86	2.01	1.74	1.81

资料来源：中国驻泰王国大使馆经参处，http://th.mofcom.gov.cn/article/d/?2。

二、主要贸易伙伴

在对外贸易不断扩大的同时，泰国也注重调整与世界各个贸易伙伴的关系，力图改变过去出口市场过于集中的问题。一方面继续重视与中国、日本、澳大利亚等国家的贸易，另一方面也积极开拓中东及亚太其他国家的市场，努力分散在欧美市场的风险，让对外贸易市场朝着多元化发展。近些年来，泰国的出口市场日益多元化，以美国、日本为首的传统的出口市场的比重呈下降趋势，而以中国大陆为代表的新兴市场的比重正稳步提高。

（一）泰美双边贸易

自1950年泰国与美国签订《美泰经济技术援助协定》和《美泰军事援助协定》后，美国始终是泰国最大的贸易国。随着国际局势的改变以及泰国自身经济建设的发展，60年代初美国作为泰国首位贸易对象国的地位被日本取代。自50年代中期开始，泰美贸易额呈下降趋势，从1957年占泰国对外贸易的14.6%下降到1965年的11.9%。进入70年代以后，美国对泰国的贸易趋于稳定，双边贸易额始终占泰国对外贸易总额的14%左右。但凭借自身的经济实力和同泰国的军事合作的条件，美国长期保持着泰国第二大贸易对象国的地位。

自1984年始，泰国对美国的贸易始终处于顺差地位，而且泰国对美国的出口已经超过了对日本的出口而居第一位。而后几年中，美国逐步调整对泰国的贸易政策，取消泰国部分商品的特惠贸易权，并以保护知识产权以及开放香烟市场等手段试图解决泰美贸易不平衡问题，导致80年代末至90年代初，泰美之间贸易摩擦不断。1997年金融危机率先在泰国爆发，泰国政府宣布实行浮动汇率制，泰铢对美元的汇率大幅下跌。由于泰铢的贬值，1998年和1999年泰国出口开始反弹。1997年泰国对美国的出口额为113.62亿美元（3 545.51亿铢），1998年增长到121.65亿美元（5 007.86亿铢），1999年为126.57亿美元（4 793.61亿铢）。

2000年以来，泰美双边贸易发展顺利，除2009年因受美国金融危机的影响，双边贸易下降较大外，其他多数年份都保持稳步增长。2012年，泰国对美国出口227.86亿美元（7 039.18亿泰铢），出口增长5.1%；泰国自美国进口129.04亿美元（4 035.86亿铢），进口下降3.2%。同时，泰国仍旧保持巨大的贸易顺差，美国是泰国最大的顺差来源国，如表6-3所示。

表6-3　2000—2012年泰国与美国的双边贸易（单位：亿美元）

	贸易总额	进口	出口	差额
2000	221.87	73.17	148.70	75.53
2001	203.62	71.62	132.0	60.38
2002	196.48	61.47	135.01	73.54
2003	206.89	70.93	135.96	65.03
2004	227.09	72.06	155.03	82.97
2005	256.79	86.83	169.96	83.13
2006	290.38	95.88	194.50	98.62

续表

	贸易总额	进口	出口	差额
2007	289.11	94.95	194.16	99.21
2008	316.98	114.23	202.75	88.52
2009	250.35	83.74	166.61	82.87
2010	308.78	106.77	202.01	95.24
2011	351.77	133.94	217.83	83.89
2012	356.90	129.04	227.86	98.82

资料来源：泰国中央银行，http://www2.bot.or.th/statistics/ReportPage.aspx?reportID=744&language=eng。

泰国出口至美国的主要商品有服装等纺织品、电脑及部件、集成电路、珠宝首饰、大米、木薯等食品；从美国进口的主要商品为电气及非电气机械、科学仪器、飞机、医药、卫生器具、军火等。

（二）泰日双边贸易

泰国与日本的经贸关系历史悠久。1949年，泰国和日本开始恢复正常的贸易关系，此后几十年中，泰日双边贸易一直呈现稳定快速的发展趋势。1950年，泰日贸易总额仅为9亿铢，到1960年便达到了40亿铢，日本超越美国成为泰国最大的贸易对象。20世纪60至70年代期间，泰日贸易发展迅速，贸易额持续增长。但泰国对日本的出口商品额并不大，1962—1976年的出口总额约为43.74亿美元，而同期泰国从日本进口总额约为73.19亿美元，约为出口额的一倍。[1] 泰国对日本出口商品以大米、玉米、橡胶、锡矿等农产品和初级产品为主，而主要进口产品为机械和钢铁、化工品、家用电器等工业制成品和消费品。由于两国生产技术水平以及进出口商品的种类差异较大，泰日双边贸易从一开始就处于不平等的贸易状态，泰国基本上处于日本的商品倾销市场和投资市场。1970年6月日本《中央公论》写道：用多少有点夸张的措辞来说，曼谷所有的东西除了日本产品外，就剩下泰国人和泰语了。[2] 当时的一位泰国外交部官员也直言不讳地说："我们必须承认，在经济上我们十分依赖日本。"[3] 1972年泰国掀起了声势浩大的排日运动，这种排日情绪随后又传播蔓延到东南亚各个国家。在泰国人民的反对下，日本的

---

① 根据日本统计局http://www.stat.go.jp/english/index.htm相关数据整理。

② 李滋仁：《泰国的对外贸易》，载《南洋问题研究》，1978年第2期。

③ Paul Handley, *Unequal Partners: Doubts Surface About Japanese Presence*, Far Eastern Economic Review, May 3.1990, p.51.

"经济侵略"活动有所收敛。1973年6月泰日签订了日本向泰国贷款45亿泰铢的议定书，取消了必须用贷款买日货的规定。[1] 1974年两国又商定把日本给予泰国的贷款条件进一步放宽。但实际上，这些书面的议定书并没有起到什么作用，泰国对日本的贸易逆差仍然继续增长。

20世纪80至90年代，日本调整了对泰国的经济方针，加大对泰投资，但此举对泰日双边贸易的促进并不大。这一时期，泰国对日的出口有限并增长缓慢；而进口方面，在泰国工业化的发展、石油危机、日元升值等因素的影响下，泰国对日本的进口不同于70年代的快速增长，在80年代中期还出现历史少见的进口下降，但泰国对日本之间的贸易逆差仍然较大。1997—1999年亚洲金融危机期间，泰国对日本的贸易逆差大幅减少。1996年泰国对日本的贸易逆差为110.76亿美元，1997年至1999年分别降至74.32亿美元、27.0亿美元和42.54亿美元。[2] 这一方面是因为金融危机期间，尽管泰国对日本出口总体下降，但泰铢大幅贬值在一定程度上促进了某些产品对日出口，如泰国的电子计算机、集成电路和输送机械的出口迅速上涨；另一方面是由于泰国经济受金融危机重创，市场萎缩，国内消费低迷，导致从日本进口商品大幅减少。[3]

21世纪初，为了吸引日本更多的资金和技术，泰国主动向日本提出构建双边自由贸易协定的构想。[4] 2002年4月，泰国与日本首脑达成协议，共同设立"泰国—日本经济合作工作小组"，就双方实质上的经济合作进行研究。2003年6月，泰日经济伙伴关系协定任务推进小组成立，小组针对自由贸易协定（FTA）谈判议题及FTA对双方经济影响作进一步的研究和讨论。之后，日方提出FTA应包括各项经济、贸易与投资合作，不应只是降低关税或消除贸易壁垒，并将泰日自由贸易协定定名为《日泰经济伙伴协定》(Japan-Thailand Economic Partnership Agreement，简称JTEPA)。之后，泰国与日本双方展开漫长的谈判，至2007年正式签订了该协定。JTEPA规定，10年后日泰两国将取消90%的产品关税。JTEPA

---

① 1952年泰日恢复正常邦交时双方达成协议，日本将以经济合作和经济援助的形式向泰国支付"准赔偿"。准赔偿是指日本在战后赔偿问题上与交涉国未达成一致协议，交涉国认定其为赔偿，而日本认为其是带有赔偿性质的无偿援助资金。在赔偿资金的使用上，日本方面规定：赔偿资金必须用于购买日本产品或者服务，或者赔偿资金以机器设备或者原材料方式支付。

② IMF, *Direction of Trade Statistics Yearbook* 200, P.448.

③ 1998年泰国对日出口的电子计算机、集成电路和输送机械分别增长了0.9%、61.2%和87.4%，而1997年和1998年泰国从日本进口的机械等工业制成品平均下降了54%。

④ Suthiphand Chirathivat, *Japan-Thailand EPA: Problems and Future*,Center for Contemporary Asia Studies, Doshisha University, May 2007, p.2.

的签订会大大促进两国的贸易，而泰国的纺织业、渔业和珠宝业将会是最大的收益者。[①] 另据日本经产省的分析资料显示：如果日泰成功签署EPA，将使日本的GDP增加0.24%，约13亿美元；使泰国GDP增加1.6%，约23.7亿美元；进口方面，使日本增加1.53%，泰国增加23.75%，出口方面，使日本增加0.83%，泰国增加25.7%。[②]

自2002年泰日两国开始谈判以来，双边贸易一直呈现上升趋势，2007年JTEPA签署之时，双方贸易额达到一个高点，并在2008年得到进一步发展。尽管2009年受全球金融危机影响双边贸易额有所下降，但2010年又恢复增长。可见，JTEPA的签署对泰日两国的贸易推动作用明显。2009年泰国对日本的出口额157.23亿美元，至2012年增长至234.80亿美元；进口额增幅更为惊人，2009年为250.25亿美元，2012年增长至495.80亿美元，占总进口额的20%，如表6-4所示。泰国向日本出口的主要商品为机电产品、塑料、橡胶、运输设备、食品、烟草等。其中机电产品为71.73亿美元；塑料和橡胶为29.56亿美元；运输设备为16.37亿美元；食品、烟草为34.79亿美元。从日本进口的产品主要有机电产品、贱金属及其制品、化工产品和运输设备、光学医疗设备等。其中机电产品为213.92亿美元；贱金属制品为100.04亿美元；化工产品为23.64亿美元；运输设备71.96亿美元；光学、医疗设备为25.04亿美元。

表6-4 2000—2012年泰国与日本的双边贸易（单位：亿美元）

	贸易总额	进口	出口	差额
2000	256.61	153.78	102.83	−50.95
2001	237.16	137.70	99.46	−38.24
2002	247.54	148.04	99.50	−48.54
2003	294.31	180.75	113.56	−67.19
2004	357.86	222.94	134.92	−88.02
2005	411.23	260.33	150.90	−109.43
2006	420.54	256.68	163.86	−92.82
2007	465.02	283.83	181.19	−102.64

① 杨丽周：《21世纪泰日经济关系的新发展》，载《东南亚纵横》，2007年第12期。

② Pasuk Phongpaichit, *Impact of JTEPA on the bilateral relationship between Japan and Thailand*, Speech delivered at Symposium on Future of Japan-Thailand Economic Partnership on the occasion of 120th anniversary of Japan-Thailand Diplomatic Relations, 1 November 2007, Hotel New Otani, Tokyo.

续表

	贸易总额	进口	出口	差额
2008	536.29	335.35	200.94	-134.41
2009	407.48	250.25	157.23	-93.02
2010	581.63	378.54	203.09	-175.45
2011	660.76	422.06	238.70	-183.36
2012	730.60	495.80	234.80	-261.0

资料来源：泰国中央银行，http://www2.bot.or.th/statistics/ReportPage.aspx?reportID=744&language=eng。

（三）泰中双边贸易

泰中两国贸易关系源远流长，早在15世纪初，明朝郑和下西洋，到达暹罗港，开创了中泰两国的贸易往来。新中国成立后，由于历史原因，泰国与中国的贸易开展得较晚。1971年中国恢复在联合国的合法席位后，中泰两国关系开始逐步改善。1974年世界发生石油危机，泰国国内石油供应紧张，泰国副外长差猜·春哈旺访问中国，要求中国向泰国供应石油。经毛泽东主席和周恩来总理批准，中国以优惠价格售给泰国5万吨轻柴油。同时，泰国政府宣布废除53号法令。[①] 从此，泰中两国建立了政府间的贸易关系，开始进行直接贸易往来。

1975年泰中正式建立外交关系，为两国的贸易打开了新的局面。1975年，泰国向中国出口商品3.9亿铢，从中国进口商品3.3亿铢。1976年泰国对中国出口增长到12.66亿铢，进口达到14.31亿铢。1978年，泰中两国政府签订《贸易协定》和《成立贸易联委会的协定》，之后泰中贸易更快增长。到1995年，泰中两国的贸易额达到了37.43亿美元（930.55亿铢），20年间扩大了125倍，当年泰中贸易额占泰国贸易总额的2.94%，中国成为泰国十大贸易伙伴之一。泰中贸易发展主要得益于两国政治关系处于较好的时期，为扩大贸易创造了良好的政治环境。1985年，李先念主席访问泰国，两国政府成立了部级经济合作委员会，每年召开一次会议，就如何扩大两国贸易合作等问题交换意见，加强了官方合作。同时，改革开放使中国经济蓬勃发展，1979—1990年中国的GDP翻了一番。随着生产规模的扩大和贸易的发展，双方对对方商品的需求量增大；并且泰国自60年代起实行有

---

① 新中国成立以后，泰国政府在美国的压力下，对中国实行了"禁运"。1959年泰国发生军事政变，军人政府上台，公布了禁止中国商品在泰国市场销售的53号法令，使中泰两国之间贸易关系完全中断。

计划的社会和国民经济发展政策，随着工业的发展，泰国轻工产品如塑料制品、人造纤维、化妆品等开始进入中国市场，这些因素共同作用下使得两国贸易蓬勃发展。

80年代中期以前，泰中贸易商品主要以大米和石油为主，泰国向中国出口大米，从中国进口原油、轻柴油和少量纺织品、工艺品等。1980年，泰国出口中国的商品除大米外，增加了原糖、绿豆、橡胶和化纤等，从中国进口的商品增加了机械设备、农机具和化工医药等。1986年以后，泰中双方进出口商品结构有了新变化，泰国不再进口中国原油，双方扩大了工业品的贸易，农产品贸易也趋多样化，泰国从中国进口的商品主要有轻柴油、机械设备、化工医药、土畜产品、轻纺产品和工艺品等；出口中国的商品主要有大米、玉米、绿豆、原糖、橡胶、烟叶、化纤、聚脂切片、腰果和南药等。[①]

新世纪以来，在中国—东盟自由贸易区建设进程和中泰果蔬零关税的推动下，泰国同中国的贸易保持着快速而稳定的增长态势。据泰方统计，2001年，泰中双边贸易总额为65.7亿美元，其中出口中国28.73亿美元，从中国进口36.97；2003年泰中贸易突破100亿美元大关，其中向中国出口为56.88亿美元，从中国进口为60.02亿美元；泰国向中国的出口和从中国的进口也分别于2006年和2005年突破100亿美元大关。2012年，泰国与中国的双边货物进出口额达到638.6亿美元，较上年增长12.5%。其中，泰国对中国出口269亿美元，增长2.5%，占泰国出口总额的12%；自中国进口369.6亿美元，增长21.2%，占泰国进口总额的15%，泰方贸易逆差101亿美元，如表6-5所示。泰中贸易的商品结构发生了较大变化，双方主要贸易商品已从农产品和原材料转变为工业制品。电脑及零配件是泰国向中国出口最多的产品，2012年出口额为45.01亿美元，约占向中国出口总额的16.73%，其次是天然橡胶和化工品，出口额分别为36.13亿美元和29.16亿美元，分别占向中国出口总额的13.43%和10.84%；而泰国从中国进口最多的产品是电动机械及零配件，2012年进口47.92亿美元，占从中国进口总额的12.97%，电脑及零配件、家用电器分别列第二和第三位，进口额分别为42.89亿美元和40.42亿美元，分别占从中国进口总额的11.61%和10.94%。[②]但在新世纪的泰中双

---

① 1981年起，泰国湾发现大量的石油和天然气，并由英、美、荷等国的石油公司开采，故泰国从中国进口的石油逐渐减少。

② 数据为泰国商业部数据，资料来源于中国驻泰国大使馆经参处，http://th.mofcom.gov.cn/article/d/?2。

边贸易中，泰国均处于逆差地位。① 经过近几年的发展，中国已成为泰国第二大贸易伙伴，仅次于日本，中国是泰国第一大出口市场和第二大进口来源地。

表6-5 2000—2012年泰中双边贸易额（单位：亿美元）

	贸易总额	进口	出口	差额
2000	62.27	33.90	28.37	-5.53
2001	65.71	36.97	28.74	-8.23
2002	84.53	48.98	35.55	-13.43
2003	116.92	60.03	56.89	-3.14
2004	152.57	81.44	71.13	-10.31
2005	203.25	111.58	91.67	-19.91
2006	253.32	136.04	117.28	-18.76
2007	310.73	162.26	148.47	-13.79
2008	363.47	201.56	161.91	-39.65
2009	331.49	170.30	161.19	-9.11
2010	457.11	242.37	214.74	-27.63
2011	567.51	305.01	262.50	-42.51
2012	638.57	369.57	269.0	-100.57

资料来源：泰国中央银行，http://www2.bot.or.th/statistics/ReportPage.aspx?reportID=744&language=eng。

（四）泰国同欧盟的贸易

近代以来，英国等欧洲国家一直是泰国主要的贸易对象。欧盟成立后，与泰国仍旧保持密切的贸易关系。1995年，泰国同欧盟的贸易额达到201.75亿美元，占泰国贸易总额的14.49%，欧盟成为泰国第四大贸易伙伴。泰国在欧盟中的重要贸易伙伴是德国、英国、荷兰、法国和意大利。20世纪90年代泰国向欧盟出口的产品主要是轻工业纺织品、木薯、机电产品、集成电路、食品、珠宝首饰等；而从欧盟进口的产品主要为化工产品、交通运输设备、钢铁、医疗器械、电气及非电气机械等。但泰国商品在欧盟市场所占份额比较小。

21世纪初，泰国与欧盟的贸易经过短暂的下滑，从2003年开始恢复增长，2009年因受全球金融危机影响又出现明显下降，2010年后又迅速攀升。到2012

---

① 由于统计口径的不同，泰方统计数据显示，泰国在泰中贸易中为逆差国，而中方统计数据则显示中方为逆差国。

年，泰国同欧盟27国的贸易总额达到417.59亿美元，高于美国，仅次于日本和中国，位居第三位，如表6-6所示。

表6-6　2000—2012年泰国同欧盟的贸易统计数据（单位：亿美元）

	进口（欧盟15国）	进口（欧盟27国）	出口（欧盟15国）	出口（欧盟27国）	差额（欧盟15国）	差额（欧盟27国）
2000	63.24	65.23	110.01	113.79	46.77	48.56
2001	75.73	78.20	105.52	109.13	29.79	30.93
2002	70.39	72.56	102.15	105.90	31.76	33.34
2003	75.04	77.57	117.48	122.17	42.44	44.60
2004	90.74	94.11	138.11	144.46	47.37	50.35
2005	104.65	108.03	142.94	151.0	38.29	42.97
2006	107.43	112.43	168.75	180.06	61.32	67.63
2007	115.85	119.52	198.48	216.88	82.63	97.36
2008	138.93	143.32	212.69	233.92	73.76	90.60
2009	116.83	120.50	160.59	181.53	43.76	61.03
2010	132.77	138.87	192.17	218.15	59.40	79.28
2011	170.73	178.85	215.30	241.57	44.57	62.72
2012	191.41	199.33	195.58	218.26	4.17	18.93

注：2004年5月之前，欧盟只包括15个国家，之后欧盟成员国扩充为25个国家，2007年1月，随着罗马尼亚和保加利亚正式加入，欧盟成员国扩充为27国。

资料来源：泰国中央银行，http://www2.bot.or.th/statistics/ReportPage.aspx?reportID=744&language=eng。

在与欧盟的贸易当中，泰国始终处于顺差国地位。自2007年至2012年的6年间，泰国同欧盟的贸易顺差呈逐渐缩小的态势。泰国同欧盟的主要贸易对象还是老欧盟15国成员，2012年同老欧盟15国的贸易额为386.99亿美元，占整个欧盟贸易额的92.6%，而新欧盟12国同泰国的贸易额仅仅为30.6亿美元，不足8%。在老欧盟成员国中，泰国的主要贸易对象仍是德国、英国、荷兰、法国和意大利。贸易额依次为：95.83亿美元、65.65亿美元、53.28亿美元、48.31亿美元、36.24亿美元。其中，泰国对德国、法国和意大利处于贸易逆差状态，差额分别为-23.67亿美元、-13.97亿美元、-7.84亿美元。泰国在与新欧盟12国成员的贸易中，最大的贸易伙伴是波兰，出口为5.26亿美元，进口2.05亿美元。泰国主要从德国进口化工产品和医疗设备，从法国进口交通运输设备及交通工具，而英国则大量从泰国进口食品、烟草。由于欧盟成员国众多，国情千差万别，泰国同欧盟整体的贸易概况不能适用于个别国家。总体来讲，泰国同欧盟依旧保持着密切的贸易关系，欧盟成员的增加也保证了泰国可以在更广泛的区域进行经济合作交流。

三、对外贸易政策

早在20世纪70年代初，泰国政府就开始制定一些奖励出口的措施与办法，推动对外贸易的发展。到了80年代初，政府开始注重从政策和服务上为对外贸易创造条件，取消了一些进出口商品的许可证，简化和加快了通关程序，对许多进口的工业产品接受了国际标准和试验程序。金融危机后，泰国的贸易政策并未发生重大转变，政府仍致力于贸易自由化。但是泰国的贸易政策仍然有很多的不确定因素，如进出口商品的海关税和国内税经常以内阁批准的皇家法令或部委法令及通告的形式进行临时变动。

泰国主管贸易的政府部门是商业部，其主要职责分为两部分，对内负责促进企业发展，推动国内货物贸易和服务贸易的发展，监管商品价格，维护消费者权益；对外负责参与WTO谈判和各类多边贸易谈判，推动进出口贸易良性发展等。其主管对外业务的部门有贸易谈判厅、出口促进厅和国际贸易厅等。在制订贸易政策时，商业部与工业部和财政部都会参与制订，当涉及特定的问题时，农业与合作社部、公共卫生部、能源、信息技术与通讯部、交通运输部和泰国银行（中央银行）等其他机构也将被授予这个权力。此外，由副总理领导的国际经济关系政策委员会（CIERP）在协调泰国的国际贸易与投资政策方面也起了重要的作用，重要的是，所有涉及国际经济政策的事务，在征求总理及其内阁的批准之前，都必须事先经过这个委员会的研究。[①]

泰国与贸易相关的法律法规主要有：《出口商品促进法》（1960年）、《部分商品出口管理条例》（1973年）、《出口与进口商品法》（1979年）、《出口商品标准法》（1979年）、《反倾销和反补贴法》（1999年）、《海关法》（2000年）等。泰国对于进口和出口贸易均有不同程度的限制措施，对WTO成员的平均关税是14.6%，非WTO成员的平均关税是16.8%。

---

① ［泰］巴文·达伦西、宾差诺·翁柯蓬：《泰国的贸易政策：实行双轨路线》，载《南洋资料译丛》，2006年第3期。

　　对于进口贸易，泰国对多数商品实行自由进口贸易政策，任何开具信用证的进口商均可从事进口贸易业务。泰国仅对部分产品实施禁止进口、关税配额和进口许可证等管理措施。禁止进口的产品主要涉及公共健康、国家安全等产品；对桂圆、椰肉、牛奶和奶油、土烟叶、原丝等23种农产品实行关税配额，但关税配额不适用于从东盟成员国的进口；进口许可分为一般产品许可和特殊产品许可，进口许可必须在得到商业部外贸厅的同意后货物才能到港，对进口许可管制的商品品种及申请条件的改变都通过政府公告通知。近年来，随着经济的发展，泰国进一步减少一些商品的数量限制，也逐步取消了一些商品的进口许可，如摩托车、高速柴油机、发动机用汽油和其他燃料、柴油、石油、液化天然气、任何形态的乙烯基单体氯，以及发往或来自南斯拉夫的所有商品。不过，非自动进口许可继续对丝绸商品、公共汽车、机动车、建筑用石块以及23种农产品及农业食品的行业实行保护。泰国对大多数工业原材料和必需品征收零关税，对有选择的一些原材料、电子零配件和一些化工原料及用于国际运输的交通工具征收1%的关税，对大部分初级产品和资本货物征收5%的关税，对中间产品一般征收10%的关税，对成品征收20%的关税。而对于需要保护的特殊产品征收30%以上的关税，如农产品、汽车和汽车零部件、酒精饮料、纤维和一些电子产品的关税为30%，丝织品、羊毛织物、棉纺织品和其他一些纤维织物为60%，摩托车及一些特殊用途车的关税达到或超过80%，大米为52%，奶制品为216%。除了海关关税外，泰国政府还对进口商品征收3种间接税，分别是消费税、政府税以及增值税。对进口商品的这三种征税与国内商品所征收的税率和条件一样。[①]

　　对于出口贸易，泰国除通过出口登记、许可证、配额、出口税、出口禁令或其他限制措施加以控制的产品外，大部分产品可以自由出口。为了保证出口质量、进行价格调控、保证食品安全、防止出口商之间的削价竞争，一些商品的出口要求实行出口登记制，如咖啡、木薯、大米、桂圆、纺织和服装等。实行出口许可主要是为了管理配额的发放、实行有条件的出口限制以及完全限制，受出口配额管理的商品主要是根据双边协议而自愿实行的。如根据泰国与中国台湾的双边协议，自1998年起对台出口汽车实行配额管理，该年度为4 000辆，以后每年增加10%。征收出口税的有大米、皮毛皮革、柚木和其他木材、橡胶、钢渣或铁渣等。

---

① "进口管理规定及保护措施"，中国驻泰国大使馆经济参赞处，http://th.mofcom.gov.cn/article/ddfg/waimao/200305/20030500090741.shtml。

总之，泰国受出口管制的产品约有45种。

泰国的贸易保护措施主要有反倾销、反补贴以及保障措施，与贸易保护和管制相关的措施有国内税的征收、进口附加收税、技术性贸易壁垒等。

第二节　外国直接投资的发展

外国投资对于泰国经济的发展有着举足轻重的作用。与对外贸易一样，外国投资也是泰国外向型经济发展所依赖的重点方面。在工业化的过程中，泰国的外国投资迅速增长，越来越多的国家和地区注重对泰国的投资。泰国政府高度重视外国投资，制定了一系列政策措施鼓励外资。在大力吸引外资的同时，泰国的对外投资也在不断地发展。

一、外国直接投资的发展历程

第二次世界大战以来，世界各地逐步加大对泰国的投资，但70年代以前泰国吸引的外资规模还较小，80年代后进入泰国的外资规模迅速增长。外资分布在泰国的不同领域和不同地区，但行业差别和地区差异十分明显。

（一）外国直接投资的发展历程

早在19世纪末，西方资本主义国家便开始对泰国进行资本输出，其中英国是泰国最主要的投资国，其资本占泰国主要经济部门的70%以上，并且支配着锡矿开采业。第二次世界大战结束后，美国、日本、联邦德国等国扩大对泰国投资规模，英国在泰国的投资份额逐渐降低，并被美国赶超。20世纪60年代，日本经济快速发展，日元大幅升值；与此同时，泰国于1962年修改了投资条例，颁布《产业投资奖励法案》，开始积极引进外资。在这些因素的共同作用下，日本开始大规模地对泰国进行投资。1974年，日本赶超美国成为泰国第一大投资来源国。除了英、美、日三国外，中国台湾在泰国的外资构成中也占有重要地位。70年代中期，台湾在泰国各个经济部门的投资项目和投资额度仅次于美国和日本，位列第三位。此外，欧洲还有瑞士、荷兰、法国、葡萄牙、意大利、丹麦等国在泰国进行投资。

不过，20世纪70年代，泰国吸引外资的水平还较低，大多数年份外资流量不到1亿美元。进入80年代，随着工业化的发展，泰国吸引外资能力不断提高。

1980年，泰国吸引的外资突破1亿美元大关，达到1.89亿美元；1988年，泰国吸引的外资超过10亿美元，约为11.1亿美元。之后，泰国吸引的外资继续保持一定的增长势头。到金融危机发生之前的1996年，泰国吸引外的资已达23.4亿美元。金融危机期间由于泰铢和泰国资产的大幅贬值，导致泰国吸引的外资不降反升，1997年增至38.8亿美元，1998年飙升至74.9亿美元，1999年仍达到61.1亿美元。

新世纪伊始，泰国吸引的外资出现急剧波动，2000年外资下挫到34.1亿美元，2002年再次降到33.6亿美元的历史低点，2003年后外资恢复增长，2007年曾达到113.6亿美元的历史最高水平，而2008年和2009年两年，因美国次贷危机引发的全球金融危机的影响，泰国外资又出现急剧下降（2009年仅为48.54亿美元的低位），2010—2012年，泰国吸引的外资又分别回升至91.5亿美元、77.8亿美元和86.07亿美元，如图6-2所示。到目前为止，泰国吸收了巨额的外国资金和数量庞大的投资项目，为泰国经济的发展和国家工业化起到了巨大的推动作用。截至2012年底，泰国吸引外国直接投资存量已达1 591.2亿美元。[①]

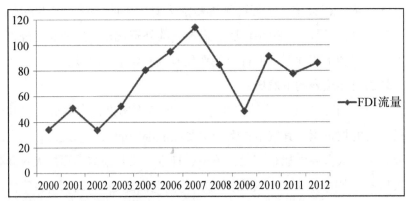

资料来源：联合国贸易和发展会议（UNCTAD），http://unctadstat.unctad.org/ReportFolders/reportFolders.aspx。

图6-2　2000—2012年泰国吸引的外国直接投资（FDI）流量（单位：亿美元）

近几年来，向泰国申请和获批准的外国投资项目和投资金额都不断增加。据泰国投资促进委员会公布的数据显示，2010年，外国向泰国投资促进委员会（BOI）申请的投资项目为866件，涉及金额为2 360.59亿泰铢，获BOI批准的856件，金额为2 792.33亿铢；2011年，外国向BOI申请的投资项目为1 059件，投资额为3 963.48亿泰铢，获得BOI批准的项目为904件，金额达2 784.47亿泰铢；

---

① 联合国贸易和发展会议（UNCTAD），http://unctadstat.unctad.org/ReportFolders/reportFolders.aspx。

2012年，外国向BOI提出申请的投资项目有1 584件，投资额为6 479.74亿泰铢，获得批准的项目有1 357件，金额达5 489.54亿泰铢，同比增长了60%（见表6-7）。外国对泰国的投资项目主要分为独资（100%的外资）和合资两种类型，其中超过60%的是独资项目。

表6-7　2010—2012年外国申请的和获批准的投资项目与金额

	2010	2011	2012
申请的投资项目个数	866	1 059	1 584
申请的投资金额（单位：亿铢）	2 360.59	3 963.48	6 479.74
—100%的外资项目个数	540	647	998
—100%的外资项目金额	1 453.13	2 195.31	3 495.93
—合资项目个数	326	412	586
—合资项目金额	907.46	1 768.17	2 983.81
获批准的投资项目个数	856	904	1 357
获批准的投资金额（单位：亿铢）	2 792.33	2 784.47	5 489.54
—100%的外资项目个数	558	608	886
—100%的外资项目金额	1 835.51	1 698.22	2 922.92
—合资项目个数	298	296	471
—合资项目金额	956.82	1 086.25	2 566.62

资料来源：泰国投资促进委员会（BOI），http://www.boi.go.th/index.php?page=statistics_foreign_direct_investment。

到泰国投资的国家或地区分布很广，主要有日本、美国、欧盟、东盟、中国、韩国、中国香港、中国台湾、印度等。长期以来，日本对泰国的投资始终保持第一位。2012年日本在泰国申请的促进投资项目872个，占总体比例的50%，涉及投资金额为3 739.84亿铢，占2012年总投资额的半数以上，较上年增长93%。居于第二位的是欧盟，投资额为535.87亿铢。之后分别是中国香港（526.78亿铢）、新加坡（270.83亿铢）、美国（247.05亿铢）。中国对泰投资为128.29亿铢，比2011年下降了55%，排名退出了前五位。除此之外，在泰国投资较多的国家还有马来西亚（206.38亿铢）、印度（184.15亿铢）、澳大利亚（129.36亿铢）、中国台湾（88.48亿铢）、韩国（61.01亿铢）等。在东盟国家中，泰国深受各投资国的喜爱，主要是因为其社会环境稳定，基础设施较好，投资政策优惠，产业基础完善，同时还是面向东盟各国的生产和出口基地。

（二）外国直接投资的行业分布

20世纪60、70年代，外国对泰国的投资主要集中在农产品、矿产、陶瓷、轻纺工业等领域。80至90年代，随着泰国工业化程度的提高，外国直接投资开始向汽车和金属加工、电子电气、化工、建筑以及金融和其他服务业等行业倾斜。近几年来，外资主要投资的行业类别包括农产品、矿产和陶瓷业、轻纺工业、机械和金属加工业、电子电气行业、化工与造纸业以及服务业等7大重点领域，这7大领域同时也是泰国重点鼓励投资的行业，如表6-8所示。2010年，外国申请投资项目最多的行业是机械与金属加工业，投资金额最高的行业是电子电气行业；2011年和2012年，机械与金属加工业既是外国申请投资项目最多的行业也是投资金额最高的行业。总体而言，机械与金属加工、电子电气行业以及服务业是泰国最受外资青睐的三大领域。2012年，机械和金属加工业的投资额占总额的36.16%，其次是电子电气行业，占总额的24.08%，虽然服务业的投资额比2011年有所下降，但投资项目却增长了68%。

表6-8　2010—2012年外国申请对泰国的投资行业（单位：亿铢）

	2010		2011		2012	
	项目数	投资金额	项目数	投资金额	项目数	投资金额
农产品	73	158.82	72	169.36	85	323.90
矿产和陶瓷业	18	264.11	40	270.12	34	159.81
轻纺工业	67	87.37	63	132.38	80	340.93
机械与金属加工业	244	586.58	367	1 211.70	532	2 343.74
电子电气行业	155	622.94	200	782.37	289	1 560.56
化工与造纸业	118	231.09	117	429.72	228	841.38
服务业	191	409.69	200	967.82	336	909.43

资料来源：泰国投资促进委员会（BOI），http://www.boi.go.th/index.php?page=statistics_foreign_direct_investment。

（三）外国直接投资的区域分布

泰国投资促进委员会根据收入和基础设施等经济发展因素将全国76个府1个

直辖市划分为三个区：第一区共5府1市，分别是曼谷市、北榄府、龙仔厝府、巴吞他尼府、暖武里府和佛统府；第二区共12个府，分别是夜功府、叻丕府、北碧府、素攀府、大城府、红统府、北标府、那空那育府、北柳府、春武里府、罗勇府和普吉府；第三区为其余59个府，又分为两组，即36个府一组和23个府一组。[①] 第一区是以曼谷市为中心的中部区域，是泰国传统的经济发达地区，第二区除叻丕府、北柳府、春武里府、罗勇府和普吉府五府外，其他各府也均属于中部地区，是泰国经济较发达的地区。第三区各府则属于低收入和基础设施较落后的地区，BOI将第三区各府均指定为投资促进鼓励区。根据BOI统计，各区吸引的外国直接投资如表6-9所示。从该表可以看出，近几年外国直接投资主要集中于第二区，其次是第一区，第三区的投资最少。2010—2012年，第二区域的投资项目占居一半以上份额，投资金额占投资总额的比例从59%增长到72%；第一区域的投资增长也较快，尤其是2012年出现大幅度增长；而第三区域的投资增速相对比较缓慢。可见，泰国的外国直接投资仍然集中于传统的中部地区，地域差别特别明显。

表6-9　2010—2012年外国直接投资的区域分布（单位：亿铢）

	2010		2011		2012	
	项目数	投资金额	项目数	投资金额	项目数	投资金额
第一区	241	272.30	278	337.89	417	826.65
第二区	432	1 414.78	578	2 688.17	922	4 693.40
第三区	193	673.50	203	937.42	245	959.69
合计	866	2 360.59	1 059	3 963.48	1 584	6 479.74

资料来源：泰国投资促进委员会（BOI），http://www.boi.go.th/upload/content/T.FDI12_27 624.pdf。

二、主要投资来源国

美国是泰国传统的外资来源国，早在第二次世界大战前美国资本就向泰国渗

[①]　36个府分别是：甲米、甘烹碧、孔敬、尖竹汶、猜纳、春蓬、清莱、清迈、董里、达叻、达府、呵叻、洛坤、北榄坡、巴蜀、巴真、攀牙、博达伦、披集、彭世洛、碧武里、碧差汶、莫达汉、夜丰颂、拉农、华富里、南邦、南奔、黎府、宋卡、沙缴、信武里、素可泰、素叻、程逸、乌泰他尼；23个府分别为：加拉信、那空帕侬、陶公、难府、武里南、北大年、帕尧、帕、玛哈沙拉堪、益梭通、也拉、黎逸、四色菊、色军、沙敦、素林、廊磨喃蒲、猜也奔、廊开、乌汶、乌隆、安纳乍能、汶亍。资料来源于泰国投资促进委员会（BOI），http://www.boi.go.th/index.php?page=boi_zoning。

透。第二次世界大战后，日本、联邦德国加大对泰投资，长期以来日本一直保持着泰国最大投资国的位置。中国、马来西亚、新加坡等国也是泰国重要的投资国。越来越多的国家注重在泰国的投资，使得泰国外国资本的来源日趋多元化。

（一）美国的投资

第二次世界大战前，美国的资本就开始向泰国渗透，起初美国在泰国的投资很少，设在曼谷的只有一家较大的国际工程公司。第二次世界大战后，美、日、联邦德国等迅速加大在泰国的投资。美国凭借自己庞大的经济、军事、政治实力加强与泰国的合作，通过两国之间的经济、军事援助计划，美国资本大量流入泰国。1960年，美国对泰国的投资额超过英国，位居第一位。美洲银行、国际金融开发公司等一大批美国企业控制了泰国部分的经济部门。进入70年代后，日本加大对泰国的投资，美国在泰国的投资份额逐渐缩小。80年代后期至90年代中期，日本一直是泰国最大的投资国，日本在泰国的投资额近2倍于美国。同时，中国香港的投资也略微超过美国，美国降为泰国第三大投资来源国。1995年后，美国在泰国投资额开始大幅增长，超过中国香港。1999年美国对泰投资额为7.49亿美元，而中国香港对泰国投资为4.20亿美元。

随着泰国投资政策的调整，美国在泰国的投资行业也发生了改变。在60、70年代，主要投资集中在农产品、陶瓷、矿产行业。近些年来，美国的投资集中在金属、电子设备、化工和服务业。总的来说，美国在泰国的投资量并不大，但2012年美国重返亚太战略的实施，使当年对泰国的投资比往年增长近3倍。2012年，美国最主要的投资行业是电子、电气，投资额107.86亿泰铢，占总投资额的43.6%；其次是化工业、机械行业。2012年，在泰国投资的美国企业共有49家，比2011年增加了21家，大多数企业采取独资形式，如表6-10所示。

表6-10　2010—2012年美国对泰国投资行业分布（单位：亿铢）

行业	2010		2011		2012	
	项目数	金额	项目数	金额	项目数	金额
农产品	2	3.40	4	2.54	3	29.14
矿产与陶瓷	1	2.58	—	—	—	—
轻纺工业	3	0.51	3	1.33	5	3.74
机械与金属加工业	13	9.94	5	10.76	10	36.35

续表

	2010		2011		2012	
电子电气行业	7	1.94	10	40.25	13	107.86
化工与造纸业	8	45.53	4	13.03	12	66.06
服务业	8	9.33	5	8.89	10	3.88
合计	42	73.23	31	76.8	53	247.03

资料来源：泰国投资促进委员会（BOI），http://www.boi.go.th/upload/content/T.US12_51 443. pdf。

（二）日本的投资

与对泰贸易不同，日本对泰国的投资起步较晚。在50年代，日本开始对泰国投资，但是大规模的投资是从70年代开始的。1965年日本对泰国的直接投资仅为600万美元，到了1971年增长到900万美元，1972年急速增长到3 000美元。1971年到泰国直接投资的企业仅为34家，到了1972年增长到62家。1975年日本对泰投资跌入低谷，投资额仅为1 400万美元。日本对泰国进行大规模投资的主要原因是70年代日元升值刺激日本企业进行海外投资，日元大幅升值，使得以日元计算的国外生产成本及服务费用大大降低，从而激发日本企业对外投资设厂的积极性。同时，泰国社会稳定，经济发展迅速，廉价劳动力丰富也是吸引日本投资的重要原因。70年代，日本企业投资主要集中在纺织、食品加工、化学、机械、矿产等制造业或生产资料的生产部门。

80年代以后，日本对泰国的投资进入高速发展时期，尤其是80年代后期。1985年日元升值后，日本对泰国的投资呈现出爆发式增长。1986年为1.24亿美元，1987年为2.5亿美元，1988年为8.59亿美元，1989年暴增至12.76亿美元。这一时期，日本在泰国的投资转向以汽车制造业为主，其次是服务业。这为今后泰国成为"亚洲底特律"打下良好的基础。1997年东南亚金融危机爆发后，日本在泰国的投资逐年减少，2002年降至最低值5.04亿美元，2003年以后开始恢复增长。由于金融危机的影响，日本企业中的汽车、建筑等内需型产业不断趋于衰退。同时，由于泰铢的贬值，一些用当地原材料进行生产加工的企业（如食品加工）却得到了好处，企业利润发生了重大的变化。金融危机爆发后，虽然日本投资逐渐减少，但很多企业存在大量的增资现象，这反映日企仍十分重视泰国经济中的长期动力以及牢固的经济基础，日企的增资行动以及日本政府的援助计划日后被一些日本学者称之为"小马歇尔计划",这些行动也为日本企业在泰国今后的立足打下坚实的基础。金融危机以后,日本对泰国制造业的直接投资开始向深度和广度扩张。从加工装配为主扩展到零部件生产,从大规模生产低级产品(如纺织品)向小批量生产高级产品转化。结构上更强调以制造业生产和销售为中心的服务,致力于具有长期战略意义的成品组装企业与零部件生产企业的有效结合。[①]

近些年来,日本在泰国的投资主要集中于机械、电子产品、化工和服务业。这四项占到总投资额的80%以上,尤其是金属制品和机械,投资数额巨大,电子产品和化工业也快速增长。除此之外,日本还投资在农产品、矿产和轻工业纺织品上。这三项的投资近几年并不稳定,时而投资数额巨大,时而投资萎缩。例如矿产行业在2009年投资额为6亿铢,2011年为215.36亿铢,而2012年却降至51.09亿铢。2012年,除矿产行业外,日本在泰国的投资额、投资项目均大幅度增长。2012年日本在泰国的实际批准投资额3 484.30亿铢,比2011年增长2倍多,见表6-11。

表6-11   2010—2012年日本对泰国投资的主要行业(单位:亿铢)

	2010		2011		2012	
金属制品及机械行业	137	466.15	272	814.33	405	1 873.54
电子电气行业	69	332.95	89	460.23	152	971.78
化工和造纸业	49	81.02	57	313.69	128	462.49
服务业	59	51.47	84	61.66	120	162.34

资料来源:泰国投资促进委员会(BOI),http://www.boi.go.th/index.php?page=statistics_foreign_direct_investment。

(三)中国的投资

中国是泰国的近邻,但中国对泰国的直接投资时间较晚,是1975年中泰两国建交以后的事情。1978年中国实行改革开放政策,虽然允许企业进行对外投资,但各方面的限制还很多。除了投资范围有限,国家还只允许一些大型企业可以对外投资。1992年,随着邓小平同志"南巡",并发表重要的"南方讲话"后,中国开始实行更深入的改革开放,对外投资作为一种重要的经济发展方式更广泛的被大家接受,越来越多的企业到泰国进行投资建厂。1997年东南亚金融危机爆发

① 张秋丽:《日本对泰国直接投资:特点及展望》,载《东南亚纵横》,2006年第9期。

后，中国对泰国的直接投资降到历史最低水平。2001年中国正式加入WTO，开始积极筹划与东盟自由贸易区的经济合作，中国对泰国的投资增长较快。据BOI统计，2003年中国对泰国的直接投资为22.58亿铢，仅仅占外国直接投资总额的0.9%。2007年增至171.75亿铢，占总投资的3.4%。2011年为284.95亿铢，占总投资的7.1%。2011年中国已经成为泰国前五大投资来源国之一。2012年中国投资为128.29亿铢，比2011年下降54%。[①]

近几年来，中国在泰国的投资行业主要为农产品、轻工业、电子产品和机械制造。2011年为中国对泰国投资最多的一年，最主要的投资项目就是机械制造，项目数8件，投资金额205.13亿铢，占总投资的72%。其他依次是农产品（46.49亿铢）、轻纺工业（21.02亿铢）、电子行业（10.97亿铢）等。2012年中国投资额大幅下降，同时投资的行业也发生了改变。2011年中国在泰国的矿产投资项目仅为1件，投资额为500万铢，而2012年投资项目增加为5件，投资额为67.55亿铢，居第一位，占总投资的52.6%。其次是机械制造业（项目15件，投资额25.43亿铢）、服务业（12.68亿铢）、农产品（12.62亿铢）等。2012年比2011年最显著的变化体现在矿产和服务行业的投资上，较2011年都有巨额的增长，而农产品历年都是中国投资的主要行业。总体看来，中国在泰国的直接投资主要集中在农产品和金属制造行业上。

（四）欧盟的投资

在欧洲各国中，英国曾是泰国最大的投资国，曾一度控制着泰国的锡矿产业。第二次世界大战结束后，英国在东南亚地区的势力逐渐衰退，在泰国的投资逐渐减少，后被美国赶超。除英国之外，法国、荷兰、意大利、联邦德国等在战后也注重对泰国的投资。总体来讲，冷战时期欧洲各国在泰国的投资较少，远远低于美国、日本、中国香港、新加坡等国家和地区。1991年，随着欧盟的正式成立，经过整合的欧洲各国经济实力大增，对泰国的投资不断增加，成为泰国重要的投资来源地。2000年后，欧盟对泰国的直接投资占外国投资总额的比重一直保持在7%～14%之间。2010年欧盟对泰国的直接投资额达到639.36亿铢，占当年外国直接投资总值的27%，之后，欧盟的投资额有所下降，但依然是泰国前五大投资来源地。2012年，欧盟直接投资535.87亿铢，占外国直接投资总额的8.2%。

[①] 泰国投资促进委员会（BOI），http://www.boi.go.th/index.php?page=statistics_foreign_direct_investment。

自2007年至2012年的6年间，欧盟在泰国直接投资的项目众多，投资项目最多的行业是服务业，而投资金额最多的是电子行业。2012年，欧盟有53个项目投资泰国服务业，投资额为79.01亿铢，有41个项目投资于电子行业，投资额为202.20亿铢，其他领域依次是轻工纺织业（124.59亿铢）、化工和造纸业（99.27亿铢）、服务业和金属制造等。

在欧盟中，各个国家的投资情况有所不同。荷兰对泰国的直接投资最多，2012年为360.45亿铢，最重要的投资行业是电子产品，其次是轻纺和化工。瑞士对泰国的投资位列第二位，为85.25亿铢，投资行业主要是轻工纺织、农产品和服务业。再次是英国（46.54亿铢）、德国（31.43亿铢）、法国（10.42亿铢）等国，这些国家投资分布较为均衡，以服务业偏多。[①]

（五）其他国家或地区的直接投资

在泰国的外国直接投资中，新加坡、马来西亚、中国香港、印度等国家和地区一直发挥着重要作用。

新加坡和马来西亚与泰国有着天然的地缘关系，同时三国都是东盟自由贸易区的创始国，相互之间保持着密切的贸易和投资关系。90年代，新加坡在泰国的投资仅次于日本、美国，是泰国重要的投资来源国。近十年来，新加坡在泰国的投资项目和数额都比较大。2003年投资145.81亿铢，占泰国当年外国直接投资的5.8%，2007年增长至341.26亿铢，占总额的6.7%。2012年，新加坡对泰国投资额为270.83亿铢，仅次于日本、欧盟、中国香港，位居第四位。新加坡的主要投资行业是金属制造、电子行业、化工和造纸业以及服务业。马来西亚在泰国的投资项目多，但规模并不太大。2012年，马来西亚对泰国的投资额达到206.38亿铢，投资以电子产品、农产品和服务业为主。

中国台湾在泰国有较多的投资，80年代曾一度超越美国成为泰国第二大投资来源地。90年代中国台湾对泰国的投资达到历史最高峰。1995年达到450.98亿铢，投资项目102件。1996年投资项目66件，投资额696.30亿铢。1996年以后中国台湾的投资规模逐渐减小，2000年以后一直保持着较小的投资规模。2012年中国台湾对泰国总投资为88.48亿铢。2011年前，中国台湾在泰国的投资项目主要是机械制造和电子产品行业。2012年有了重大的调整，农产品的投资大幅增加，

---

① 泰国投资促进委员会（BOI），http://www.boi.go.th/index.php?page=statistics_foreign_direct_investment。

为45.06亿铢，其次是金属和机械制造（18.64亿铢）。中国香港过去对泰国的直接投资规模比较小，2000年以后，中国香港的直接投资规模略有扩大，2012达到历史最高值526.78亿铢。中国香港对泰国的投资行业历年都以服务业为主，其次还有化工业、电子产品及金属和机械制造等行业。

除此之外，印度、韩国、澳大利亚等国对泰国也有不同规模的投资。这些国家在泰国的投资规模不大，投资行业不同，但仍是泰国FDI的重要组成部分，为泰国工业化的提高、经济的发展起到了积极促进的作用。

三、泰国的外资政策

泰国主管投资促进的部门是投资促进委员会（Board of Investment，简称BOI），成立于1977年，隶属于工业部。该委员会由总理任主席，由工业部长、财政部长、商业部长、国家经济社会发展委员会秘书长、泰国商会主席、工业联合会主席、银行业协会主席等成员组成，负责依《投资促进法》制定投资政策。委员会在工业部下设立办公室，负责审核和批准享受泰国投资优惠政策的项目、提供投资咨询和服务等。目前，BOI分别在纽约、巴黎、法兰克福、东京、大阪、洛杉矶、首尔等地设有办事处，在我国的北京、上海和广州也设有办事处。泰国鼓励和吸引外资的主要法律有：《工业促进法》、《投资促进法》、《泰国工业区法》、《外国人经营法案》等。

泰国实施的《外国人经营法案》对外国人投资领域作出详细规定。[1]

第一，禁止外国人投资的行业有：报业、广播电台、电视台；种稻、旱地种植、果园种植；牧业；林业、原木加工；在泰领海、泰经济特区内经营的捕渔业；药材炮制；涉及泰国古董或具有历史价值之文物的经营和拍卖；佛像、钵盂制作或铸造；土地交易等。

第二，涉及国家安全稳定或对艺术文化、风俗习惯、民间手工业、自然资源、生态环境造成不良影响的投资行业，须经商业部长根据内阁的决定批准后外国投资者方可从事的行业：（1）涉及国家安全稳定的投资行业，如生产、销售、修理枪械、子弹、火药、爆炸物及其有关配件，武器，军用船、飞机、车辆，一切战用设备的机件设备或有关配件；国内陆上、水上、空中等运输业，包括国内航

---

[1]《泰国投资政策简介（2012年版）》，中国驻泰国大使馆经济参赞处，http://th.mofcom.gov.cn/article/jmxw/201305/20130500135130.shtml。

空业;(2)艺术文化、风俗习惯、民间手工业的行业,如泰国传统工艺品的古董、艺术品买卖,木雕制造,养蚕、泰丝生产、泰绸制造、泰绸花纹印制,泰国民族乐器制造,金器、银器、乌银镶嵌器、镶石金器、漆器制造,涉及泰国传统工艺的盘器、碗器、陶器制造;对自然资源、生态环境造成不良影响的投资行业,如蔗糖生产,海盐、矿盐生产,石盐生产,采矿业,石头爆破或碎石加工,家具,木材加工等。对于其中第二类的行业还需满足两个条件:一是泰籍人或按照本法规定的非外国法人所持的股份不少于外国法人公司资本的40%(若获商业部长特批,最低不得少于25%);二是泰国人所占的董事职位不少于2/5。

第三,对于本国人对外国人不具竞争能力的投资行业,须经商业部商业注册厅厅长根据外籍人经商营业委员会决定批准后方可从事的行业:(1)碾米业、米粉和其他植物粉加工;(2)水产养殖业;(3)营造林木的开发与经营;(4)胶合板、饰面板、刨木板、硬木板制造;(5)石灰生产;(6)会计、法律、建筑、工程服务业;(7)工程建设,但不包含外国人投入的最低资本在5亿铢以上的公共基本设施建设、运用新型机械设备、特种技术和专业管理的公共设施、交通设施建设,或各部委部级法规规定的其他工程建设;(8)中介或代理业务,但不包含证券交易中介或代理、农产品期货交易、有价证券买卖业务,以及为联营企业的生产、服务需要提供买卖、采购、寻求服务的中介或代理业务,和为外国人投入最低资本1亿铢以上的、行销国内产品或进口产品的国际贸易企业提供买卖、采购、推销、寻求国内外市场的中介或代理业务;(9)拍卖业,但不包含国际性拍卖业,其拍卖标的物不涉及具有泰国传统工艺、考古或历史价值的古董、古物、艺术品之拍卖,及部级法规规定的其他拍卖;(10)法律未有明文禁止涉及地方特产或农产品的国际贸易;(11)最低资本总额低于1亿铢的百货零售业、最低资本少于2 500万铢的商店;(12)最低资本少于1百万铢的商品批发业;(13)宣传广告业;(14)旅店业,不含旅店管理;(15)旅游餐饮业;(16)植物新品种开发和品种改良;(17)除部级法规规定的服务业以外的其他服务业等。

泰国鼓励投资的行业包括七大类,分别是农业及农产品加工业,矿业、陶瓷及基础金属工业,轻工业,金属产品加工、机械设备和运输设备制造业,电子与电器工业,化工产品、造纸及塑胶工业,服务业及公用事业等。BOI向投资者提供两种形式的优惠政策:一是税务优惠,主要包括免缴或减免法人所得税及红利税、免缴或减免机器进口税、出口产品所需要的原材料进口税等;二是非税务上的优惠，主要包括允许引进专家技术人员、获得土地所有权、汇出外汇等以及其他保障和保护措施。非税务优惠适用于所有获BOI批准的项目，税务优惠则根据项目所在地和所属行业等不同情况享受相应的优惠。一般来说，位于受到特别鼓励投资区域的项目、出口生产型的项目或者属于泰国政府鼓励产业范畴内的项目可获得更大程度的优惠。为鼓励外商投资，BOI还放宽了对外商持股比例的限制，对于工业企业投资，无论工厂设在何处，允许外商持大部分或全部股份。根据泰国《投资促进法》的有关规定，在泰国获得投资优惠的企业，投资额在1 000万铢以上（不包括土地费和流动资金），须获得ISO9 000国际质量标准或其他相等的国际标准的认证。

四、泰国的对外投资

与泰国吸引的外资相比，泰国对外投资方面仍处在较低水平。长期以来，泰国对外国直接投资更为重视，而对外投资起步较晚，大概始于20世纪70年代。

上世纪70年代，泰国对外投资主要集中在美国、新加坡、中国香港、日本等地的证券市场，或者在主要的贸易伙伴国建商业银行。80年代后期，泰国企业开始扩大投资规模，同时向更多国家和地区进行投资。这段时间，泰国企业的主要投资国家是东盟各国。1997年金融危机后，泰国开始缩减投资规模，各大跨国企业开始出售海外资产。2000年后，泰国的海外投资逐渐恢复和发展。2011年，泰国对外直接投资达到144.44亿美元，已大幅超过2006年至2010年5年的平均值（54.07亿美元）。对外投资的泰国公司规模大小各异，共有大约800家。①

泰国的海外投资主要集中在东盟的柬埔寨、老挝、缅甸、越南四国（CLMV）。泰国对外直接投资的35%集中在东盟各国，而对CLMV四国的投资占总对外直接投资的28.8%。相比之下，投向欧洲国家的仅占8%。在对CLMV四国的投资中，最重要的国家是缅甸。近几年来，泰国对CLMV四国的投资近一半都投在了缅甸。2007年至2012年间，泰国对缅甸投资额共计59.7亿美元，超过新加坡的37.8亿美元和中国香港的26.39亿美元。泰国对缅的主要投资领域是批发零售业，比例高达60%，其他领域还包括农业、食品加工、旅游、建筑、工程顾问服务等。泰国多采用与缅甸合资的形式，独资情况较少。除了缅甸之外，对泰国企业具有

---

① 《走进AEC：泰国拟加强对邻国的投资》，中国驻泰国大使馆经济商务参赞处，http://th.mofcom.gov.cn/article/jmxw/201210/20121008407569.shtml。

吸引力的便是越南，目前泰国对越南的投资项目超过200个，投资额排名居前十位的项目累计价值达58亿美元，主要涵盖制造与加工业、房地产、旅游、酒店、基建、农业、化工、纸制品和塑料工业。泰国对老挝和柬埔寨的投资与越南大体相似，即分散于多种行业中，较多的包括工业、批发零售业，以及矿产和碎石业。泰国投资促进委员会表示，在今后几年里，泰国将继续扩大对CLMV四国的投资。鼓励泰国企业进行海外投资是泰国经济发展、寻求国际经济合作的重要途径。

第三节　工业园区的发展和布局

泰国政府十分重视工业园区的建设。早在工业化初期，政府即着手设立工业园区建设，以带动泰国工业的发展。曼谷的挽仓工业区是泰国第一家工业园区。如今，泰国的工业园区已扩展到40多家，分布在全国15个省府（包括曼谷市）。但泰国工业园区的布局主要集中于曼谷及其周边的省府。

一、工业园区的发展

早在60年代初，泰国已有工业区的雏形，但真正发展是1972年成立工业区管理机构以后的事情。但泰国工业园区的建立过分集中于曼谷及其周边地区。到了70年代末和80年代初，出于分散工业布局的考虑，才出现工业园区向内地布局的情形。到90年代，泰国主要有挽仓工业区、叻甲邦工业区、挽浦工业区、挽霹雳工业区、南奔工业区等几家工业区。挽仓工业区位于曼谷市区东北，是全国第一个工业区，面积1 838亩，属于非污染的一般工业区，迄今有60多家工厂企业投产，场地已全部被认购。叻甲邦工业区位于曼谷市郊东北面，距曼谷孔堤码头仅30千米，全部面积3 006亩，分为一般工业区和出口加工区，前者占地2 546亩，后者占地415亩，另设商业区占地135亩。其中叻甲邦出口加工区是泰国第一个出口加工区，由于条件比较优越，目前场地已全部售出。挽浦工业区是第一个公私合营的综合性工业区，位于毗邻曼谷的北榄府内、湄南河入海处，全区共19 920亩，其中，一般工业区8 880亩，出口加工区1 440亩，住宅区9 600亩。区内设施比较完善，包括电力、电讯、自来水、排水系统、道路等，加上靠近曼谷，又有高速公路，故开发比较顺利，现已建成为一座初具规模的中等工业新城区。挽霹雳工业区位于曼谷东面的北榄府内，是由泰国工业区和国家住宅机构合营的卫星城式的工业区，面积10 726亩，工业区占地1 092亩。南奔工业区位于南奔府内，1984年才建成并投入使用，全区面积4 272亩，其中一般工业占地2 136亩，出口加工区占地384亩，另外还有住宅区和商业区，该区发展较缓慢，主要原因是基础设施尚不完善；离曼谷远，运输成本高；地处内地，投资商不甚了解。

1981年泰国开始实施东部海岸工业区计划，最初的投资预算为1 000亿铢，泰国湾天然气的发现是促使该方案形成的直接原因。东海岸地区主要包括春武里、罗勇、北柳三府，总面积2 064万亩，人口160万，大部分居民主要从事旱地作物种植和传统渔业，工业一向比较落后。提出东海岸工业区计划，其宗旨一是把工业向内地扩散，扭转工业过分集中于曼谷及周边各府的畸形格局，把东部建成新的工业中心；二是以天然气的发现为契机，发展以本国资源为主的重化工业，逐步实现工业结构的调整，改变工业的落后面貌，三是以东部的繁荣进一步带动东北落后地区的工业发展。泰国政府对计划的实施寄予厚望，认为东部海岸工业开发成功之日即是泰国跻身新型工业化国家之时。东海岸工业区开发计划是一揽子开发方案，包括6个工业区，即马达普工业区，该区位于罗勇府，全部面积1.45万亩，其中工业区占地1 937亩，远期目标是建成重化工业基地，主要发展以天然气为原料的石化工业、化肥工业、塑料工业，还有钢铁、汽车装配工业、拆船工业、滚珠轴承工业；廉差邦工业区，该区位于春武里府，总面积为8 160亩，其中一般工业区4 800亩，出口加工区2 880亩，商业区480亩，远期目标是将其建成无污染的轻工业基地；梭桃邑工业区，梭桃邑码头本是天然良港，经过这一发展，梭桃邑将重点发展造船拆船业和国际运输业，码头经改建后将可停泊2万吨货轮；罗勇工业区，该区被划为重点发展农产品加工业地区，主要加工海产和水果，同时还发展花卉业；春武里工业区，是个小型工业区，主要发展为城市服务的消费品工业；北柳工业区，计划建成为以禽畜加工为主的农产品加工区。

经过十多年的发展，泰国工业区的建设已初见成效。据泰国工业园区管理局（IEAT）统计，截至2009年底泰国共有14个府建立了各类工业区41个，其中IEAT独立开发的工业区11个，与合作者联合开发的工业园28个，另有2个工业港，各工业区总占地面积14.8万莱。[①]另根据泰国工业园区管理局的最新统计，泰国现有工业区46个，详见表6-12。泰国政府还将加大工业区的建设。《曼谷商业报》

---

① 商务部国际贸易经济合作研究院、商务部投资促进事务局、中国驻泰国大使馆经济商务参选处：《对外投资合作国别（地区）指南——泰国》（2012年版），第32页。

报道，泰国工业区委员会将建立12个新工业区，归为三组，第一组是中小企业工业区，位于泰国北部、东北部及中部；第二组是物流服务业工业区，位于清莱府（清孔）；第三组是其他的工业区，位于呵呖府、孔敬府、乌汶府、乌隆府、莫达汉府、色军府、那空帕农府及廊开府。[①]

表6-12　泰国各府的工业园区

省府	工业园区
曼谷（4个）	挽仓工业区（Bangchan Industrial Estate）
	叻甲邦工业区（Lad Krabang Industrial Estate）
	珠宝城工业区（Gemopolis I.E.）
	珠宝城工业区2期（Gemopolis I.E.）（Project 2）
北柳府（3个）	外沟工业区（Well Grow Industrial Estate）
	捷威市工业区（Gateway City Industrial Estate）
	TFD工业区（TFD Industrial Estate）
北榄府（3个）	挽浦工业区（Bangpoo Industrial Estate）
	挽霹雳工业区（Bangplee Industrial Estate）
	素旺那普亚洲工业区（Asia Industrial Estate）（Suvarnabhumi）
春武里府（9个）	合美乐春武里工业区（Hemaraj Chonburi Industrial Estate）
	合美乐春武里工业区2期（Hemaraj Chonburi Industrial Estate）（Project 2）
	安美达那空工业区（Amata Nakorn Industrial Estate）
	安美达那空工业区2期（Amata Nakorn Industrial Estate）（Project 2）
	斌通工业区（Pinthong Industrial Estate）
	廉差邦斌通工业区（Pinthong Industrial Estate）（Laem Chabang）
	廉差邦工业区（Laem Chabang Industrial Estate）
	斌通工业区3期（Pinthong Industrial Estate）（Project 3）
	挽邦帕塔拉工业区（Banbung Patana Industrial Estate）

[①]《泰国拟新建工业区》，南博网，http://thailand.caexpo.com/jmzx_tg/2013/03/15/3589008.html。

续表

省府	工业园区
罗勇府（9个）	马达普工业区（Map Ta Phut Industrial Estate）
	马达普合美乐东部工业区（Hemaraj Eastern Industrial Estate）（Map Ta Phut）
	帕岭工业区（Padaeng Industrial Estate）
	东部海岸工业区（Eastern Seaboard Industrial Estate）
	安美达城市工业区（Amata City Industrial Estate）
	合美乐东部海岸工业区（Hemaraj Eastern Seaboard Industrial Estate）
	亚洲工业区（Asia Industrial Estate）
	邦凯罗勇工业区（Rayong Industrial Estate）（Ban Khai）
	邢差橡胶城工业区（Lakchai Rubber City Industrial Estate）
南奔府（3个）	北部工业区（Northern Region Industrial Estate）
	南奔工业区（Lamphun Industrial Estate）
	南奔2工业区（Lamphun 2 Industrial Estate）
披集府（1个）	披集工业区（Phichit Industrial Estate）
北标府（2个）	景溪工业区（Kaeng Khoi Industrial Estate）
	廊坑工业区（Nong Khae Industrial Estate）
大城府（3个）	挽瓦高科技工业区（Ban Wa（Hi -Tech）Industrial Estate）
	挽芭茵工业区（Ban Pa-in Industrial Estate）
	沙哈叻那空工业区（Saha Rattana Nakorn Industrial Estate）
叻丕府（2个）	叻丕工业区（Ratchaburi Industrial Estate）
	V.R.M. 叻丕工业区（V.R.M. Ratchaburi Industrial Estate）
巴真府（1个）	高科技甲民工业区（Hitech Kabin Industrial Estate）
龙仔厝府（3个）	龙仔厝工业区（Samut Sakhon Industrial Estate）
	辛沙空工业区（Sinsakhon Industrial Estate）
	玛哈叻空工业区（Maharajnakorn Industrial Estate）
宋卡府（1个）	南部工业区（Southern Region Industrial Estate）
北大年府（1个）	清真食品工业区（Halal Food Industrial Estate）
佛丕府（1个）	泰国珠宝城工业区（Thai Diamond City Industrial Estate）
合计	46个

资料来源：泰国工业园区管理局（IEAT），http://www.ieat.go.th/ieat/index.php/en/investment/about-industrial-estates/industrial-estates-in-thailand-2。

二、工业园区政策

泰国工业部设有工业区管理局（Industrial Estate Authority of Thailand，简称IEAT）。IEAT成立于1979年，主要负责开发和管理工业园区，并对工业园区实行政府管理职能；对工业园区的设立履行审批；对工业园区的建设、配套设施的完善、土地分配等实施管理；对工业园区土地使用、园区经营、税收优惠、工作许可和外籍劳工等提供相关服务，赋予在工业园区投资设厂的企业除BOI优惠待遇之外的优惠待遇。[①]

2007年，IEAT第四次修改《工业区机构条例》（Industrial Estate Authority of Thailand Act），以提高工业园内投资者的竞争能力。根据《工业区机构条例》，泰国的工业区分为两类：一般工业区和自由经营区（原出口加工区）。在一般工业区投资的外国投资者，不必向BOI提交申请，就可以获得工业园内的土地所有权和引进外国技术人员、专家来泰国工作的权利。同时，修订后的《工业园机构条例》对在工业园区自由经营区投资设厂的企业提供比原先更为优惠的待遇，除了可享受一般工业区的待遇外，在无需规定产品出口比例的情况下即可享受更多的税收优惠和便利待遇，包括进口或进入自由经营区用于生产、贸易或服务的原料、机器设备及零部件、商品免征进出口关税、增值税和消费税，且不限于自用；运出自由经营区的商品即使内销也不需补缴被减免的原料和零部件进口关税；对于运入自由经营区用于制造、混合、组装、包装或其他作业来生产出口商品的产品或原料，无需根据其他法律（海关法除外）规定申请或持有进口许可证、通过质量检验或达到标准或加盖任何印章或标记。[②]

IEAT还向工业区内的投资者提供便利设施。对于相对成熟的工业园区而言，只要是投资企业需要的，都有相应的服务提供。硬件设施在工业园区开发建设时就已经完备，包括区内道路、通水、通电。通讯系统稍有不同，有的设有内部电话网络，号码可达2 000多个，所有网络的手机也都可以在工业园区内打通，并配有高速度国内及国际个人租用的专线电路、ISDN电话系统及国际互联网络。工业园区内都有污水处理系统，按照国际标准排放。污水处理费用一般按照正常

---

① 《泰国工业园区（2011年版）》，中国驻泰国大使馆经济商务参处，http://th.mofcom.gov.cn/article/ddgk/zwjingji/201202/20120207948995.shtml。

② 中国驻泰国大使馆经济商务参处，http://th.mofcom.gov.cn/article/ddgk/zwjingji/201202/20120207948995.shtml。

用水量的80%计算，每立方米的污水处理费一般在3~7铢不等。对于一般的服务费是按面积计算的，内容包括了保养马路、公共照明、建筑物服务、保安等项目，投资者在将购买土地的地契办理完过户手续后就要缴纳，或者是在破土动工时开始缴纳，不同的工业园区有不同的做法。服务费用标准由工业园区自行决定，并根据情况变化需要可以自行改动。生活方面的服务也很完善，一般都设有高尔夫球练习场、游泳池、羽毛球场、健身房、桑拿室以及小型电影院等。工业园区还都规划出适当的住宅区供工业园区中的工作人员住宿，档次有高有低，从工人到领导层都可以找到适合自己的住宅，私人别墅也很常见。不出工业园区，一般都能实现日常购物、餐饮、加油，有的还配备学校供工作人员子女上学。①

IEAT建立全方位的服务办事处（即一站式服务中心，简称OSS），为企业界提供从开始与IEAT合作到完成有关程序的全套服务，包括了租用土地，合理建厂，审批有关申报及建厂的所需证明。②工业园区通常为企业提供登记注册公司、申请工厂生产许可证等服务，符合投资鼓励政策的，还可以代理申请获得BOI优惠待遇。企业建造厂房时，通过工业园区就可以找到建筑公司、设计公司，工业园区也会帮助联络有关的政府机构。建成投产时，工业园区也常常为企业招收当地工人。

泰国各工业区的优惠政策与BOI的地区鼓励政策基本保持一致，根据所处的府的不同分别享受当地最高的投资优惠，包括税收、土地、人员引进及进口机械设备或原材料免税等诸多方面优惠，各入园企业无需特别申请即可享受BOI的投资优惠政策。在自由经营区的投资者，还可享有更多的优惠政策，如无条件向国外出口产品，享受更大的进口物件和原材料便利，除BOI鼓励投资政策提供的优惠条件外，还可以享受更多的税务优惠。

三、中国在泰国建立的工业园区

泰国本土工业比较薄弱，工业园区内的加工生产企业大都是来自欧美和日本的投资。近年来中国经济飞速发展，企业经济实力和国际开拓能力不断壮大，正逐步向东南亚进行跨国投资，已经引起泰国政府投资促进部门和泰国工业园区的重视。目前，各大工业园区也纷纷瞄准中国进行招商引资，不少工业区也都配备

---

① 《泰国工业园区调研报告》，载《国际商报》，2005年8月，第6版。

② 泰国工业区管理局（IEAT），http://www.ieat.go.th/main/default/ShowMenuDetail/id/105。

了懂中文的工作人员，自己的宣传资料也同时有中文版本，非常欢迎中国企业前来泰国投资考察。目前，中国有2家中资企业与泰国当地企业合作参与了2个工业园的开发，即泰国罗勇工业园和泰国湖南工业园，两者均采用"园中园"形式。

泰中罗勇工业园位于泰国安美达城市工业区内，目前已有近40家中资企业入驻。泰中罗勇工业园开发有限公司是由中国华立集团与泰国安美德集团在泰国合作开发的面向中国投资者的现代化工业区。2005年7月1日，在泰国总理他信和中国国务院副总理回良玉的见证下，华立集团与泰国安美德集团于签署了合作开发"泰国工业园"的备忘录。2006年双方合资成立了泰中罗勇工业园开发有限公司具体负责园区的开发。园区位于泰国东部海岸、靠近泰国首都曼谷和廉差邦深水港，总体规划面积12平方千米，包括一般工业区、保税区、物流仓储区和商业生活区，主要吸引汽配、机械、家电等中国企业入园设厂。泰中罗勇工业园开发有限公司已被中国政府认定为首批"境外经济贸易合作区"——中国传统优势产业在泰国的产业集群中心与制造出口基地，最终形成为制造、会展、物流和商业生活区于一体的现代化综合园区。①

泰国湖南工业园位于泰国巴真府甲民工业区内，离曼谷市中心150千米，离泰国港口5千米，离越南60千米，水、陆、空交通十分便利，于2009年4月设立，已有多家中资企业入驻。泰国湖南工业园总开发面积为3平方千米，第一期开发1.5平方千米，滚动式开发，整个园区计划分五大区进行规划布局。(1)纺织服装工业园区。拟引进5家年产服装1 000万件的服装企业，帮助泰国民族企业提升自己的品牌价值。同时，打通通向欧美的新通道。5家服装企业每家占地100亩，共计500亩，每家企业每年产服装1 000万件，共计5 000万件，服装园区每年产值30亿～40亿元。(2)家电电子工业园区。规划家电电子工业园区用地500亩，引进15家家电、电子信息类企业进入园区，年产值达到60亿元左右。(3)轻工机械制造园区。根据泰国木材、水果资源丰富的优势，引进农产品加工企业3家，从事水果深加工、磨芋深加工、粮食产品加工等；引进5家木材加工企业，对红木等稀有珍贵木材进行深加工，提高附加值，让稀贵树木的根，融入中国文化、西方文化，变废为宝；引进模具制造、机械制造企业2家，为中国加工企业进入泰国市场搞好机械配套服务，形成完整产业链。该园区拟规划占地600亩，实现

---

① 泰中罗勇工业园网，www.sinothaizone.com/index.asp。

年产值80亿元人民币。(4)建材冶金工业园区。拟引进3家建筑公司,5家建材生产企业进入该园区,占地400亩。同时,因泰国矿产资源丰富,拟引进3家矿产开采、冶炼企业进入该园区,占地600亩,整个建材、冶金园区建成投产后,实现年产值120亿元人民币。(5)生活配套设施区。为了方便园区生活和工作,园区内的配套设施必须齐全,拟规划用地500亩。兴建医院一所,占地150亩;兴建全日制完全小学和初中一所,占地150亩;兴建幼儿园一所,占地30亩;兴建邮政、电信、银行等电力配套设施等服务机构,需用地100亩;兴建仓储物流园区,需用地100亩;休闲会所、体育设施用地100亩;其他设施用地70亩,以上共计700亩。

第四节　成长三角的发展

在大湄公河次区域国际合作中,泰国的两个"三角地区"显得越来越重要。第一个三角地区就是众所周知的"金三角",位于泰国北部,是泰国、老挝、缅甸的三国交界处。因这一地区长期盛产鸦片等毒品,是世界上主要的毒品产地,而使"金三角"闻名于世。第二个地区名为"翡翠三角",是指泰国与柬埔寨、老挝的三国交界地区。这一地区名声虽没有"金三角"大,但近些年来东南亚地区的经济合作与发展也使这一地区变得更为重要。

一、"金三角"

"金三角"地区位于泰国、老挝、缅甸的交界地带,总面积约15万～20万平方千米,距离泰国清莱府清盛市9千米,眉赛约28千米。从地理上讲,"金三角"是湄公河和洛克河(Ruak River)交汇形成的三角洲地区,这两条河流为三国形成了天然的国界线。老挝在湄公河以东,缅甸在洛克河以北,泰国在湄公河以西。这一地区以鸦片闻名,有着漫长又复杂的历史。19世纪,由于欧洲对中国丝绸和其他亚洲商品有着巨大的需求,英国商人来到了东南亚地区,大概每年同当地进行四五次的商品贸易。然而,大多数当地商人并不喜欢用货币来进行交易,因此毒品交易只能被迫用黄金支付。所以这一地区就被理解为"金三角"。到20世纪50年代,"金三角"地区的毒品贸易一发不可收拾,毒品生产和交易扩展到缅甸的掸邦、克钦邦,泰国的清迈、清莱和夜丰颂等府,及老挝的朗南塔、风沙里、乌多姆塞和朗勃拉邦等地。毒品成了全世界关注的非常严肃的问题。

    毒品的泛滥也引起了相关国家的关注,各国政府不断出台各种方针政策去应对,毒品问题势头开始逐渐减弱。在"金三角"地区和其周边高原地区,泰国鼓励用农作物种植替代罂粟种植的政策。自1984年以来,鸦片产量持续减少。同时,泰国、缅甸、老挝、中国在这一地区进行着密切的禁毒合作,建立了包括人才交流、共同巡逻和共同执法等内容的合作机制,如《湄公河联合执法合作机制》。如今"金三角"地区大力发展旅游业,吸引了众多的国内外游客。由于"金三角"地区特殊的地理位置,对中国、老挝、泰国、缅甸具有重要的边境贸易价值。近些年来,大湄公河次区域经济合作项目的展开,从中国昆明至泰国曼谷,全程1 800多千米的南北经济走廊已经建成。其中南北经济走廊中的R3A和R3B公路在次区域的边境贸易和货物运输中扮演着重要角色。①

    在"金三角"地区,泰国的两个府清莱和清迈有着重要的地位,其中清莱府的清孔、清盛和眉赛是泰国三大永久性的过境点。清孔港是一个小河港,在湄公河边,与老挝波乔省的会晒隔岸相望,有24米宽、180米长的水面可供船只停泊。港口后面有公路连通清盛和清孔,主要目标是促进泰国同中国、缅甸、老挝之间的贸易往来。港口提供一站式服务,各国政府部门都在此设有办公机构,如海关、税收、移民局、航运、检疫等提供海关检疫、移民等各种服务。该港口的贸易最多的是同中国的贸易,进出口额分别占了总额的79.78%和51.22%,其次是老挝和缅甸。通过该港口,泰国向中国和老挝出口的前三位产品分别是汽油(柴油)、消费品、苯,进口的三大产品分别是从中国进口来的蔬菜、水果、鲜花。2009年起,这个过境点的车辆(包括入境和出境)平均每年增长60%~80%。2011年,从过境点入境的车辆共有16 250辆,出境16 884辆,除此之外,集装箱的数量也在增长。②清孔港以南约5千米便是泰老第四友谊大桥,这座桥是昆曼公路的组成部分,已于2013年建成通车。清盛港是湄公河上的重要河港,与老挝隔岸相望。港口后有公路连接清盛和清孔。货运从清盛港出发,行265千米便可抵达中缅边境的关累港。大多数在湄公河的集装箱船一般停泊在清盛港卸货,然后由

① R3公路在中国西双版纳小孟养分成了R3A和R3B两条公路,其中R3A公路连通老挝和泰国的清孔,R3B连通缅甸与泰国的眉赛。

② Supatn, Nucharee, "Regional Development of the Golden and Emerald Triangle Area: Thai Perspective." In *Five Triangle Area in the Greater Mekong Subregion*, edited by Masami Ishida, BRC Research Report No.11, Bangkok Research Center, IDE-JETRO, Bangkok, Thailand. 2012. P. 175.

卡车或者其他集装箱货船运输到中国、缅甸或泰国、老挝。为了提升在湄公河的货物运输量,泰国政府在距离旧港仅10千米处建设新的清盛贸易港,以确保泰国成为印度支那和GMS次区域经济发展的门户。新港口可容纳250~300吨的船只,港口还有2条300米长的平底船,可同时容纳4艘货船和6~9辆卡车,此外还有1 450米长的区域供容纳10艘集装箱货船,配备有移动起重机来帮助大型集装箱的装货和卸货。新港口将成为中国、缅甸、老挝同泰国廉差邦和曼谷港的贸易连接点。2012年4月1日新港口非正式开放,而旧港口将用作旅游港口。新港口主要从中国进口石榴、苹果、瓜子、菌类等产口,向中国出口冷鲜肉、棕榈油、饮料等。眉赛口岸位于清莱以北61千米的地方,在塞河对岸,连接着缅甸的大其力。眉赛海关于1949年正式工作。2005年,泰国政府建造了新的海关检查站,于2008年启用。但新的海关检查站的利用率一直比较低,主要原因是只允许从缅甸来的部分车型通行。眉赛口岸除了陆路服务外,还控制着清莱夜发銮机场的进出口贸易活动。眉赛边境市场售卖各种中国制造的商品,并且价格低廉,它吸引了大量的泰国游客,他们还穿过边境到达缅甸的大其力边境市场,购买缅甸和中国的特色商品。

在"金三角"地区,泰国与老挝和缅甸通过清孔、清盛和眉赛过境点的边境贸易情况如表6-13所示。泰国与老挝的边境贸易主要通过清孔港和清盛港进行。2011年泰国经清孔和清盛港口与老挝的贸易分别为1.21亿美元和1.15美元,泰国出口的总值远远大于进口的总值。从清孔进口的商品主要是木材、种子和农产品等,出口的产品主要是汽(柴)油、苯、冷冻或烘干的水果等;从清盛进口的商品主要是农产品、拖拉机及其零部件和种子等,出口的产品主要是鸡肉、红肉和家畜等。泰国与缅甸的边境贸易是通过清盛港和眉赛过境点进行。2011年泰国经清盛和眉赛与缅甸的贸易额分别为0.79亿美元和3.15亿美元,泰国的出口额也远远大于进口额。泰国经眉赛从缅甸进口的商品主要是金属矿石及其制品、水果、蔬菜及家畜、非金属制品等,从眉赛出口的商品主要是酒、汽(柴)油、机动车及其配件;从清盛港出口的商品主要是非酒精饮品、酒和棕榈油等。

表6-13 2011年泰国与老挝、缅甸经三大过境点的贸易(单位:百万美元)

	泰国与老挝贸易		泰国与缅甸贸易	
	清孔	清盛	清盛	眉赛
泰国进口	15.34	1.08	0.20	3.70

	泰国与老挝贸易		泰国与缅甸贸易	
泰国出口	105.70	113.91	78.93	311.61
合计	121.04	114.99	79.13	315.31

资料来源：泰国商务部，http://www2.moc.go.th/main.php?filename=index_design4_en。

二、"翡翠三角"

"翡翠三角"地处泰国、老挝、柬埔寨三国交界地带，湄公河流经此地，而后进入柬埔寨境内。这一地区因华美壮丽的绿色风景地貌得名"翡翠三角"。2000年，柬埔寨提出建立"翡翠三角"合作项目，主要目的是促进三国在当地的政治、经济、社会、旅游等事宜的合作和发展。2003年8月，柬埔寨、老挝、泰国三国外交部长在老挝的巴色进行了第一次正式会晤，会后发布了《巴色宣言》。三国就建立旅游合作行动计划联合工作组和合作内容达成共识。主要的合作内容包括：(1)建立具备"一站式服务"的国际边境检查站；(2)开发人力资源；(3)发展"翡翠三角"的旅游业；(4)完善基础设施和旅游设施建设。2003年12月，由泰老柬三国组成的工作组在泰国的乌汶举行会议，确定合作在泰国的乌汶、四色菊、素林、武里南与柬埔寨的上丁、柏威夏寺、奥多棉芷和老挝的占巴塞、沙拉湾等地展开。关于旅游合作的讨论主要针对4个方面：(1)增加边境沿线的旅游活动；(2)鼓励出境旅游，简化出入境旅游手续；(3)发展"翡翠三角"旅游业，提高"翡翠三角"地区的吸引力；(4)增加成员国在公共和私人领域的合作，尤其是地区级别的合作。

之后，"翡翠三角"的合作项目陷入停滞。2009年10月在柬埔寨的暹粒举行泰老柬三国外交部长会议，重新讨论并制定了合作进程，决定把合作内容从单一的旅游业扩展到农业、基础设施建设、增进贸易往来和地区经济的持续发展各个方面。但是，各国的具体合作项目的谈判仍仅仅停留在地区政府之间，没有上升到国家层面，没有召开过部长级会议。因此，重新恢复后的合作项目进程也仅停留在地方政府的层次。如果"翡翠三角"的合作顺利进行，其结果不仅仅是加强了三国在旅游业的合作，更大的意义是促进了"翡翠三角"以及周边地区的经济发展。

在"翡翠三角"地区，泰国乌汶有两个永久性过境点空尖口岸和凯玛叻口岸，分别与老挝巴色的万涛和沙拉湾的拿空朋（Nakhonepheng）区相连，经过这两个口岸泰国与老挝展开边境贸易。2011年通过凯玛叻口岸泰国与老挝的贸易额为0.45亿美元，通过空尖口岸双边的贸易额为3.13亿美元，泰国出口老挝的贸易额远远高于从老挝进口的贸易额。泰国进口的产品主要是农产品，如新鲜蔬菜和蔬菜产品、加工木材和木制品、农作物、棕榈植物、水果等等，出口到老挝的产品包括汽油、汽车、发动机、汽车零部件、饮料、调味料、钢铁，以及制造企业需要的机器设备。泰国和柬埔寨之间的边境贸易主要是由素林的空冲口岸和四色菊的空沙港口岸两个永久性过境点承担，分别与柬埔寨奥多棉芷的奥斯玛区（O'Smach）和安隆汶区（Anlong Veng）的Choam Pass相连。2011年，泰柬通过这两个口岸的边境贸易额分别为0.27亿美元和0.73万美元，通过四色菊的空沙港口岸的贸易额相当小，且泰国从柬埔寨的进口规模很小，远远低于其出口，详见表6-14。泰国从柬埔寨进口的产品包括林业和当地的产品，如达马脂树脂、木油、藤、辣椒等，出口的产品为能源产品（如柴油和苯）、建筑材料和设备（如水泥、挖掘机、瓷砖等）及消费品（如啤酒、果汁等饮品）。

表6-14　2011年"翡翠三角"地区泰国与老挝、柬埔寨的贸易（单位：百万美元）

	泰国与老挝贸易		泰国与柬埔寨贸易	
	凯玛叻	空尖	空冲	空沙港
泰国进口	0.47	36.67	0.86	0.0 008
泰国出口	44.09	276.72	25.96	0.0 065
合计	44.56	313.39	26.82	0.0 073

资料来源：泰国商务部，http://www2.moc.go.th/main.php?filename=index_design4_en。

参考文献

一、中文文献

[1]陈恩:《泰国的旅游业发展策略》,载《东南亚研究》,2007年第8期。

[2]陈晖、熊韬:《泰国概论》,广州:世界图书出版公司,2012年。

[3]陈宏瑛:《泰国对边远地区工业开发的政策》,载《东南亚》,1994年第3期。

[4]陈泽亚译:《泰国蓝图:构建互补性亚洲石油贸易中心》,载《能源战略》,2004年第5期。

[5][美]戴维·K·怀亚特著,郭继光译:《泰国史》,上海:东方出版中心,2009年。

[6]费力:《泰国铁路运输状况》,载《东南亚南亚信息》,1994年第20期。

[7]费力:《泰国水路交通状况》,载《东南亚南亚信息》,1994年第22期。

[8]龚子同:《泰国的土壤和土地利用》,载《土壤》,1990年第5期。

[9]郭凌崧:《曼谷的道路交通与泰国摩托车发展特点》,载《小型内燃机与摩托车》,2014年第2期。

[10]何大明、冯彦:《国际河流跨境水资源合理利用与协调管理》,北京:科学出版社,2006年。

[11]胡国英:《论农业在泰国现代化中的地位》,华东师范大学2004年硕士研究生学位论文。

[12]姜雅、袁志洁、曹瑞欣:《泰国国土资源管理及矿业政策概况》,载《中国金属通报》,2010年第35期。

[13]孔建勋:《泰国城市化进程》,载《东南亚》,1996年第3期。

[14]刘渝梅:《东南亚金融危机的政治性分析》,载《世界经济与政治》,1998年第1期。

[15]刘文:《泰国经济现代化进程中的地区差距与政府对策》,云南师范大学2005年硕士研究生学位论文。

[16]刘浩:《发展中的泰国公路》,载《公路》,1993年第8期。

［17］李培：《泰国城市化过程及其启示》，载《城市问题》，2007年第6期。

［18］李瑞霞：《泰国零售业的新发展》，载《东南亚》，2003年第2期。

［19］李滋仁：《泰国的对外贸易》，载《南洋问题研究》，1978年第2期。

［20］李一：《泰国农产品在中国—东盟博览会上亮相》，载《世界热带农业信息》，2008年第8期，

［21］林秀梅：《泰国社会文化与投资环境》，广州：世界图书出版公司，2012年。

［22］马小军：《论近代泰国土地制度的变革》，载《东南亚》，1991年第1期。

［23］［日］三井物产贸易经济研究所：《泰国经济评论》，东京大学出版社，1996年版。

［24］孙广勇、于景浩：《汽车年产量突破200万辆——泰国跻身世界十大汽车生产国》，载《人民日报》，2012年12月28日第21版。

［24］孙海霞：《泰国：崛起中的汽车工业国》，载《汽车与配件》，2010年第32期。

［26］田禾、周方冶：《列国志：泰国》，北京：社会科学文献出版社，2005年。

［27］田禾、周方冶：《列国志：泰国》，北京：社会科学文献出版社，2009年。

［28］田志康：《泰国可持续发展的土地资源管理》，载《科技进步与对策》，1998年第6期。

［29］［泰］陈仙如：《利用外资发展中国零售业——泰国和美国的国际视角》，对外经贸大学2003年硕士研究生学位论文。

［30］［泰］巴文·达伦西、宾差诺·翁柯蓬：《泰国的贸易政策：实行双轨路线》，载《南洋资料译丛》，2006年第3期，

［31］［泰］Burim Otakanon, Tyan Bliss：《大型购物中心对泰国小型零售商影响的比较研究》，载《管理学报》，2004年第2期。

［32］［新］尼古拉斯·塔林著，贺圣达等译：《剑桥东南亚史》（第二卷），昆明：云南人民出版社，2003年。

［33］肖宪、吴涛：《泰国人》，西安：三秦出版社，2004年。

［34］许红艳：《泰国来自邻国的劳工移民问题》，载《世界民族》，2011年第4期。

［35］徐善福：《泰国对外贸易概况》，载《东南亚研究》，1963年第1期。

［36］谢志鹏：《战后泰国对外贸易商品结构和市场结构的变化》，载《南洋问题研究》，1986年第2期。

［37］尉淑琴：《发展中的泰国电信》，载《现代电信科技》，1996年第6期。

［38］王玉主：《东盟40年：区域经济合作的动力机制（1967—2007年）》，北京：社

会科学文献出版社，2011年。

［39］王建军：《全球化背景下大湄公河次区域水能资源开发与合作》，昆明：云南民族出版社，2007年。

［40］王玮琳：《泰国旅游业可持续发展的管理措施研究》，昆明理工大学2009年硕士研究生学位论文。

［41］王文良：《泰国人口与经济问题研究》，载《东南亚》，1990年第4期。

［42］王文达：《浅析泰国外向型经济发展的原因》，载《东南亚》，1990年第2期。

［43］王备战：《泰国畜牧业的发展历程及经验借鉴》，载《河南科技》，2003年第8期。

［44］俞亚克：《泰国通讯业发展概况》，载《东南亚》，1996年第4期。

［45］俞亚克：《泰国金融业的发展》，载《东南亚》，1997年第1期。

［46］杨丽周：《21世纪泰日经济关系的新发展》，载《东南亚纵横》，2007年第12期。

［47］张洪芬：《泰国邮政发展对中国邮政的启示》，载《邮政研究》，2011年第1期。

［48］张秋丽：《日本对泰国直接投资：特点及展望》，载《东南亚纵横》，2006年第9期。

［49］张利宁：《农产品出口与农业增长》，载《亚太经济》，1987年第3期。

［50］赵永胜：《缅甸与泰国跨国民族的种类、分布和人口》，载《世界民族》，2011第2期。

［51］赵永胜：《近代泰国银行业的兴起》，载《东南亚》，1999年第4期。

［52］周方冶：《王权·威权·金权——泰国政治现代化进程》，北京：社会科学文献出版社，2011年。

［53］朱振明：《当代泰国》，成都：四川人民出版社，1992年。

二、英文文献

［1］Asia Development Bank, *Key Indicatiors for Asia and the Pacific,* 2012.

［2］Chanintnon Sawanaphakdi, *The Thai Naturalization of Lahu People in Chiang Rai Province*, Thailand Mahidol University, 2003.

［3］Chatthio Nartsunha, *The Thai Village Economy in the Past*, Silkworm Books press, Thailand, 1999.

［4］David K. Wyatt, *Thailand: A Short History*, Yale University Press, 1984.

［5］Donghyun Park, Kwanho Shin, The Service Sector in Asia: Is it an Engine of Growth, ADB Economics Working Paper Series, No. 322, December 2012.

［6］IMF, *Direction of Trade Statistics Yearbook 2000.*

［7］Juanjai Ajanant, *Trade and Industrialization of Thailand*, Social science association of Thailand, 1986.

［8］James C. Ingrain, *Economic Change in Thailand 1850~1970*, Stanford University Press, 1971.

［9］Paul Handley, *Unequal Partners: Doubts Surface About Japanese Presence*, Far Eastern Economic Review, May 3, 1990.

［10］Pasuk Phongpaichit, Impact of JTEPA on the bilateral relationship between Japan and Thailand, Speech delivered at Symposium on Future of Japan-Thailand Economic Partnership on the occasion of 120th anniversary of Japan-Thailand Diplomatic Relations, 1 November 2007, Tokyo.

［11］Pracha Koonnathamdee, *A Turning Point for the Service Sector in Thailand*, ADB Economics Working Paper Series, No. 353 June 2013.

［12］Suthiphand Chirathivat, *Japan-Thailand EPA: Problems and Future*, Center for Contemporary Asia Studies, Doshisha University, May 2007.

［13］Supatn, Nucharee, Regional Development of the Golden and Emerald Triangle Area: Thai Perspective, In *Five Triangle Area in the Greater Mekong Subregion*, edited by Masami Ishida, BRC Research Report No.11, Bangkok Research Center, IDE-JETRO, Bangkok, Thailand, 2012.

［14］Water Resources Association, Water Resources Management Strategies and Action Plans of Thailand.

［15］Wanat Bhruksasri, Government Policy High and Ethnic Minorities, in *Hill Tribes Today*, edited by Joan Mickinnon and Bemand Vienne, Bangkok, White Lotus, 1989.

三、网站

［1］城市中国网, http://www.town.gov.cn/

［2］共识网, http://www.21ccom.net/

［3］光明网, http://www.gmw.cn/

［4］海峡宗教网, http://www.hxfjw.com/

［5］联合国贸易和发展会议, http://unctadstat.unctad.org/

［6］旅交汇，http://www.17u.net/

［7］南博网，http://www.caexpo.com/

［8］日本统计局，http://www.stat.go.jp/

［9］世界银行，http:// worldbank.org/

［10］世界贸易组织，http://stat.wto.org/

［11］泰国经济与社会发展委员会，http://eng.nesdb.go.th/

［12］泰国投资促进委员会，http://www.boi.go.th/

［13］泰国移民局，http://www.immigration.go.th/

［14］泰国中央银行，http://www2.bot.or.th/

［15］泰国工业园区管理局，http://www.ieat.go.th/

［16］泰国商务部，http://www2.moc.go.th/

［17］泰国国家统计局，http://web.nso.go.th

［18］通商东盟，http://www.tasenit.com/

［19］新浪网，http://news.sina.com.cn/

［20］新华网，http://news.xinhuanet.com/

［21］亚欧水资源研究和利用中心，http://cn.asemwater.org/

［22］云南少数民族网，http://www.yn21st.com/

［23］中国网，http://www.china.com.cn/

［24］中国商务部，http://www.mofcom.gov.cn/

［25］中国驻泰国大使馆经济商务参赞处，http://th.mofcom.gov.cn/

［26］中国驻清迈总领馆经济商务室，http://chiangmai.mofcom.gov.cn/

［27］中国林业网，http://www.forestry.gov.cn/

［28］中国新闻网，http://www.chinanews.com/

［29］中国矿业网，http://www.chinamining.com.cn

［30］中国民族宗教网，http://www.mzb.com.cn/

［31］中国国际劳务信息网，http://www.ciwork.net/

［32］中国就业网，http://www.chinajob.gov.cn/

［33］中国商品网，http://ccn.mofcom.gov.cn/

［34］中央情报局，https://www.cia.gov/

［35］中国通信网，http://labs.chinamobile.com/

后 记

泰国是中国的近邻，两国关系源远流长。自建交以来，中泰两国关系始终保持着健康发展的势头，政治互信不断增强，经贸关系不断发展，人文交流日益深化。21世纪以来，中泰两国关系更为紧密。两国高层互访频繁，各领域合作成果丰硕。中国已是泰国第一大出口目的地、第二大进口来源国和最大旅游客源国，泰国是中国在东盟国家中第二大贸易伙伴。未来两国关系发展前景广阔，合作潜力巨大。课题组基于国内外学界多年来对泰国研究的基础，根据时代发展要求撰写了《泰国经济社会地理》。希望本书能让读者充分了解有关泰国经济社会地理的基本情况和最新信息，为中泰两国人民的友好交往打下良好的知识基础。

全书共分为六章，系统论述了泰国的自然地理、经济区划、人口地理、农业、工业和服务业以及对外经济合作的发展和布局，具体探讨了泰国的种植业、林业、畜牧业、能源工业、原材料工业、制造工业、交通运输业、通信业、旅游业、对外贸易、外国直接投资、工业园区、成长三角等各方面的发展问题。本书在撰写过程中，注重事实描述与分析评论相结合、历史与时效相结合，力求做到内容系统、论述完整、资料新颖。

本书由云南大学国际关系研究院东南亚研究所的邹春萌组织撰写，参与撰写任务的还有云南大学国际关系研究院东南亚研究所的罗圣荣、高锐，以及云南师范大学的王欢欢。各章撰写的具体分工如下：

第一章：邹春萌；

第二章：王欢欢、邹春萌；

第三章、第四章：罗圣荣、张晓华、林素芳；

第五章、第六章：邹春萌、高锐。

邹春萌负责全书写作框架的拟定，指导全书的撰写，进行全书的统稿和审稿工作，并对各章内容进行修改、加工和完善。作为泰国经济和社会等国情普及读物，本书适合大学本科生和硕士研究生参考使用，也可供普通读者学习泰国经济与社会文化知识时使用。

　　本书从课题规划、提纲设计、内容撰写到出版编辑的全过程，均得到了中国出版集团世界图书出版广东有限公司的大力支持。在本书的写作过程中，课题组广泛参考并吸收了国内外研究学者的主要研究成果及其观点，并得到了国内外诸多同行的倾力相助，在此表示诚挚的感谢。由于作者水平有限，对于书中错误和不足之处，恳请各位专家批评指正。

编者

2014年6月于云南大学